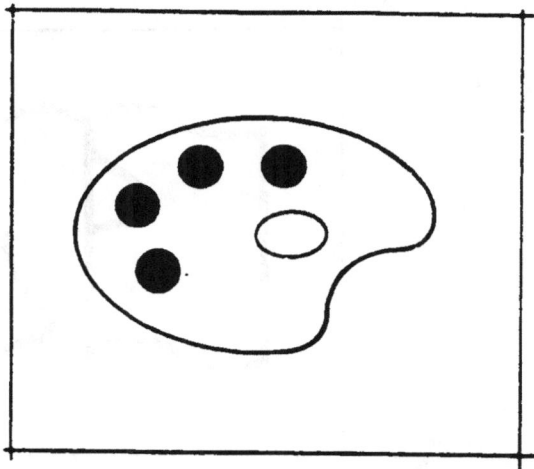

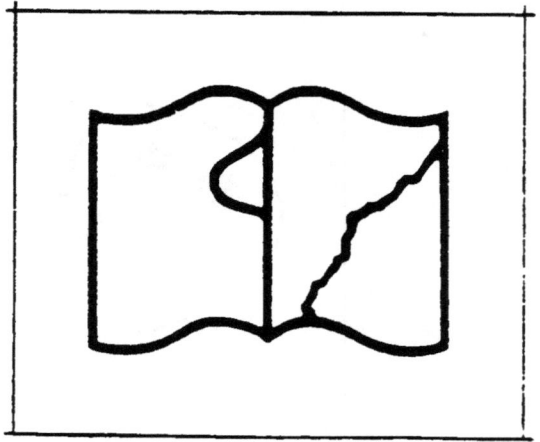

LES RÉVOLTÉS

PAR

GUSTAVE AIMARD

10 CENTIMES

LA

Livraison

50 CENTIMES

LA

Série

PARIS

A. DEGORCE-CADOT, ÉDITEUR, 9, rue de Verneuil

ET CHEZ TOUS LES LIBRAIRES DE FRANCE ET DE L'ÉTRANGER

LES RÉVOLTÉS

QUI ÉTAIT LE MYSTÉRIEUX PERSONNAGE AUQUEL ON
DONNAIT LE NOM DE L'ŒIL GRIS

Les Français ont été souvent accusés, avec une apparence de raison, de connaître beaucoup moins leur propre histoire que celle des autres peuples anciens ou modernes.

On pourrait ajouter, mais cette fois avec raison, que la partie la plus négligée et par conséquent presque entièrement ignorée de notre histoire, est celle qui se rapporte à nos colonies; que ces colonies soient en Afrique, en Amérique ou en Océanie; c'est-à-dire qu'elles soient situées aux confins du monde, ou seulement à quelques centaines de lieues de nos côtes.

Et pourtant que de liens étroits nous rattachent à ces colonies si dédaignées! Que de souvenirs glorieux elles nous rappellent!

Que de preuves de dévouement et de fidélité elles ont données à la France dans les circonstances les plus critiques!

Pour ne parler ici que des Antilles, ces gracieuses corbeilles de fleurs aux parfums si doux et si enivrants, surgies du sein des eaux et disséminées comme de ravissantes oasis sur les flots bleus de l'Atlantique; terres bénies où tout sourit au cœur et sur lesquelles la vie s'écoule comme un rêve féerique des Mille et une Nuits; à combien de batailles terribles ont-elles assisté! Quelles luttes acharnées ont-elles soutenues avec une énergie et une abnégation héroïques pour résister, soit aux révoltes des noirs, soit aux attaques plus formidables encore de puissants envahisseurs étrangers! afin de rester françaises et se conserver à cette mère patrie qu'elles aiment avec passion, peut-être à cause de sa constante ingratitude envers elles.

La Guadeloupe est, sans contredit, la plus complétement belle de ces îles charmantes qui composent l'écrin précieux de l'archipel Colombien ou des Antilles; perles d'un irréprochable orient, égrenées par la main toute-puissante du Créateur, de son mystérieux chapelet de merveilles, et semées par lui à l'entrée du golfe du Mexique.

Rien ne saurait exprimer l'impression d'enivrante langueur qui s'empare des sens lorsque, après une longue et monotone traversée, le cri: terre! est à l'improviste poussé par la vigie; que l'eau se fait plus bleue et plus transparente; que d'âcres senteurs, portées sur l'aile humide de la brise, viennent gonfler les poumons d'un air vivifiant et embaumé; qu'aux premiers rayons du soleil levant, comme l'antique Aphrodite sortant de l'écume de la mer, on voit tout à coup apparaître, se dessiner, vagues, indistinctes encore, et à demi voilées par une gaze brumeuse qui en estompe légèrement les contours, les côtes verdoyantes et pittoresquement découpées de la Guadeloupe, avec ses chaînes de montagnes volcaniques, dont les pitons hauts et chenus semblent s'incliner devant l'imposante *Soufrière*, constamment couronnée d'un nuage de fumée jaunâtre qui monte en tournoyant vers le ciel et lui fait une éblouissante auréole.

L'*anse à la Barque* est une baie profonde qui doit sans doute son nom singulier à la première barque qui y aborda; c'est dans cette baie, une des plus belles de la Guadeloupe, que commence notre histoire.

Elle est située entre le quartier des *Habitants* et celui de *Bouillante*, à peu de distance de la Basse-Terre; sa plage, formée d'un sable jaune et fin, est terminée par un pourtour de collines élevées, couvertes de cocotiers et de palmistes, étagés en amphithéâtre de la façon la plus pittoresque, et qui lui donnent un aspect ravissant.

Cette baie, assez large, et profonde de plus d'un

kilomètre, a une entrée fort étroite défendue par deux batteries dont les feux se croisent, construites sur les pointes *Coupard* et *Duché*.

En temps ordinaire, l'anse à la Barque est presque déserte; une trentaine de pêcheurs à peine s'y abritent tant bien que mal, dans de misérables *ajoupas*, espèces de huttes d'une architecture essentiellement primitive, faites avec quelques bambous plantés en terre et surmontés d'une toiture en vacois; mais les jours de fête, et Dieu sait s'ils sont nombreux aux colonies! l'aspect de l'anse à la Barque change comme par enchantement; elle s'anime, se peuple en quelques heures, et de calme et silencieuse qu'elle était, elle devient tout à coup bruyante et tumultueuse.

C'est dans cette baie que se donnent rendez-vous les noirs, les gens de couleur et les créoles des quartiers limitrophes, pour se divertir, boire et chanter, — boire et chanter surtout.

Le jour où s'ouvre notre récit, le 4 mai 1802 ou, ainsi qu'on le disait alors, le 14 floréal an X, vers sept heures du soir, l'anse à la Barque présentait l'aspect le plus pittoresque et le plus animé; une quarantaine d'ajoupas construits à la hâte et illuminés au moyen de lanternes vénitiennes, suspendues en festons après les arbres, regorgeaient de buveurs appartenant à toutes les teintes de la gamme humaine, depuis le noir d'Afrique jusqu'au blanc d'Europe, en passant par le Métis, le Mulâtre, le Quarteron, le Capre, le Mamalucco, et tant d'autres dont la nomenclature est interminable.

Les rafraîchissements, — si tant est qu'on puisse leur donner ce nom, — à profusion débités aux consommateurs, se composaient exclusivement de rhum, de tafia, de genièvre et d'eau-de-vie de France; accompagnés de quelques vieux sirops aigris par l'âge et le climat, et complétés parfois, mais à de longs intervalles, par d'excellentes limonades; pour être vrai, nous constaterons que seuls les alcools à fortes doses formaient la base des rafraîchissements dont s'abreuvaient les consommateurs altérés, groupés soit dans les ajoupas, soit sous les nombreux bosquets improvisés pour la circonstance; bosquets mystérieusement éclairés par quelques rares lanternes en papier de couleur.

Ce soir-là, il y avait à l'anse de la Barque un *bamboula*, en réjouissance des assurances de paix données par le conseil de l'île et affichées à profusion dans toute la colonie; aussi, malgré l'état d'inquiétude que faisait naître, parmi la population blanche, le provisoire dans lequel le pays était plongé depuis que, par un décret de la Convention, en date du 16 pluviôse an II, les noirs avaient été déclarés libres; inquiétude qui prenait chaque jours des proportions plus grandes à cause des vexations de toutes sortes dont étaient accablés les habitants paisibles; ceux-ci, confiants dans les promesses du général Magloire Pélage, homme de couleur et patriote sincère, qui n'avait pas hésité à assumer sur lui seul la lourde responsabilité de mettre un terme à cet état de choses, avaient-ils oublié leurs préoccupations; et, avec cette insouciante imprévoyance créole dont aucun péril, si grand qu'il fût, ne saurait triompher, ils étaient accourus de toutes parts pour assister au bamboula.

Une foule bigarrée se promenait sur la plage, riant et causant, sans jamais se mêler, chaque caste évitant soigneusement tout contact avec une autre; seuls les *Banians* ou petits blancs, ces singuliers colporteurs des colonies, circulaient à travers la foule sans le moindre embarras; accostant les groupes divers avec un éternel et banal sourire stéréotypé sur les lèvres; et offrant avec le même entrain et la même politesse leurs marchandises aux Blancs et aux Noirs, aux Capres et aux Mulâtres; les canonniers et les soldats des deux batteries étaient aussi venus prendre part à la fête; ils n'étaient pas les moins turbulents.

Devant un ajoupa où trônait majestueusement une magnifique mulâtresse de trente ans au plus, connue sous le nom de maman Mélie, et qui jouissait de la réputation de débiter, sans augmentation de prix, les meilleurs rafraîchissements de l'anse à la Barque, quatre ou cinq bosquets avaient été établis; deux de ces bosquets étaient occupés: le premier, par deux noirs de pure race mozambique, taillés en hercules, au regard louche et à la mine sournoise; ces noirs, tout en buvant du tafia à pleins verres, causaient entre eux d'une voix basse et contenue, en lançant par intervalles des regards menaçants et chargés de haine vers le second bosquet, sous lequel trois personnes de race blanche étaient assises.

Ces trois personnes devaient appartenir à la plus haute société de la colonie, car un nègre d'un certain âge, porteur d'une bonne figure et vêtu d'une riche livrée, se tenait debout à l'entrée du bosquet, assez loin pour ne pas entendre la conversation de ses maîtres, et assez près pour exécuter à l'instant les ordres qu'il leur plairait de lui donner. En effet, ce digne nègre qui répondait au nom tant soit peu bucolique de Myrthil appartenait à M. le marquis de la Brunerie, l'un des planteurs les plus riches et les plus influents de l'île; c'était le marquis lui-même qui, en ce moment, se trouvait assis sous le bosquet, en compagnie de sa fille, mademoiselle Renée de la Brunerie et du capitaine Paul de Chatenoy, son parent éloigné, aide de camp du général Sériziat, à la suite duquel il était arrivé quelques semaines auparavant à Marie-Galante, où le général avait provisoirement établi sa résidence.

La famille de la Brunerie, alliée aux Houël, aux Boulogne, aux Raby, aux Boisseret, les plus anciennes maisons de la colonie, celles qu'on nommait les coseigneurs, a toujours tenu un rang élevé et joué un rôle important dans les affaires de la Guadeloupe, depuis l'époque où elle s'y est fixée en 1635, lorsque les Français s'établirent dans l'île après en avoir chassé les Caraïbes.

Dans les premières années du dix-huitième siècle, le marquis de la Brunerie, alors soupçonné d'avoir donné asile sur ses domaines à plusieurs protestants proscrits, accusé en outre, de faire une vive opposition au gouvernement colonial, fut décrété de prise de corps; mais, prévenu secrètement il eut le temps de mettre ordre à ses affaires et d'éviter en quittant l'île, l'arrestation dont il était menacé; avant son départ, il avait eu, dit-on, — car toute cette affaire fut toujours enveloppée d'un mystère impénétrable, — la précaution, pour éviter la confiscation, de faire un transport fictif de tous ses biens à son frère cadet.

Que devint le marquis après cette fuite? On l'ignora toujours. Quelques personnes qui l'avaient beaucoup connu affirmèrent, au commencement de la régence, que, par une nuit sombre et orageuse, une goëlette avait jeté l'ancre à l'anse aux Marigots, qu'une embarcation s'était détachée de ce navire et avait mis à terre un passager, qui n'était autre que le marquis de la Brunerie; que celui-ci s'était enfoncé dans l'intérieur de l'île, se dirigeant vers l'habitation d'Anglemont, alors habitée par son frère, où on l'avait vu entrer, mais dont personne ne l'avait vu sortir; le lendemain, au lever du soleil, l'anse aux Marigots était déserte, la goëlette avait disparu.

Ces bruits, rapidement propagés, causèrent une vive émotion à la Guadeloupe; une enquête fut faite, sans résultat; puis les années s'accumulèrent, de graves événements surgirent, cette affaire ténébreuse fut oubliée; la vie et la mort du marquis restèrent à l'état d'indéchiffrable énigme; personne ne revendiqua ses biens en son nom; son frère en jouit sans être inquiété et les légua en mourant à son fils qui, ainsi que son père l'avait fait, prit le nom et le titre de marquis de la Brunerie, sans que jamais on essayât de les lui contester.

Le marquis de la Brunerie dont nous nous occupons, était le fils de ce la Brunerie; à l'époque où nous le rencontrons, c'était un homme de soixante ans, encore vert, d'une taille élevée, de manières élégantes et d'une physionomie douce, sympathique et empreinte d'une constante mélancolie; doué de qualités sérieuses, d'une intelligence développée par l'étude, il faisait partie de cette noblesse éclairée, dans les rangs de laquelle les grands penseurs du dix-huitième siècle avaient recruté de si nombreux et de si ardents adeptes.

En apprenant l'établissement de la République en France, M. de la Brunerie avait, sans regret, fait l'abandon de ses titres pour devenir simple citoyen; depuis lors, il avait suivi, sans se démentir, la ligne de conduite qu'il s'était tracée; aussi, loin de déchoir, son influence s'était accrue, et il était considéré comme un des hommes les plus honorables de la Guadeloupe.

Son cousin, le capitaine Paul de Chatenoy, avait vingt-cinq ans; c'était un beau et fier jeune homme, à l'âme ardente et enthousiaste, passionné pour la carrière qu'il avait embrassée et qui semblait lui promettre un brillant avenir. Il aspirait en secret à la main de sa cousine, union que M. de la Brunerie aurait vue peut-être avec plaisir, mais dont la jeune fille paraissait ne se soucier que médiocrement.

Renée de la Brunerie, âgée de dix-sept ans, était belle de cette excentrique beauté créole à laquelle aucune autre ne saurait être comparée. Nonchalamment assise comme elle l'était en ce moment, sous ce bosquet verdoyant que lachetaient çà et là des jasmins d'Espagne, au milieu de ce cadre vert et embaumé, irisé par la lumière des lanternes de lueurs changeantes et fugitives, le buste légèrement penché en arrière, ses grands yeux bleus aux regards rêveurs, errants à l'aventure et sans but, avec des flots de cheveux noirs tombant sur ses blanches épaules, son front pur et transparent comme de la nacre, elle ressemblait, dans la demi-obscurité du feuillage, à l'une de ces pâles apparitions créées par le génie poétique d'Ossian.

La jeune fille ne prenait aucune part à la conversation, elle ne l'entendait même pas, elle rêvait.

Cependant cette conversation était très-animée et surtout fort intéressante: MM. de la Brunerie et de Chatenoy causaient politique.

Le planteur s'étonnait à bon droit que le général Sériziat, au lieu de se rendre directement à la Guadeloupe, ainsi qu'il en avait reçu l'ordre du premier consul à son départ de France, eût prêté l'oreille aux calomnies de l'ex-capitaine général Lacrosse, cet homme que sa tyrannie et ses concussions avaient rendu odieux aux habitants, et que le général Pélage, pour lui sauver la vie, s'était vu contraint d'arrêter et de chasser de la colonie; que, cédant aux insinuations de cet homme méprisé de tous, et qui s'était réfugié à la Dominique sous la protection anglaise, le général Sériziat eût noué des relations avec lui, au point de l'aller visiter au milieu du camp volant; que, depuis quelques semaines, cet homme avait eu l'audace d'établir aux Saintes, sans doute dans le but de tenter un débarquement à la Guadeloupe, et de replonger le pays dans l'anarchie, en excitant la guerre civile.

Le capitaine, fort peu diplomate de sa nature et très-embarrassé pour répondre, essayait d'éluder, autant que possible, les questions pressantes que lui adressait le planteur; n'ayant à donner que les raisons spécieuses, il se bornait à dire que le général Sériziat, ignorant complétement les faits qui, depuis dix ans, s'étaient passés dans la colonie, craignait de se compromettre avec les partis; qu'il temporisait en attendant l'arrivée prochaine de l'expédition partie de France sous les ordres du général Richepance, qu'il considérait comme son chef immédiat et dont, par une initiative maladroite, il ne voulait pas faire manquer les plans.

Pendant que M. de la Brunerie et le capitaine causaient ainsi, dans le bosquet voisin, les deux nègres dont nous avons parlé plus haut, avaient entre eux une conversation sur un sujet complétement différent, mais qui ne laissait pas que de les intéresser vivement.

Ces nègres étaient sans nul doute des *Marrons*; tout en eux, leurs vêtements, leurs manières, l'inquiétude qui, parfois, éclatait dans leurs regards fureteurs, le décelait clairement; il fallait que ces hommes fussent doués d'une extrême audace, ou que des motifs d'une haute gravité réclamassent leur présence en ce lieu, pour qu'ils eussent osé se risquer, un soir de bamboula, à l'anse à la Barque, au milieu de tant de gens dont la plupart les connaissaient et pouvaient, même sans mauvaise intention, les perdre en trahissant leur incognito.

Le lecteur sera sans doute surpris de nous voir mettre en scène des nègres *marrons*, c'est-à-dire des esclaves en état de rébellion, dans un pays où, avons-nous dit, la liberté des hommes de couleur avait été proclamée.

Cette surprise cessera sans doute lorsque nous aurons dit que le décret de la Convention, bien que promulgué à la Guadeloupe par le représentant Hugues, resta presque à l'état de lettre morte dans la colonie; trop d'intérêts étaient en jeu pour qu'il fût exécuté.

Après le départ du représentant de la Convention nationale, les colons, guidés par une cupidité odieuse et aidés par des gouverneurs qui se firent leurs complices, rétablirent, sinon de droit, du moins de fait, l'esclavage des nègres. La plus grande partie des noirs et des mulâtres ne voulurent pas se soumettre aux exigences illégales du gouvernement colonial; ils se jetèrent dans les mornes et furent malgré le décret d'émancipation considérés comme marrons ou révoltés. Des troubles naquirent de cet état de choses; ils s'augmentèrent des menées des Anglais et prirent une forme très-menaçante après le décret déplorable du premier consul: décret rétablissant légalement l'esclavage.

Les expéditions de Saint-Domingue et de la Guadeloupe n'eurent en réalité d'autre but que l'exécution de ce décret, à la fois inique et impolitique et qui fit tant de mal à la France.

— Allons, Saturne, mon ami, dit l'un des noirs à l'autre, en lui versant du tafia, bois un coup, cela te remettra; jamais je ne t'ai vu aussi triste.

Ah! massa Pierrot; répondit mélancoliquement Saturne en vidant son verre d'un trait; j'ai le cœur malade.

— Tu n'es qu'un poltron; de quoi as-tu peur?
— Je n'ai pas peur pour moi, massa Pierrot.
— Pour qui donc alors?
— Pour massa Télémaque; je crains qu'il ne lui soit arrivé malheur.
— Saturne, mon ami, tu es un niais; massa Télémaque est le bras droit du capitaine Ignace, il ne peut rien lui arriver.
— C'est possible; pourtant...
— Tais-toi! interrompit brusquement son camarade; c'est moi qui t'ai recommandé à massa Télémaque; je lui ai répondu de toi; tu sais pourquoi nous sommes ici; fais attention à ne pas faiblir quand le moment d'agir sera venu, sinon je te promets que je saurai te punir.
— Je ferai mon devoir, massa Pierrot; ne craignez rien de moi.
— C'est bon, tu es averti; nous verrons cela. A ta santé!

Et ils burent.

Au moment où Pierrot se versait une nouvelle rasade, une ombre se dessina à l'entrée du bosquet, ombre massive et gigantesque, et un homme pénétra sous le feuillage, après avoir écrasé d'un vigoureux coup de poing les deux lanternes en papier qui éclairaient tant bien que mal l'intérieur du bosquet.

— Sacrebleu! Êtes-vous fous? grommela-t-il d'un ton de mauvaise humeur, en se laissant tomber plutôt qu'il ne s'assit sur un siége.
— Massa Télémaque! s'écrièrent les deux noirs.
— Silence! brutes que vous êtes, reprit-il; le lieu est-il propice pour crier ainsi mon nom! Pourquoi avez-vous laissé ces deux lanternes allumées?
— Mais, massa... murmura Pierrot.

Télémaque ne lui donna pas le temps d'achever la phrase, sans doute assez embrouillée, qu'il commençait.

— Afin qu'on vous reconnaisse plus facilement, n'est-ce pas, idiots que vous êtes? interrompit-il en haussant les épaules avec mépris.

Les nègres baissèrent humblement la tête sans répondre.

Ce Télémaque était un mulâtre gigantesque, taillé en athlète, aux traits repoussants et aux regards fauves; il portait clairement le mot: *Potence*, écrit sur son front déprimé comme celui d'un félin.

Après avoir bu une large rasade de tafia, il reprit :

— Est-elle là?

— Oui, massa, répondit vivement Pierrot.

— Seule !

— Non; vous pouvez l'apercevoir d'ici; elle est accompagnée de son père et de son cousin de France, l'aide de camp du général Sériziat.

— Tant mieux ; murmura Télémaque d'une voix sourde.

Il y eut un instant de silence pendant lequel les trois hommes remplirent et vidèrent leurs verres à plusieurs reprises; Télémaque jetait autour de lui des regards inquiets et fureteurs.

Après une légère hésitation, le mulâtre se pencha en avant, et poussa un cri doux et modulé, ressemblant à s'y méprendre à celui du courlis, cri que deux fois il répéta à un court intervalle.

Quelques minutes s'étaient à peine écoulées, lorsque maman Mélie se glissa silencieusement sous le bosquet; la mulâtresse tremblait, son visage avait cette teinte d'un gris terreux qui est la pâleur des nègres : elle tenait par contenance une bouteille de tafia de chaque main. Après les avoir posées sur la table, elle se tint immobile devant Télémaque, qui fixait sur elle son regard lançant des lueurs fauves.

Il fallait que le mulâtre possédât sur cette femme une puissance occulte bien grande, pour la contraindre ainsi à tout abandonner pour accourir à son premier signal et se mettre à ses ordres, elle si dédaigneuse et si hautaine d'ordinaire, même envers les personnes qu'elle avait intérêt à ménager.

— Eh ! eh ! te voilà, dit enfin Télémaque en ricanant.

— Bonsoir, répondit-elle brusquement; que me voulez-vous, massa Télémaque? Parlez vite, je suis pressée.

— Nous le sommes tous; reprit-il sur le même ton. Je suis ici de la part du capitaine Ignace.

— Je le sais, il m'a prévenue hier.

— C'est bien, Es-tu décidée à lui obéir?

La mulâtresse frissonna et baissa la tête sans répondre.

— Es-tu décidée à obéir aux ordres que tu as reçus? reprit durement le mulâtre.

— Pourquoi le capitaine Ignace veut-il tuer mamzelle Renée? murmura Mélie avec hésitation.

— Que t'importe ! Ce ne sont pas tes affaires.

— Mamzelle Renée est bonne pour les pauvres gens de couleur, insista la mulâtresse d'une voix insinuante; elle leur fait beaucoup de bien; le capitaine Ignace ne la connaît pas; il ne peut vouloir sa mort.

— Tu as tort et raison à la fois, maman Mélie, répondit le mulâtre avec un rire féroce; il ne connaît pas mamzelle Renée, cependant il veut qu'elle meure.

— Pourquoi la tuer ?

— Je pourrais ne pas répondre à cette question, mais ce soir je me sens de bonne humeur et je consens à te satisfaire; écoute-moi et fais ton profit de mes paroles: L'Œil Gris, le vieux Chasseur de rats... tu le connais, celui-là, n'est-ce pas?

— L'Œil Gris est un méchant *obi*; il est l'ennemi des noirs, répondit la mulâtresse en frissonnant; il tue sans pitié les pauvres marrons qu'il poursuit dans les mornes comme des bêtes sauvages; le Chasseur de rats possède un *grigri* qui le rend invulnérable; les balles s'aplatissent sur son corps; les sabres et les poignards se brisent en le touchant; tous les hommes de couleur le détestent.

— C'est cela même, dit le mulâtre d'une voix sourde; vingt fois le capitaine Ignace a tenté de le tuer, vingt fois il a échoué; le grigri du Chasseur de rats a été plus puissant que celui du capitaine; voyant cela, Ignace se fit faire un *Quenbois*, par la sorcière de la Pointe-Noire; alors il apprit que la vie du vieux Chasseur était attachée à celle de mamzelle Renée, parce qu'il l'aime comme si elle était sa fille, et qu'en tuant l'enfant du planteur, l'Œil Gris mourrait aussitôt. Me comprends-tu?

— Oui, je vous comprends, répondit-elle en hochant tristement la tête; mais c'est bien cruel de tuer une si bonne et si belle mamzelle.

— Il le faut; d'ailleurs, c'est une blanche.

— C'est vrai, pauvre enfant, sa peau est blanche, mais son cœur est semblable aux nôtres.

— Qu'importe cela ! Obéiras-tu? Songe que le capitaine Ignace peut t'y contraindre.

— Il est inutile de menacer, répondit maman Mélie avec un frisson d'épouvante. J'obéirai.

— Quand cela?

— Avant une heure, elle sera morte.

— Prends garde de te jouer de moi !

— J'obéirai! reprit-elle d'une voix nerveuse.

— Va! J'attendrai ici l'accomplissement de ta promesse.

La mulâtresse fit un geste de désespoir et elle disparut.

— A boire ! dit le mulâtre en tendant son verre à Saturne qui le remplit; bientôt nous saurons si ce démon de Chasseur est véritablement invulnérable.

— Nous n'avons qu'une heure à attendre, dit Pierrot d'un air câlin, ce n'est rien.

— J'espère que cette fois nous réussirons, reprit le mulâtre; j'ai bon espoir; cet homme, qui toujours, jusqu'à présent, était, on ne sait comment, averti des embuscades que nous lui tendions, on ne l'a pas aperçu depuis hier; personne ne l'a vu; donc, il ne sait rien, sans cela il serait ici.

— C'est positif, ponctua Pierrot.

— Silence ! s'écria tout à coup Saturne.

— Pourquoi silence ?

— Regardez ! le voilà ! reprit le noir en étendant le bras dans la direction de la plage.

— L'Œil Gris !… murmurèrent les deux hommes avec une indicible épouvante.

Par un mouvement instinctif, dominés par la terreur superstitieuse que leur inspirait cet homme étrange, ils se blottirent en tremblant au fond du bosquet et demeurèrent immobiles dans les ténèbres, effarés et respirant à peine.

L'Œil Gris étant, sinon le principal, mais tout au moins un des plus importants personnages de cette histoire, il est indispensable de le bien faire connaître au lecteur.

Dix ans environ avant l'époque où commence notre récit, le trois-mâts de Nantes, l'*Aimable-Sophie*, arriva à la Basse-Terre, venant de Québec. Au nombre de ses passagers, il se trouvait un homme qui, pendant toute la traversée, avait été un problème insoluble pour l'équipage et pour le capitaine lui-même.

Cet homme connu seulement sous le nom de L'Œil Gris, avait soldé d'avance son passage en onces mexicaines; de plus, il avait été chaudement recommandé au capitaine par un des principaux négociants de Québec; il était donc parfaitement en règle de toutes les façons; il n'y avait pas la moindre observation à lui adresser.

Quant aux curieux qui avait tenté de l'interroger, il les avait si vertement reçus au premier mot qu'ils avaient hasardé, que tout de suite l'envie leur était passée de continuer ou même de lier connaissance avec lui.

C'était d'ailleurs un homme sociable, ne se plaignant jamais de rien; passant des journées entières à se promener de long en large sur le pont, sans parler à personne, et dont la seule distraction consistait à tirer au vol, sans jamais les manquer, les frégates, les damiers ou les alcyons assez imprudents pour se risquer trop près du navire.

L'inconnu avait, ou du moins paraissait avoir soixante ans; peut-être était-il plus âgé, peut-être l'était-il moins; nul n'aurait pu dire au juste son âge.

C'était un grand vieillard de près de six pieds, d'une verdeur, d'une agilité et d'une vigueur extraordinaires; sa maigreur brune et osseuse laissait presque à nu le jeu actif et passionné de ses muscles. Ce qui frappait dans son étrange physionomie, c'était un type fort prononcé dont le galbe mince, effilé, saillant, tenait quelque chose de l'Arabe, bien que sa peau, tannée par le froid, le chaud, le vent, la pluie et le soleil, eût la couleur de la brique; l'acuité pénétrante de ses yeux presque ronds, ardents et mobiles, dont le disque

était un charbon et le regard une effluve magnétique; sa barbe d'un blond fauve, semée de quelques fils d'argent, tombait en éventail sur sa poitrine. Il avait le front large, pur et échancré; à la moindre émotion, au plus léger pli qui se formait sur ce front si lisse d'ordinaire, ses longs cheveux fauves avaient la singulière propriété de se hérisser, et alors cette figure extraordinaire prenait une ressemblance frappante avec celle de l'aigle.

Le costume de cet homme était aussi bizarre que l'était sa personne.

Il se composait d'un vêtement entier, veste, culotte et guêtres montant sur le genou, le tout en peau de daim à demi tannée; il couvrait sa tête avec un bonnet en peau de renard dont la queue lui pendait par derrière jusqu'au milieu du dos; une large ceinture, en cuir comme le reste de son costume, lui serrait étroitement les hanches et soutenait, à droite, un sac à balles et une poire à poudre faite d'une corne de buffle, à gauche, un couteau de chasse à lame large et effilée, et une hache.

Ainsi vêtu, chaussé d'épais souliers en cuir fauve, et tenant à la main un long fusil de boucanier, cet homme avait un aspect imposant qui attirait la sympathie; on sentait qu'il y avait dans cette nature rebelle quelque chose de fort et de puissant qui devait être respecté.

À peine le trois-mâts l'*Aimable Sophie* eut-il laissé tomber son ancre dans la rade de la Basse-Terre, que le passager se fit mettre à terre, traversa la ville sans s'y arrêter et s'enfonça le fusil sur l'épaule dans les mornes.

Plusieurs mois s'écoulèrent sans qu'on entendît parler de lui; il chassait, non pas la grosse bête ni le fauve, la Guadeloupe ne possède et n'a jamais possédé aucun animal nuisible; or, cet homme, véritable chasseur et Chasseur canadien qui plus est, c'est-à-dire accoutumé à lutter corps à corps avec les ours, et à combattre les animaux les plus redoutables, devait mener une existence assez insipide dans cette île, où, pour lui, la chasse était réduite à sa plus infime expression.

Il paraît qu'il comprit bientôt ce que sa position avait de précaire; avec cette rapidité de conception qui était un des côtés saillants de son caractère, il résolut de modifier complètement sa manière de vivre et de tirer parti au point de vue de l'intérêt général de ses qualités de chasseur; cette résolution prise, il l'exécuta immédiatement de la façon suivante :

Nous avons dit que la Guadeloupe ne possède pas d'animaux nuisibles; nous nous sommes trompés: elle possède des rats énormes apportés par les navires; ces rongeurs sont une véritable plaie pour le pays; ils dévorent tout; un champ de cannes à sucre ou de café dans lequel ils se

LA BAMBOCLA.

metient est perdu pour son propriétaire; en moins de quelques jours tout est ravagé; les dommages sont immenses; aussi les planteurs se sont-ils entendus pour payer une prime considérable aux gens assez avisés pour les délivrer de ces hôtes incommodes.

Notre personnage fit venir, on ne sut jamais d'où, deux couples de ces chiens que l'on nomme aujourd'hui ratiers; il les dressa en conséquence et se fit chasseur de rats; il parcourut alors les plantations, suivi, sur les talons, par une demi-douzaine de chiens microscopiques, aux oreilles droites, au flair infaillible, à l'œil de feu, aux jar-

rets de fer et aux muscles d'acier, avec lesquels il fit aux rats une guerre implacable, — d'où vint le nom de Chasseur de rats qui fut immédiatement ajouté à celui d'Œil Gris, sous lequel il était déjà connu.

Mais cette occupation, si lucrativ qu'elle fût, ne suffisait pas pour satisfaire l'arden activité de ce singulier personnage; il lui falla employer son fusil, devenu pour lui un meuble presque inutile.

A cette époque, la Guadeloupe, en proie à la guerre civile, suite du soulèvement des noirs, puilulait de nègres marrons, d'autant plus redoutables qu'ils s'étaient réfugiés dans des mornes inaccessibles, du haut desquels, comme un vol de·vautours, ils s'abattaient sur les habitations et les livraient au pillage.

Les fauves que depuis si longtemps l'Œil Gris cherchait vainement, il les avait enfin trouvés ; il dressa ses ratiers à dépister les nègres rebelles, et il se fit résolûment chasseur, non plus seulement de rats cette fois, mais de *marrons*.

Cette chasse incessante à l'homme qu'il avait ajoutée à son commerce eut pour résultat de lui faire connaître l'Ile et les mornes comme s'il y fût né.

Les esclaves fugitifs ne trouvaient plus de retraites assez sûres pour se soustraire aux poursuites de leur implacable ennemi ; celui-ci les relançait jusque dans les mornes ignorés où pendant si longtemps ils avaient joui de la plus complète impunité.

Les fugitifs, ainsi harcelés, jurèrent une haine noire à l'homme qui s'était donné la tâche de les détruire.

Le Chasseur eut alors une lutte terrible à soutenir ; s'il échappa à la mort, ce ne fut que par des miracles d'adresse, d'astuce et de courage ; maintes fois il faillit succomber sous les coups de ces malheureux, réduits au désespoir, car toujours il chassait seul, sans autres auxiliaires que ses ratiers qui ne pouvaient le défendre sérieusement.

Un jour, cependant, sa fortune habituelle sembla l'abandonner. Attaqué à l'improviste par une dizaine de nègres marrons, malgré des prodiges de valeur et après une lutte qui avait pris des proportions épiques, accablé sous le nombre, il tomba ; ses ennemis, acharnés après lui, se préparaient à lui couper la tête, pour être bien certains de l'avoir tué, lorsqu'un bruit soudain les obligea, à leur grand regret, à gagner au pied et à prendre la fuite.

A peine eurent-ils disparu dans les méandres de la route qu'une jeune fille ou plutôt une enfant de neuf à dix ans, montée sur un charmant poney et accompagnée de plusieurs serviteurs noirs, se montra à l'angle du chemin.

Cette jeune enfant était Renée de la Brunerie.

En apercevant ce corps étendu à travers du sentier qu'elle suivait, et perdant son sang par vingt blessures, la jeune fille se sentit prise d'une immense pitié ; d'ailleurs, elle connaissait le Chasseur pour l'avoir vu venir plusieurs fois à l'habitation, où il ne faisait, du reste, que de rares apparitions et seulement lorsqu'il y était mandé ; il paraissait éprouver, on ne savait pourquoi, une répulsion invincible pour la famille de la Brunerie. Renée ne songea à rien de tout cela ; elle vit un homme en danger de mort, et, sans hésiter, elle résolut de le sauver.

Le Chasseur fut transporté à l'habitation ; là, les soins les plus attentifs lui furent prodigués.

Renée, malgré sa jeunesse, ne se fia à personne du soin de veiller sur le blessé ; elle le soigna avec une abnégation et un dévouement extraordinaires, ne le quittant ni jour, ni nuit ; constamment attentive à ce qu'il ne manquât de·rien.

Le marquis de la Brunerie voyait avec joie la conduite de sa fille, le soin avec lequel elle surveillait son blessé, ainsi qu'elle le nommait ; il était fier de lui reconnaître, dans un âge aussi tendre, des sentiments aussi nobles et aussi élevés ; il la laissa donc libre d'agir à sa guise.

Le·blessé guérit, grâce aux soins de sa jeune garde-malade.

Alors commença entre le vieillard et l'enfant une de ces intimités dont rien ne saurait exprimer la douceur ; toute de tendresse de la part de l'enfant, toute de dévouement de celle du vieillard, naïve et profonde des deux côtés.

Le Chasseur, tout en continuant à rester, pour les autres membres de la famille de la Brunerie, brusque, brutal et presque hostile à l'occasion, devint pour Renée presque un père ; s'ingéniant sans cesse à lui apporter les plumes les plus rares, les fleurs les plus belles ; tous ces riens, enfin, qui plaisent tant aux enfants.

Deux ans plus tard, la jeune fille tomba gravement malade, un instant on désespéra de sa vie ; cette fois le Chasseur paya amplement la dette qu'il avait contractée, en devenant à son tour, le sauveur de celle qui l'avait sauvé.

La douleur du vieillard fut immense lorsque l'époque arriva où, selon la coutume contractée aux colonies, Renée dut se rendre en France pour y terminer son éducation, et qu'il fut contraint de se séparer d'elle.

Pendant tout le temps que dura l'absence de la jeune fille, le Chasseur ne parut pas une seule fois à la plantation ; il ne faisait plus rien qui vaille ; son existence s'écoulait triste et décolorée ; il vivait à l'aventure, pour ne pas mourir : il voulait la revoir !

Lorsque le retour prochain de Renée de la Brunerie fut annoncé, il surveilla attentivement les navires qui apparaissaient dans les atterrissages de la Guadeloupe.

Lorsqu'elle débarqua à la Basse-Terre, la première personne sur laquelle se reposa son regard fut le Chasseur qui, retiré un peu à l'écart, appuyé sur son long fusil, la contemplait d'un œil attendri, s'émerveillant de la revoir si belle.

Il recommença alors à fréquenter l'habitation de la Brunerie ; Renée était revenue.

C'était bien le Chasseur que les trois nègres marrons avaient aperçu ; il n'y avait pas le moindre doute à avoir sur son identité.

Le Chasseur, suivi pas à pas par ses ratiers, marchait doucement, le fusil sous le bras, le front pensif, et ne semblant accorder, tant il se concentrait en lui-même, qu'une très-médiocre attention à ce qui se passait autour de lui.

Il traversait insoucieusement les groupes qui s'ouvraient, soit par crainte, soit par respect, pour lui livrer passage.

Il arriva ainsi devant le bosquet au fond duquel les marrons étaient réfugiés, presque évanouis de terreur.

Les ratiers, moins préoccupés que leur maître, tombèrent aussitôt en arrêt en grondant sourdement.

Les nègres se crurent perdus.

Mais, en ce moment, soit hasard, soit tout autre motif, le Chasseur releva la tête et, à quelques pas de lui seulement, il aperçut Renée de la Brunerie.

Son front soucieux s'éclaircit subitement, un doux sourire entr'ouvrit ses lèvres; il pressa le pas et se dirigea droit au bosquet où se trouvait la jeune fille.

Les chiens, voyant leur maître s'éloigner, se résignèrent à le suivre; mais ce ne fut qu'après avoir longtemps hésité qu'ils levèrent enfin leur arrêt.

Cette fois les nègres étaient sauvés, ou, du moins, ils le supposaient.

II

COMMENT FUT INTERROMPU LE BAMBOULA DE L'ANSE
A LA BARQUE ET CE QUI EN ADVINT.

Le Chasseur de rats, après avoir passé devant les trois redoutables conspirateurs, sans même soupçonner leur présence, continua paisiblement sa route, et s'arrêta à l'entrée du bosquet sous lequel étaient assis les membres de la famille de la Brunerie.

Comme si un secret pressentiment eût averti la jeune fille de la présence de son ami, soudain elle tressaillit et tourna la tête de son côté.

— Bonsoir, père, lui dit-elle d'une voix caressante, je vous attendais.

— Et moi je vous cherchais, répondit-il avec intention. Bonsoir, mademoiselle Renée.

Et il pénétra sous le bosquet.

Un trait de flamme jaillit à travers les longues prunelles de la jeune fille, elle reprit avec émotion en lui désignant un siége :

— Asseyez-vous là, près de moi, vous avez bien tardé.

— Vous voilà, Chasseur, lui dit amicalement M. de la Brunerie en lui tendant la main. Soyez le bienvenu.

— Avez-vous appris quelque chose? ajouta le capitaine de Chatenoy en imitant le mouvement du planteur.

— Je le crois, répondit le vieillard avec un sourire énigmatique. Votre serviteur, messieurs.

Il porta la main à son bonnet d'un air cérémonieux, sans paraître remarquer le geste affectueux des deux hommes, et il s'assit sur le siége que la jeune fille lui avait indiqué à son côté.

— Vous vous faites toujours pour nous un messager de bonnes nouvelles, lui dit Renée, qui prenait plaisir à l'entendre causer.

— Dieu veuille que jamais je ne vous en apporte de mauvaises, chère demoiselle!

— Vous avez donc appris quelque chose?

— Je ne sais pourquoi, mais j'ai presque la certitude que vous me remercierez de ce que, ce soir, je vous annoncerai.

— Moi?... père... fit Renée toute surprise.

— Peut-être, mon enfant. N'êtes-vous pas un peu curieuse de savoir pour quelle raison, depuis deux jours, je ne vous ai pas fait ma visite habituelle à la plantation?

— Oui, père, très-curieuse et surtout très-colère contre vous; parlez tout de suite.

— Patience, chère petite, bientôt vous serez satisfaite.

Dans la famille de la Brunerie, tout le monde était accoutumé depuis longtemps, et M. de la Brunerie lui-même, à entendre le vieux Chasseur et la jeune fille se parler sur ce ton; personne ne songeait à se formaliser d'une familiarité que, de la part de tout autre que le vieux Chasseur, le planteur aurait sévèrement réprimée; d'ailleurs, la volonté de mademoiselle Renée de la Brunerie était une loi suprême devant laquelle grands et petits s'inclinaient avec respect, sans même la discuter; et puis, tout le monde, dans la famille, aimait cet homme si simple et si réellement bon sous sa rude écorce.

— De quoi s'agit-il donc? Vous me semblez ce soir tout confit en mystères, mon vieil ami? demanda M. de la Brunerie avec un certain intérêt.

Le Chasseur promena un regard interrogateur autour de lui, comme pour s'assurer qu'aucun espion n'était embusqué sous le feuillage, et baissant la voix, en se penchant vers ses interlocuteurs :

— N'attendez-vous pas des nouvelles de France? dit-il.

— Oh! oui! s'écria involontairement la jeune fille; et, presque aussitôt, elle baissa la tête en rougissant, honteuse sans doute de s'être laissée emporter, malgré elle, à prononcer une imprudente parole.

Mais l'attention des deux hommes était trop

éveillée pour qu'ils remarquassent cette exclamation partie du cœur; elle passa inaperçue.

— Eh bien, reprit mystérieusement le Chasseur, je vous en apporte, et des plus fraîches encore.

— De France? demanda l'officier en souriant.

— Pas tout à fait, capitaine; de la Pointe-à-Pitre, seulement.

— Ah! ah! fit le planteur dont les sourcils se froncèrent imperceptiblement. Que se passe-t-il donc là?

— A la Pointe-à-Pitre, rien d'extraordinaire, monsieur; mais en mer beaucoup de choses pour ceux qui ont de bons yeux; et grâce à Dieu, malgré mon âge, les miens ne sont pas encore trop mauvais.

— Il y a des bâtiments en vue? s'écrièrent les trois personnes avec une surprise mêlée de joie.

— Silence! dit le Chasseur en jetant un regard anxieux autour de lui, songez où nous sommes.

— C'est juste, répondit le planteur; ces bâtiments sont nombreux?

— Oui, j'en ai compté dix.

— Dix!

— Tout autant: deux vaisseaux, quatre frégates, une flûte et trois transports.

— Alors, s'il en est ainsi, s'écria vivement le planteur, il ne saurait y avoir le moindre doute: c'est l'expédition que nous a annoncée le général Sériziat et que nous attendons depuis si longtemps.

— Plus bas, monsieur, je vous le répète, il y a des oreilles ouvertes sous ces charmilles; nous ne savons qui peut nous entendre, fit le Chasseur en posant un doigt sur ses lèvres.

— Vous avez raison, reprit M. de la Brunerie; mais cette nouvelle m'a tellement troublé, que je ne sais plus ce que je fais ni ce que je dis.

— Il faudrait s'assurer si ces navires font réellement partie de l'expédition, observa le capitaine.

— C'est ce que j'ai fait, capitaine, répondit son interlocuteur; je suis monté dans une pirogue, et je me suis rendu à bord du vaisseau le *Redoutable;* un bâtiment magnifique portant le guidon de vice-amiral à son mât de misaine; là j'ai appris tout ce que je désirais savoir.

La jeune fille ne dit rien; elle regarda le Chasseur. Celui-ci souriait; elle sentit un rayon de joie inonder son cœur, et ses yeux se levèrent vers le ciel, comme pour de muettes actions de grâces.

— Parlez, vieux Chasseur, s'écria impétueusement le planteur.

— Attendez, fit le capitaine.

— Que voulez-vous donc, mon cousin?

— Pardieu! fit gaiement l'officier, trinquer avec le messager de la bonne nouvelle.

Il fit un signe au valet toujours immobile à l'entrée du bosquet; le noir s'éloigna aussitôt.

— Vous ne serez donc jamais sérieux? dit le planteur en haussant les épaules.

Et s'adressant au Chasseur:

— Ainsi vous vous êtes rendu à bord du vaisseau le *Redoutable?* ajouta-t-il.

— Oui, monsieur; je me suis ainsi assuré que ces navires composent en effet l'escadre sur laquelle est embarquée l'expédition attendue depuis si longtemps; cette escadre est commandée par le vice-amiral Bouvet; elle porte trois mille quatre cent soixante-dix hommes de troupes de débarquement.

— Savez-vous par quels officiers supérieurs sont commandées ces troupes?

— Je m'en suis informé, mais je ne sais si je me souviendrai bien exactement des noms de ces officiers, répondit le Chasseur de rats, en jetant à la dérobée un regard sur la jeune fille.

Celle-ci fixait sur lui ses grands yeux bleus avec une expression poignante.

— Le commandant en chef de l'expédition est le général Antoine Richepance, un excellent militaire, à ce que tout le monde s'accorde à dire, reprit-il.

— Ah! murmura faiblement Renée en portant la main à son cœur et semblant sur le point de défaillir.

Mais personne ne remarqua ni ce cri, ni ce mouvement, excepté peut-être le Chasseur.

Il continua.

— Ce général, bien que très-jeune, à peine a-t-il trente-deux ans, a déjà de remarquables états de service; sous les ordres de Hoche et Moreau, il a fait plusieurs actions d'éclat.

— J'en ai souvent entendu parler avec de grands éloges, dit le capitaine. Qui vient ensuite?

— Un de vos parents, je crois, monsieur, le général de brigade Gobert.

— En effet, s'écria le planteur, et un digne fils de notre pays; je l'ai connu tout jeune avant la Révolution; je serais heureux de le revoir.

— Oh! oui! murmura la jeune fille comme pour dire quelque chose.

Mais ses pensées volaient éperdues sur les ailes séduisantes de ses rêves de dix-sept ans.

— Les autres officiers supérieurs, reprit le Chasseur de rats, sont: le général de brigade Du Moutier et l'adjudant commandant, chef d'état-major Ménard. Vous seuls à la Guadeloupe, messieurs, connaissez cette importante nouvelle; l'escadre louvoie bord sur bord en vue de l'île, elle ne mouillera pas avant deux jours à la Pointe-à-Pitre, c'est-à-dire avant le 16 floréal.

— Quels motifs donne-t-on à ce retard? demanda le capitaine.

— Je n'ai rien pu découvrir à ce sujet.

— Il faut, sans perdre un instant, courir à la Basse-Terre, s'écria vivement le capitaine.

— Oui, c'est ce que nous devrions faire, malheureusement nous ne le pouvons pas, répondit le planteur avec dépit; nous sommes obligés de retourner d'abord à l'habitation.

— Pourquoi donc cela, monsieur? demanda le Chasseur.

— Par une raison fort simple : nos chevaux ne nous seront pas envoyés avant minuit.

— J'ai supposé cela, monsieur; aussi en me rendant ici, comme c'était à peu près mon chemin, je suis passé par la Brunerie et j'ai, de votre part, donné l'ordre à M. David, votre commandeur, de vous expédier immédiatement dix chevaux. Avant une demi-heure, une heure au plus, ils seront ici.

— Pardieu! s'écria le planteur avec joie, vous êtes un homme précieux, vous songez à tout.

— J'y tâche, monsieur, surtout lorsque j'espère pouvoir vous être utile, ajouta le Chasseur en regardant la jeune fille qui lui souriait doucement.

En ce moment éclata à l'improviste un épouvantable charivari mêlé de chants, de cris, de rires et d'appels joyeux, la conversation fut forcément interrompue.

C'était le bamboula qui commençait.

— Allons faire un tour sur la plage en attendant les chevaux, dit le capitaine.

— Soit, allons, répondit M. de la Brunerie.

Les deux hommes se levèrent.

La jeune fille fit un mouvement pour les imiter, mais, sur un signe du Chasseur, elle se laissa retomber sur sa chaise.

— Tu ne viens pas te promener avec nous, mignonne? lui demanda son père.

— Non; si vous me le permettez, cher père, je préfère rester ici; la chaleur est accablante. Je me sens un peu fatiguée, ajouta-t-elle en rougissant légèrement.

— Demeure donc, puisque tu le désires; cependant...

— Je tiendrai compagnie à mademoiselle Renée, dit le Chasseur.

— Bon, alors je suis tranquille; d'ailleurs dans un instant nous reviendrons; je ne veux que jeter un coup d'œil sur la fête.

Et M. de la Brunerie s'éloigna en compagnie de son neveu.

A peine quelques minutes s'étaient-elles écoulées depuis leur départ, lorsque maman Mélie, la mulâtresse que le valet du planteur avait cependant prévenue depuis longtemps déjà, pénétra sous le bosquet, portant sur un plateau les rafraîchissements qui lui avaient été commandés.

La plage offrait en ce moment un aspect singulier et réellement féerique.

Tous les promeneurs, disséminés çà et là, s'étaient, au premier appel de la musique, groupés autour des danseurs qui venaient enfin de faire leur apparition en grand costume.

Des hommes, nous ne dirons rien : ils portaient le vêtement classique si commode aux colonies, si simple et de si bon goût, à cause de cette simplicité même; quelques-uns seulement, récemment arrivés de France, en voulant imiter ou plutôt outrer les modes européennes, avaient réussi à se rendre ridicules.

Quant aux femmes, blanches ou de couleur, toutes étaient ravissantes: leur costume, coquet et gracieux, ajoutait encore à leur langoureuse beauté; la plupart d'entre elles, vêtues de robes de mousseline blanche ou d'amples peignoirs garnis de riches dentelles, étroitement serrés à la taille par un large ruban bleu, les épaules couvertes d'un crêpe de Chine, se promenaient lentement, nonchalantes, pâles et penchées, au bras de leur père, de leur frère ou de leur mari, pareilles à de belles fleurs accablées par la chaleur du jour et que la fraîcheur de la brise nocturne fait revivre.

Les danseurs de bamboula, tous nègres jeunes, robustes et bien découplés, s'étaient divisés en plusieurs groupes, dont chacun avait son orchestre particulier; ce qui produisait la plus effrayante cacophonie qui se puisse imaginer.

Ces orchestres se composaient de nègres, vieux pour la plupart, accroupis près de leurs tam-tams, espèces de petits barils recouverts d'une peau très-forte; quelques-uns de ces étranges musiciens avaient même trouvé plus commode de se mettre à califourchon sur leur harmonieux instrument qu'ils frappaient à coups redoublés de leur main ouverte.

Près d'eux se tenaient des négresses dont les unes agitaient rapidement des castagnettes, tandis que les autres remuaient avec énergie des espèces de hochets, ressemblant aux chichikoués des Peaux-Rouges de l'Amérique septentrionale, et remplis de morceaux de verre, de cuivre ou de fer-blanc.

Auprès de chaque groupe de danseurs, on voyait debout, immobiles et sérieux comme des spectres, des nègres armés de torches, en bois d'aloès, dont les flammes rougeâtres, agitées dans tous les sens par le vent, nuançaient les assistants de teintes fantastiques, et imprimaient ainsi à cette scène un cachet diabolique qui lui donnait une ressemblance frappante avec cette nuit de Valpurgis, si bien décrite dans le Faust de Gœthe.

Les danseurs, sans doute par suite de quelque tradition caraïbe dont l'origine est aujourd'hui complétement ignorée, étaient coiffés de toques en carton doré ou argenté, affectant la forme de mitres et garnies de plumes de paon; une espèce de saye ou blouse, sans col et sans manches, serrée aux hanches et faite d'une étoffe quelconque, grossièrement brochée en argent, complétait leur costume.

Quant aux danseuses, leur toilette n'avait rien d'extraordinaire ni même de particulier.

D'ailleurs, dans le *bamboula*, le beau rôle appartient exclusivement aux danseurs; les danseuses sont sacrifiées, elles ne remplissent pour ainsi dire qu'un rôle de comparses.

A un signal donné, tous les groupes s'élancèrent à la fois, tous les orchestres éclatèrent comme un coup de foudre; ce fut un vacarme à ne plus s'entendre; chaque danseur chantait ou plutôt beuglait à tue-tête des couplets baroques qu'il improvisait, en se frappant continuellement les coudes sur les hanches et sur la poitrine, et avec les mains le ventre et les cuisses; puis, tout à coup, faisait des bonds terribles et retombait courbé, semblait fuir tremblant et effrayé, pour revenir subitement en affectant la joie la plus folle, cabriolant, tournant sur lui-même comme un tonton, se frappant les épaules avec la tête et soudain faisant la roue et marchant sur les mains.

Pendant ce temps, chaque danseuse agitait un voile qu'elle élevait au fur et à mesure que son cavalier s'approchait; elle réglait ses pas sur les siens, avançant et reculant comme lui, et, à un moment donné, lui essuyant avec son mouchoir la sueur qui coulait à flots sur son visage.

Cependant, peu à peu le bamboula s'anima, les chants devinrent plus vifs, les mouvements plus saccadés, la musique précipita sa mesure; puis, comme s'ils eussent été soudain pris de frénésie, danseurs, promeneurs, spectateurs eux-mêmes, tous les gens de couleur enfin, et tous les noirs, entrèrent en danse, hurlant et gambadant, improvisant des cantates étranges; les enfants, les porte-torches, tous se mirent à sauter et à cabrioler plus ou moins en cadence, sans partenaires, et pour leur satisfaction personnelle.

Ce fut bientôt une rage, un délire, une frénésie indescriptibles, un sabbat tenu non par des démons, mais par des fous et des possédés.

La joie et l'enthousiasme avaient atteint les extrêmes limites du possible, lorsque tout à coup des cris de colère et d'effroi se firent entendre du côté des ajoupas, en ce moment presque abandonnés par les buveurs; aussitôt il y eut un remous épouvantable dans cette foule affolée qui presque subitement, se dispersa dans toutes les directions.

Les uns, sans avoir conscience de ce qu'ils faisaient, s'enfuyaient vers la mer; d'autres couraient, sans s'en douter, du côté où régnait le tumulte; quelques-uns se blottissaient derrière les arbres ou dans le creux des rochers.

Or, comme chacun ignorait ce qui se passait réellement, les versions les plus effrayantes couraient dans les groupes effarés de terreur; on ne savait à qui entendre; le bamboula fut subitement interrompu.

Les soldats des deux batteries qui prenaient part à la fête et étaient disséminés dans la foule, se frayèrent passage et se réunirent; les blancs se massèrent les uns près des autres, et tous comme d'un commun accord, ils marchèrent résolûment aux ajoupas, confiant les femmes et les enfants à quelques hommes déterminés qu'ils chargèrent de les défendre au cas probable d'une attaque.

Le capitaine Paul de Chatenoy et M. de la Brunerie, les deux premiers, réussirent à se faire jour à travers les rangs pressés de la foule; ils s'élancèrent en courant vers le bosquet où, quelques minutes auparavant, ils avaient laissé mademoiselle de la Brunerie assise en compagnie du vieillard.

Lorsqu'ils atteignirent enfin le bosquet, un spectacle étrange frappa leurs regards.

Le vieux Chasseur, debout, l'œil étincelant, fier, menaçant, terrible, appuyait lourdement le pied droit sur la poitrine haletante du nègre Pierrot, renversé sur le sol et se débattant avec des hurlements de terreur près du cadavre de Saturne, gisant le crâne fracassé à l'entrée même du bosquet; le Chasseur tenait maman Mélie à la gorge et la secouait avec fureur; le sang coulait à flots de son bras droit et, à chaque mouvement, il arrosait la mulâtresse d'une horrible pluie.

Mademoiselle de la Brunerie, pâle, tremblante, les mains jointes, s'était craintivement réfugiée derrière son compagnon.

— Confesse ton crime, misérable, ou tu vas mourir! criait le Chasseur d'une voix tonnante au moment où le planteur, le capitaine et les soldats parvenaient à pénétrer dans le bosquet.

— Pardon! pardon, massa! hurlait la malheureuse en essayant vainement d'échapper à l'étreinte de fer qui la maintenait malgré ses efforts désespérés.

— Ah! tu ne veux pas avouer? Eh bien, attends! reprit le Chasseur avec un accent terrible. Capitaine, prenez un verre rempli de limonade, là sur la table, et contraignez cette horrible mégère à le boire.

Un frémissement d'épouvante et de colère parcourut les rangs de la foule, maintenue silencieuse et pétrifiée; elle avait compris.

Le capitaine saisit vivement le verre, puis s'approcha de la mulâtresse, résolu à faire ce que disait le Chasseur.

A cette vue, un tremblement convulsif agita les membres de la misérable créature; une expression d'indicible terreur se répandit sur ses traits convulsés.

— Non, non, massa! s'écria-t-elle en renversant violemment la tête en arrière et redoublant d'efforts pour s'échapper, non, non, je ne veux pas boire, je ne veux pas boire! Laissez-moi, massa, laissez-moi!

—Avoue ·

— Eh bien, oui!... J'avoue!... mon Dieu!... Non!... laissez-moi par pitié!

— Pas de pitié!... parle! parle toute de suite, ou sinon!...

La mulâtresse sembla hésiter; ses yeux pleins de larmes et agrandis par la peur erraient désespérément sur la foule.

Que cherchait-elle? Implorait-elle ainsi le secours d'un inconnu?

Le Chasseur le supposa; ses sourcils se froncèrent, il donna une violente secousse à la malheureuse; celle-ci parut enfin se résigner à faire les aveux qu'on exigeait d'elle.

— Cette limonade... est empoisonnée... murmura-t-elle en hachant ses paroles comme pour gagner du temps, on m'a forcée... à la présenter... à mamzelle Renée.

— Oui?

— Saturne!... murmura-t-elle en désignant le cadavre du nègre.

— Tu mens, infâme!

— Non, je ne mens pas!... c'est lui!... dit-elle d'une voix étranglée.

— Que t'a fait cette jeune fille?

— Rien.

— Pourquoi voulais-tu l'empoisonner?

— Oh! mon Dieu! mon Dieu! ce n'est pas moi, massa... c'est lui!...

— Qui, lui? Répondras-tu enfin?

— Eh bien... c'est...

Elle allait parler; une dernière fois elle jeta un regard effaré sur la foule; tout à coup ses traits se décomposèrent horriblement, un frisson général secoua son corps.

— Parleras-tu, misérable? s'écria le Chasseur d'une voix furieuse en la secouant avec violence.

— Je ne sais pas... murmura-t-elle faiblement; ma tête se perd! Oh! mon Dieu! oh!...

Elle se laissa aller en arrière, poussa un profond soupir et ferma les yeux; elle était évanouie.

Le Chasseur de rats la lâcha avec un geste de dégoût et de colère; elle roula sur le sol, où elle demeura inerte, comme morte.

Sur un ordre muet du capitaine de Chatenoy, les soldats s'emparèrent de la mulâtresse, du nègre Pierrot et relevèrent le cadavre du nègre Saturne.

Mademoiselle de la Brunerie se jeta dans les bras de son père, mais, revenant presque aussitôt au vieillard:

— Sans vous, père! s'écria-t-elle avec effusion, sans vous j'étais morte, empoisonnée par cette horrible femme!

Elle enleva sa magnifique écharpe et la déchira pour panser la blessure de son sauveur.

Le Chasseur la laissait machinalement faire; il n'entendait pas; une préoccupation étrange s'était emparée de lui; son regard fouillait la foule avec une obstination singulière; il semblait y chercher un ennemi invisible.

Soudain, le Chasseur poussa un cri de joie; il fit un bond et, saisissant un nègre à la fois au cou et à la ceinture, malgré la résistance désespérée qu'opposait celui-ci, il le contraignit à le suivre.

— Le voilà! dit-il en le jetant à demi étranglé aux mains des soldats stupéfaits, voilà l'assassin, le lâche empoisonneur! C'est lui qui a lancé ces deux misérables contre moi pour délivrer la mulâtresse! C'est lui qui m'a plongé son couteau dans le bras! Prenez garde de laisser échapper cet homme : tenez-le bien, c'est Télémaque, le plus féroce et le plus redoutable des lieutenants d'Ignace, le chef des nègres marrons de la Pointe-Noire.

Le Chasseur ne s'était pas trompé : c'était bien, en effet, le terrible nègre dont il avait réussi à s'emparer.

Du reste, il n'eut pas besoin d'insister pour que le prisonnier fût surveillé de près; déjà le misérable était garrotté de façon à ne pouvoir faire un mouvement.

Alors seulement le Chasseur consentit à céder aux prières de la jeune fille et de ses amis, et il laissa panser sa blessure dont le sang coulait toujours en abondance.

Cependant la foule s'était peu à peu dispersée; une grande partie des noirs avaient, soit par curiosité, soit par tout autre motif moins avouable peut-être, suivi les soldats qui emmenaient les prisonniers.

L'anse à la Barque, si peuplée, si animée quelques instants auparavant, était déjà à peu près déserte; la fête si brusquement interrompue, et d'une manière si terrible, n'avait pas recommencé; le mot sinistre de poison avait suffi pour glacer la joie dans les cœurs, mettre l'épouvante sur tous les visages.

— Maintenant, messieurs, dit le Chasseur de rats aussi froidement que si rien d'extraordinaire ne s'était passé depuis le moment où il avait interrompu sa conversation avec eux, voici vos chevaux, il est temps de partir pour la Basse-Terre.

— Nous ne pouvons aller à la Basse-Terre, dit le planteur avec inquiétude, ma fille est à peine remise de l'émotion terrible qu'elle a éprouvée; elle est incapable de nous accompagner dans l'état nerveux où elle se trouve.

— Oui, rentrons d'abord à la Brunerie, ajouta le capitaine.

Le Chasseur sourit avec une majesté suprême.

— Avez-vous toujours confiance en moi, monsieur? demanda-t-il au planteur.

— Oh! mon ami! pouvez-vous en douter? s'écria

M. de la Brunerie avec effusion, vous, deux fois le sauveur de ma fille.

— Eh bien, s'il en est ainsi, monsieur, partez sans crainte pour la Basse-Terre où il est urgent que vous vous rendiez; vous n'avez malheureusement perdu que trop de temps déjà. Confiez-moi mademoiselle Renée, je me charge de la conduire en sûreté à la Brunerie, sous l'escorte de quelques-uns de vos noirs.

— Oui, faites cela, mon père, s'écria vivement la jeune fille, laissez-moi sous la garde de mon vieil ami; il est si brave et si dévoué qu'auprès de lui je ne crains rien.

Le planteur hésitait.

La scène audacieuse qui s'était passée quelques instants auparavant, cet attentat si monstrueux, si froidement exécuté devant tant de témoins et que, seul, le hasard, ou plutôt un miracle avait empêché de s'accomplir, rendait M. de la Brunerie très-perplexe; il lui répugnait d'abandonner ainsi son enfant, au milieu de la nuit, loin de son habitation, sous la garde si faible de quelques hommes seulement, si un danger nouveau se présentait à l'improviste; certes il avait toute confiance dans le courage et dans le dévouement de l'homme qui s'offrait d'accompagner Renée, mais, en réalité, de toute l'escorte chargée de protéger celle-ci, le Chasseur était le seul homme sur lequel il pouvait réellement compter.

— Je vous en prie, mon père, dit la jeune fille avec insistance.

— Tu le veux, mon enfant?

— Oui, mon père, murmura Renée.

Elle-même ne se rendait pas compte de son obstination, secrètement elle avait peur; cependant, pour rien au monde elle n'aurait consenti à se séparer du Chasseur.

— Que ta volonté soit donc faite comme toujours! ma chère Renée; mais, hélas! mon inquiétude sera extrême pendant les longues heures que je serai séparé de toi.

— Ne conservez aucune appréhension, je vous le répète, monsieur, reprit le Chasseur; vous connaissez ma profonde tendresse pour votre fille; elle est sous ma sauvegarde, je saurai la défendre contre tout danger. Avant une heure, mademoiselle de la Brunerie sera rendue saine et sauve, à votre habitation.

— Je vous laisse quatre noirs bien armés, je les crois fidèles et dévoués; choisissez un cheval et partez puisqu'il le faut, répliqua le planteur. Plus la nuit s'avance, et plus mon inquiétude augmente. Souvenez-vous que je vous confie ce que j'ai de plus cher au monde: mon enfant. Allez, je désire vous voir vous éloigner devant moi.

— Vous savez, monsieur, que je ne monte jamais à cheval, si ce n'est quand j'y suis contraint; en

cette circonstance surtout, je préfère marcher; je veillerai mieux ainsi sur le dépôt sacré que vous me confiez.

— Faites comme il vous plaira, mon ami, je m'en rapporte entièrement à vous du soin de prendre toutes les précautions exigées par la prudence.

Le planteur désigna les quatre noirs qui devaient accompagner sa fille; puis il enleva Renée dans ses bras, l'embrassa tendrement à plusieurs reprises, la porta jusqu'au cheval qui lui était destiné et la posa doucement sur la selle.

— Allons! dit-il avec un soupir en lui donnant un dernier baiser, à demain, chère enfant; que Dieu te garde de toute fâcheuse rencontre pendant ton court voyage.

— Bon voyage, chère cousine, ajouta le capitaine; je forme des vœux pour que nul danger ne vous menace.

— A demain, mon père, et bonne nuit. Au revoir, mon cousin, répondit-elle, presque gaiement.

Le Chasseur de rats se plaça en tête de la petite troupe, avec ses ratiers sur les talons, et, après un dernier adieu et une dernière recommandation de M. de la Brunerie, il fit un signe aux nègres et se mit enfin en marche.

— J'ai le cœur brisé, murmura le planteur d'une voix étouffée.

— Ma cousine est brave, son conducteur est fidèle, dit le capitaine; d'ailleurs le chemin est bon, assez fréquenté, et, de plus, l'habitation est peu éloignée; c'est un trajet d'une heure tout au plus. Je crois, mon cousin, que nous ne devons conserver aucune appréhension.

— Je sais tout cela comme vous, mon cher Paul, reprit tristement le planteur, mais je suis père!...

Le jeune officier s'inclina sans répondre, son silence était plus éloquent que n'auraient pu l'être quelques phrases banales.

— Partons, Paul, ajouta le planteur au bout d'un instant, le temps nous presse.

Il se mit en selle, jeta un dernier regard en arrière, et s'éloigna à toute bride, en compagnie du capitaine et suivi de près par ses noirs.

En ce moment, la jeune fille disparaissait avec son escorte, derrière un rideau d'arbres séculaires, et s'engageait dans un sentier tortueux qui serpentait en capricieux détours sur les flancs d'une colline assez escarpée.

La nuit était claire; le ciel, d'un bleu profond, était semé à profusion d'étoiles brillantes; la lune répandait sur le paysage accidenté une lumière pâle et mélancolique qui donnait aux objets une apparence fantastique. Le Chasseur marchait, calme, silencieux, mais attentif, à quelques pas en avant de la petite troupe, précédé de ses ratiers

C'est cette roche que le Chasseur voulait atteindre (page 16).

fouillant chaque buisson et s'enfonçant hardiment dans tous les halliers, dont ils exploraient les profondeurs, furetant et cherchant avec cet instinct infaillible de leur race et qui ne peut être mis en défaut.

La jeune fille, toute à ses pensées, se laissait doucement bercer par son cheval; oublieuse comme une créole, sa première inquiétude avait fait place à une sécurité profonde; elle voyageait en ce moment bien plus au riant pays des songes que sur la terre; elle ne dormait pas, elle rêvait.

Depuis longtemps déjà la petite troupe marchait ainsi, assez lentement, à cause des difficultés croissantes de la route, qui, bien que s'élargissant, s'escarpait de plus en plus; on approchait de l'habitation, à laquelle le Chasseur espérait arriver bientôt; déjà, à travers les éclaircies des arbres, on voyait luire, comme des lucioles se jouant dans la nuit, les lumières du camp des noirs, espèce de village dont toute plantation est précédée.

L'Œil Gris était inquiet; il redoublait de vigilance et ne s'avançait qu'avec une attention et une prudence extrêmes, d'autant plus que ses chiens qui, jusque-là, s'étaient montrés assez insouciants, donnaient depuis quelques instants des marques non équivoques d'inquiétude; ils aspiraient l'air avec force, couraient çà et là, en faisant des zigzags répétés comme s'ils avaient senti des fumées ou découvert des passées et des pistes suspectes.

Le manége obstiné de ses ratiers, dont le Chasseur connaissait de longue date l'intelligence, ne lui échappait pas; il était, pour lui, prouvé jusqu'à l'évidence que quelque chose d'extraordinaire pouvait seul leur causer un tel émoi; peut-être avaient ils éventé une embuscade de nègres; il était possible que cette embuscade fût ancienne et abandonnée, car rien ne bougeait aux environs et le plus complet silence continuait à régner sur la route; mais le contraire pouvait aussi être vrai.

Le chasseur jugea prudent de prendre ses précautions pour, en cas d'attaque, ne pas être pris à l'improviste; il ralentit insensiblement son pas, afin de donner le change à ceux qui, peut-être, le guettaient dans l'ombre; se laissa rejoindre par les chevaux, et dit quelques mots rapides aux nègres; ceux-ci se rapprochèrent aussitôt de leur maîtresse et armèrent silencieusement leurs fusils.

Alors l'Œil Gris se pencha vers la jeune fille et, posant négligemment la main sur le cou de son cheval :

— Ma chère Renée, lui dit-il d'une voix contenue tout en feignant une assurance qu'il n'avait pas, je vous prie de tenir d'une main plus ferme la bride que vous laissez flotter un peu trop; cette route est assez mauvaise, si votre cheval buttait ou faisait un écart, vous seriez renversée.

Mademoiselle de la Brunerie, rappelée subitement à la réalité par cet avertissement dont, malgré le ton avec lequel il lui était donné, elle comprit l'intention, se redressa sur sa selle, rassembla la bride en se penchant vers son compagnon :

— Je ne dors pas, mon ami, lui dit-elle avec un charmant sourire.

— Peut-être, chère enfant, mais tout au moins vous rêvez; il est important que vous soyez bien éveillée, ajouta-t-il avec intention.

Et s'adressant aux noirs :

— Pressons-nous ! dit-il d'un ton péremptoire n'admettant pas de réplique.

Les chevaux prirent un trot allongé.

En cet endroit, la route suivie par les voyageurs faisait une légère courbe; le point saillant de cette courbe était formé par une masse granitique dont la base, minée par le temps, se creusait, sur une largeur de cinq à six mètres et une profondeur de trois ou quatre, du côté du chemin conduisant à une véritable montagne de roches qui s'étageaient en trois pics immenses.

C'était cet abri inabordable que le Chasseur voulait atteindre.

Tout à coup, les ratiers aboyèrent avec fureur, et tombèrent en arrêt des deux côtés opposés de la route à la fois, devant d'épais buissons formant une espèce de haie vive, à droite et à gauche du chemin.

Au même instant, un coup de sifflet strident traversa l'espace, et une vingtaine d'individus semblèrent surgir subitement de terre et bondirent au milieu du sentier dont ils occupèrent aussitôt toute la largeur.

— Halte-là ! ou vous êtes morts ! cria une voix menaçante.

Le Chasseur haussa dédaigneusement les épaules et répondit à cette sommation par un éclat de rire railleur.

III

QUEL FUT LE RÉSULTAT DE LA SECONDE TENTATIVE DU CAPITAINE IGNACE CONTRE MADEMOISELLE DE LA BRUNERIE.

Le Chasseur avait réussi à atteindre le rocher.

En moins d'une seconde, il enleva la jeune fille dans ses bras, la porta dans la grotte factice au fond de laquelle il lui recommanda de se tenir immobile, puis il rejoignit les noirs; ceux-ci avaient mis pied à terre; tous les cinq alors ils se groupèrent devant l'entrée de l'excavation et, s'abritant derrière leurs chevaux, dont ils se firent un rempart improvisé, ils couchèrent résolûment en joue les inconnus, toujours arrêtés à une vingtaine de pas plus loin, et ils attendirent.

Les ratiers avaient subitement cessé leurs aboiements, deux d'entre eux avaient disparu, les quatre autres étaient venus se ranger derrière leur maître.

Le Chasseur remarqua immédiatement l'absence de deux de ses inséparables compagnons; mais, au lieu de s'en inquiéter, ses traits s'éclaircirent, et il sourit avec une satisfaction évidente; pour des raisons connues de lui seul, il avait sans doute prévu qu'il en serait ainsi; les braves bêtes n'étaient donc ni mortes ni fugitives, leur maître savait où les retrouver.

Cependant la situation des voyageurs était excessivement critique; le Chasseur ne se dissimulait pas le danger dont il était menacé, et le dénoûment probablement terrible de cette attaque imprévue s'il ne lui arrivait pas bientôt un secours sur lequel il n'osait compter.

Un miracle seul pouvait le sauver, il le savait; mais, bien loin de se laisser abattre, il semblait avoir repris toute son insouciance habituelle, et il calculait froidement, à part lui, les quelques chances qui lui restaient d'échapper à la mort.

Ces chances pourtant étaient bien faibles.

Que pouvaient tenter, si résolus qu'ils fussent, le Chasseur et ses quatre compagnons contre vingt bandits bien armés barrant le passage, et dont quelques pas à peine les séparaient ?

Malgré cela, le Chasseur ne désespéra pas; c'était une de ces natures stoïques qui jamais ne s'abandonnent au découragement, que le danger grandit, et qui ne tombent qu'en exhalant leur dernier souffle : morts, mais invaincus.

— Rendez-vous! reprit l'homme qui déjà une première fois avait lancé cette sinistre sommation.

— Après le poison, le guet-apens et le meurtre, c'est dans l'ordre, répondit en ricanant le Chasseur, l'un ne réussira pas mieux que l'autre, capitaine Ignace?

— Ah! tu m'as reconnu, démon! s'écria le mulâtre avec rage.

— Oui, je vous ai reconnu, et je vous tiens au bout de mon fusil; au moindre mouvement je vous tue comme un chien, vous voilà averti. Maintenant causons, si cela vous plaît, je ne demande pas mieux, je ne suis pas pressé.

— Tu es fou, vieux Chasseur de rats, je me ris de tes menaces; cette fois, tu ne m'échapperas pas, tu es bien pris, va!

— Bon, essaye de me mettre la main sur l'épaule.

Ignace, — car le Chasseur l'avait reconnu en effet, et c'était bien le redoutable chef des noirs marrons du camp de Sainte-Rose qui commandait en personne cette horde de bandits, — se ramassa sur lui-même comme un tigre qui prend son élan, fit un bond de côté, et, poussant un cri d'une modulation étrange, il s'élança en avant en même temps que ses farouches acolytes.

Dix coups de pistolets éclatèrent à la fois, tirés au milieu de cette foule pressée, et presque à bout portant; les fusils demeuraient toujours en joue, muets mais menaçants.

Les nègres ne s'attendaient pas à une si rude réception; ils se croyaient certains d'un succès facile; ils reculèrent avec un frémissement de rage, laissant derrière eux quelques blessés étendus sur le sable du chemin, et poussant des hurlements de douleur.

Les marrons avaient déchargé leurs fusils en s'élançant en avant, mais leurs balles, mal dirigées s'étaient perdues dans le vide.

Ignace poussait de véritables hurlements de fureur; ses complices étaient complètement démoralisés.

— Le grigri du Chasseur de rats est plus puissant que les nôtres! se disaient-ils entre eux avec effroi; il nous tuera tous!

Le féroce mulâtre entendait ces paroles auxquelles lui-même était sur le point d'ajouter foi; il commençait intérieurement à regretter d'avoir tenté cette entreprise; il désespérait presque de sa réussite.

Soudain, le commandement de : Feu! se fit entendre, un vent de mort passa sur les bandits avec des sifflements sinistres.

Les voyageurs ne se défendaient plus; ils attaquaient.

Les rôles étaient changés.

Les nègres marrons, atterrés, pressaient leurs grigris contre leur poitrine et les imploraient avec épouvante.

Le Chasseur, toujours calme et froid, surveillait attentivement ses ennemis et faisait recharger les armes à ses noirs; il riait sournoisement dans sa moustache fauve, le vieux coureur des bois des grands déserts américains; il devinait ce qui se passait dans l'esprit superstitieux des nègres marrons, et, maintenant, il ne désespérait plus de la victoire.

Il fallait en finir; ces cinq hommes, qui en tenaient si audacieusement vingt en échec, sentaient leurs forces défaillir, quoiqu'ils fissent bonne contenance. Le capitaine Ignace le comprenait; aussi, la voix étranglée par la honte, il priait et menaçait à la fois ses soldats; les engageant à tenter un effort décisif.

Ceux-ci hésitaient; ils avaient peur et ne s'en cachaient pas; cette défense héroïque leur semblait impossible sans l'intervention d'une puissance supérieure; depuis longtemps leur conviction était faite sur le compte de l'Œil Gris; ils le croyaient sorcier; ce qui se passait en ce moment affermissait encore cette persuasion dans leur esprit frappé; ils ne fuyaient pas, mais ils n'osaient plus avancer; leurs regards erraient craintivement autour d'eux.

Cependant les paroles de leur chef pour lequel ils éprouvaient un dévouement à toute épreuve, réussirent enfin à les émouvoir, et leur rendirent, sinon leur impétuosité première, mais, pour un instant, une résolution désespérée.

Le capitaine Ignace se hâta de profiter de cet éclair de vaillance; il se mit bravement à leur tête, et, tous à la fois, ils se ruèrent à corps perdu sur les voyageurs, en poussant des clameurs horribles.

Ceux-ci reçurent les assaillants en gens de cœur qui ont fait résolûment le sacrifice de leur vie.

Cette fois l'élan des nègres marrons était irrésistible, il fallut en venir à l'arme blanche; la mêlée devint affreuse.

Bientôt un nègre de l'habitation fut tué, deux grièvement blessés; l'Œil Gris et le dernier noir faisaient des prodiges de valeur; ils semblaient se multiplier; sans reculer d'un pouce, chacun d'eux luttait contre cinq ou six ennemis.

Les chevaux, épouvantés par les cris et les coups de feu, s'étaient emportés dans toutes les directions; les deux hommes combattaient à découvert, épaule contre épaule, faisant face de tous les côtés à la fois et masquant de leur corps l'entrée de l'excavation, refuge suprême de la jeune femme.

Les forces humaines ont des limites qu'elles ne sauraient impunément dépasser; malgré la surexcitation nerveuse qui triplait sa vigueur d'athlète, le Chasseur sentait déjà dans tous ses membres les indices précurseurs d'un affaiblissement général; ses tempes battaient à se rompre; il avait des bourdonnements dans les oreilles; un voile de sang s'étendait devant ses yeux. Il comprenait qu'une plus longue résistance deviendrait bientôt impossible; qu'il succomberait à la tâche gigantesque qu'il s'était imposée, et qu'il laisserait ainsi sans défense celle qu'il avait juré de sauver.

Alors une immense douleur envahit son âme; des larmes brûlantes jaillirent de ses yeux; pendant quelques minutes, il fit des efforts si prodigieux qu'il contraignit ses ennemis à reculer devant la crosse redoutable de son fusil, dont il se servait en guise de massue pour fracasser les crânes et défoncer les poitrines de ceux qui, pour leur malheur, venaient à portée de ses coups.

Le succès éphémère qu'il avait si providentiellement obtenu ne trompa pas le vaillant défenseur de mademoiselle de la Brunerie, il comprit que ces quelques minutes de répit ne lui étaient accordées par ses ennemis, dont neuf étaient encore debout, que parce que, eux aussi, éprouvaient l'impérieux besoin de reprendre des forces, avant de recommencer la lutte suprême, qui, cette fois se terminerait fatalement par sa défaite et sa mort.

Malgré cette affreuse certitude, son visage ne refléta aucune des émotions poignantes qui lui serraient le cœur comme dans un étau; il demeura ferme, calme, résolu, et attendit fièrement le dernier assaut, sans songer même à recharger son fusil, dont il serrait le canon entre ses doigts crispés; d'ailleurs les nègres marrons avaient jeté leurs armes à feu; dans les combats à outrance, leur instinct de bêtes fauves leur faisait préférer les couteaux et les poignards; ils éprouvaient une volupté étrange dans ce déchirement des chairs palpitantes, et une joie de cannibales à sentir l'humidité chaude et gluante du sang couler sur leurs mains et pleuvoir sur leurs visages.

Quoi qu'en disent les négrophiles européens, qui ne connaissent les noirs que par ouï-dire, il y a plus du tigre et du chacal que de l'homme dans le nègre de pure race africaine.

— Un dernier effort, enfants! s'écria le capitaine Ignace avec un accent de triomphe, nos grigris ont vaincu! Le vieux démon est aux abois! En avant! La fille du planteur est à nous! Mort aux blancs!

— Mort aux blancs! rugirent les nègres.

Ils s'élancèrent.

Mais alors il se passa un fait inouï, incompréhensible, qui glaça les nègres marrons de terreur, et les arrêta comme si leurs pieds se fussent subitement fixés au sol.

Le cri strident et saccadé de *l'oiseau-diable* traversa l'espace à deux reprises différentes, et tout à coup un homme apparut, sombre, menaçant, sur le sommet de la masse granitique.

Cet homme étendit le bras et, d'une voix vibrante qui fut entendue de tous, il prononça ce seul mot:

— Arrêtez!

Au même instant, sur toutes les pentes des montagnes voisines bondirent, comme une légion de fantômes, une foule de noirs; en quelques secondes, ils eurent envahi le chemin et intercepté tous les passages.

— Delgrès! s'écria le capitaine Ignace avec rage.

— Delgrès! répétèrent les nègres marrons avec stupeur.

Le Chasseur posa tranquillement à terre la crosse de son fusil, épongea la sueur ruisselant sur son visage et appuyant l'épaule contre le rocher:

— Vive Dieu! murmura-t-il à part lui, il était temps; l'autre serait arrivé trop tard, il n'aurait plus trouvé que nos cadavres.

Delgrès était un homme d'une taille haute, élancée, bien prise; ses manières étaient nobles, presque gracieuses; ses traits, beaux, accentués, énergiques, éclairés par des yeux noirs au regard droit et perçant, avaient une rare expression de volonté mêlée de franchise, de rudesse et de douceur; son teint d'un brun cuivré, ses pommettes saillantes, ses cheveux crépus le faisaient reconnaître pour un mulâtre; il avait trente ans à peine, et portait, avec une aisance élégante, l'uniforme de chef de bataillon des armées républicaines.

Il laissa pendant quelques instants errer un regard d'une expression indéfinissable sur la foule qu'il dominait, et qui se pressait anxieuse, inquiète et attentive au pied du rocher sur lequel il se tenait, le buste fièrement cambré en arrière, le front haut et les bras croisés sur la poitrine.

Plusieurs torches avaient été allumées par les noirs; leurs flammes, agitées en tous les sens par le vent, jetaient des reflets rouges sur les accidents, à demi noyés dans l'ombre, du paysage grandiose de cette luxuriante nature, et imprimaient un cachet d'étrangeté inexprimable à cette scène nocturne.

— Que signifient les coups de feu que j'ai entendus? dit-il enfin d'une voix rude, pourquoi ces cadavres?

Ces paroles ne s'adressaient à personne en particulier; nul ne se hasarda à y répondre.

Le capitaine Ignace demeurait immobile, sombre et silencieux à l'écart.

Delgrès se tourna vers lui.

— Que faites-vous ici? lui demanda-t-il sèchement; saviez-vous donc que j'y dusse passer cette nuit? Répondez.

— Je ne savais rien, dit le capitaine d'une voix sourde.

— Alors pourquoi avez-vous abandonné votre poste sans ordre? Cette désobéissance pourrait nous coûter cher à tous, reprit-il avec une rudesse plus grande encore; les circonstances sont excessivement graves; tous nos droits sont en ce moment remis en question...

— Commandant?...

— Votre conduite est sans excuses, capitaine, interrompit-il; ma présence ici lorsque je devrais être à la Basse-Terre ne vous dit-elle donc rien? Eh quoi! vous quittez votre poste, vous poursuivez je ne sais quelle vengeance particulière quand... Mais à quoi bon vous parler de cela en ce lieu? fit-il en se reprenant; assez tôt vous apprendrez ce qui se passe.

— Ordonnez, commandant, que faut-il faire? répondit respectueusement le capitaine Ignace.

— Prenez le commandement de mon bataillon et rendez-vous à l'instant à la Pointe-Noire; avant deux heures, je vous aurai rejoint.

— Si vous me le permettez, je vous ferai observer...

— Pas un mot de plus, capitaine, partez, vous n'avez déjà que trop perdu de temps.

Delgrès descendit alors du rocher, et il s'approcha du capitaine Ignace qui s'était activement mis en devoir d'obéir à l'ordre qui lui avait été si péremptoirement donné; le mulâtre lui fit signe de le suivre, se retira un peu à l'écart avec lui, et pendant quelques minutes il lui parla à voix basse avec une certaine animation.

— Comprenez-vous, maintenant, ajouta-t-il assez haut au bout d'un instant, combien il est important pour nous de ne pas perdre une seconde?

— Commandant, répondit le capitaine dont la prunelle métallique lança une lueur sinistre, je suis coupable, pardonnez-moi; je saurai réparer ma faute.

Le chef des nègres marrons réunit alors les soldats du commandant Delgrès, et, après avoir fait un salut à son officier supérieur, il s'éloigna d'un pas rapide, suivi de toute cette troupe.

Une quinzaine de noirs seulement, attachés plus particulièrement à la personne du mulâtre, étaient demeurés; tous les autres avaient disparu, sans même prendre la peine d'enlever les cadavres, les laissant étendus là où ils étaient tombés.

Delgrès écouta un instant d'un air pensif le bruit de plus en plus faible des pas; un douloureux soupir s'échappa de sa poitrine oppressée.

— Ils me sont dévoués aujourd'hui, murmura-t-il en hochant tristement la tête, demain le seront-ils encore? Cette race infortunée peut-elle être régénérée? Est-elle mûre pour la liberté? Que sais-je? ajouta-t-il avec découragement, sans se douter

qu'il parodiait le mot si douloureux de l'un de nos plus célèbres écrivains du dix-septième siècle, mot qui résume si tristement l'histoire de l'humanité, l'expression la plus complète du doute et de l'impuissance. Enfin, reprit-il, Dieu nous voit, il sera juge entre nous et nos oppresseurs.

Tandis que ces choses se passaient le Chasseur de rats, certain que tout danger avait disparu, s'était hâté de pénétrer dans l'excavation, très-inquiet, et craignant surtout de trouver la jeune fille évanouie, ou en proie à une crise nerveuse, causée par la terreur qu'elle avait dû éprouver pendant le combat.

Il la vit, au contraire, calme et souriante.

— Dieu soit loué, chère enfant! s'écria-t-il, vous êtes sauvée!

— Je le sais, dit-elle; Delgrès a réussi à museler ces tigres.

— Sa présence seule a suffi; c'est un rude homme, quoiqu'il soit mulâtre, je dois en convenir.

— C'est surtout un noble cœur, murmura mademoiselle de la Brunerie.

— Vous le connaissez?

— Beaucoup.

— Et lui, vous connaît-il?

Son regard se fixa un instant sur le Chasseur avec une expression singulière, dans ses grands yeux bleus.

— Serait-il venu si vite, s'il en était autrement? fit-elle d'une voix basse et étouffée.

— Que voulez-vous dire? s'écria-t-il avec surprise.

— Rien!

Il y eut un court silence.

— Vous avez dû avoir bien peur? demanda le vieillard, pour donner un autre tour à la conversation.

— Oh! oui.

— Hélas! il s'en est fallu de bien peu que, malgré tous mes efforts, vous ne soyez tombée aux mains de ces misérables.

— Je connais toutes les péripéties de la lutte héroïque que vous avez soutenue pour moi, père.

— Je n'ai fait que mon devoir, mais si Delgrès n'était si heureusement survenu...

— J'aurais été faite prisonnière, voulez-vous dire?

— Hélas!

La jeune fille eut un sourire d'une expression étrange.

— Non, mon ami, reprit-elle avec hauteur, rassurez-vous; quoi qu'il fût arrivé, je ne serais jamais tombée, vivante du moins, entre les mains de ce tigre à face humaine, que l'on nomme Ignace. Regardez ce bijou.

Renée de la Brunerie retira alors de son corsage un mignon poignard, au manche constellé de diamants et dont le fourreau était en chagrin; elle le présenta au Chasseur. Celui-ci en examina curieusement la lame, longue à peine de trois pouces, fine et affilée comme une aiguille.

— Vous voyez cette tache bleuâtre à la pointe? reprit-elle de sa voix douce et caressante.

— Oui, je la vois; qu'est-ce que c'est?

— Du curara.

— Oh! s'écria-t-il avec épouvante, et...

— Je me serais plongé sans hésiter cette arme dans la poitrine, si j'avais perdu toute espérance lors de cette lutte suprême, dit-elle avec une simplicité qui fit courir un frisson de terreur dans les veines du Chasseur. Vous voyez donc, mon ami, ajouta-t-elle en reprenant le poignard et le replaçant dans son corsage, que je n'avais rien à redouter de ce bandit. Oh! je suis une vraie créole, allez! mon honneur m'est plus cher que la vie. Mais je crois que le commandant Delgrès vient de ce côté, allons le remercier du généreux secours qu'il nous a donné si providentiellement.

La fière jeune fille quitta alors l'excavation, en s'appuyant avec une gracieuse nonchalance, sur le bras que lui offrait le Chasseur.

Delgrès, en apercevant mademoiselle de la Brunerie, tressaillit imperceptiblement; il s'arrêta devant elle, se découvrit et la salua avec la plus exquise politesse, mais sans prononcer une parole; il semblait attendre.

— Mon cher commandant, lui dit alors mademoiselle de la Brunerie, je ne sais s'il sera jamais en mon pouvoir de reconnaître, comme je le dois, le service immense que vous venez de me rendre.

— Vous l'avoir rendu, mademoiselle, porte avec soi sa récompense; qui ne serait heureux de risquer sa vie pour vous? répondit Delgrès d'une voix émue, en fixant sur elle son regard d'où jaillissaient des lueurs étranges.

La jeune fille détourna les yeux sans affectation.

— Je prierai mon père, monsieur, répondit-elle en rougissant légèrement, d'être mon interprète auprès de vous.

— Oh! mademoiselle, personne mieux que vous ne saurait me donner le prix de ce faible service.

— Nommez-vous donc un faible service de m'avoir sauvé la vie, monsieur? dit-elle avec une moue charmante et pleine de fine raillerie.

— Excusez moi, mademoiselle, reprit Delgrès avec embarras, je ne suis qu'un soldat grossier, auquel les mots manquent pour exprimer clairement ce que son cœur éprouve.

— Peut-être, commandant, fit-elle, peut-être en est-il ainsi, en effet; mais tout au moins je dois reconnaître que chez vous les actions remplacent, en certains cas, merveilleusement les paroles.

— Oh! de grâce, mademoiselle, n'insistez pas, je vous en conjure; tant d'indulgence me rend confus, répondit-il en s'inclinant.

La jeune fille ne voulut pas laisser plus longtemps la conversation s'égarer sur le terrain où l'officier essayait de la maintenir; les femmes possèdent au plus haut degré le talent des transitions, tout moyen leur est bon pour cela, convaincues qu'elles sont qu'il appartient à elles seules de diriger l'entretien comme il leur plaît; nous devons avouer que non-seulement elles ne se trompent pas, mais encore qu'elles ont complétement raison.

— Votre arrivée ici est pour moi un véritable miracle, dit-elle.

— C'est un miracle bien simple à expliquer, mademoiselle.

— Comment donc cela, mon cher commandant? Vous ignoriez certainement que je dusse, à cette heure avancée de la nuit, traverser cette route et que vous m'y rencontreriez.

— Je n'en étais effectivement pas certain, mademoiselle, mais je l'espérais.

— Bon! voilà que maintenant je ne vous comprends plus du tout, s'écria gaiement Renée.

— Me permettez-vous, mademoiselle, de vous expliquer en deux mots ce qui, dans mes paroles, vous semble si extraordinaire?

— Je vous en prie, monsieur.

— Une prière de vous est un ordre: j'obéis, mademoiselle de la Brunerie; votre père, et M. le capitaine Paul de Châtenoy, qui a, je crois, l'honneur d'être un peu votre parent.

— Il est mon cousin issu de germain, monsieur, interrompit la jeune fille en souriant.

Le mulâtre se mordit les lèvres.

— Ces deux messieurs, reprit-il, se rendaient à franc étrier à la Basse-Terre, lorsque je les ai rencontrés, il y a une heure à peine, à moins de trois lieues d'ici; j'ai l'honneur, vous ne l'ignorez pas, mademoiselle, de connaître assez intimement M. de la Brunerie...

— Il vous a en grande estime, monsieur.

— Mon plus vif désir, mademoiselle, est de ne jamais démériter à ses yeux.

— Vous prenez un chemin excellent pour qu'il en soit ainsi, monsieur; mais, pardon, je jase à tort et à travers et je vous interromps sans cesse; veuillez continuer, je vous prie.

— M. de la Brunerie s'arrêta en m'apercevant; il m'apprit l'odieux guet-apens dont vous avez failli être victime ce soir à l'anse à la Barque pendant le bamboula, et comment, appelé à l'improviste pour des motifs fort graves à la Basse-Terre, il avait été, à son grand regret, contraint de vous laisser retourner presque seule à votre habitation.

— C'est vrai, commandant, mais sous l'escorte de l'Œil Gris, un ami dévoué de ma famille.

— Et qui certes l'a prouvé, mademoiselle, répondit franchement Delgrès, par la façon héroïque dont il vous a défendue.

— Tout autre à ma place eût fait de même, répondit tranquillement le Chasseur.

— Oh! oui, s'écria l'officier avec feu.

— Pardon, mon cher commandant, vous disiez donc?

— J'avais l'honneur de vous dire, mademoiselle, que cette confidence de M. de la Brunerie me causa une vive inquiétude; je pris congé de lui et, toute affaire cessante, je me mis aussitôt à votre recherche. Je connais depuis longtemps le capitaine Ignace, c'est une nature inculte, violente, entêtée; ce qu'il a résolu une fois, il faut qu'il l'exécute, quoi qu'il doive lui en coûter. Cette haine implacable qu'il a pour vous et dont j'ignore la cause...

— Et moi de même, monsieur, interrompit vivement mademoiselle de la Brunerie, car je ne connais pas cet homme, jamais avant ce soir je ne l'avais vu.

Cette cause, je la découvrirai, moi, je vous le jure, mademoiselle; mais rassurez-vous, à l'avenir vous n'aurez plus rien à redouter de lui; je saurai le contraindre à renoncer à cette vengeance, honteuse surtout lorsqu'elle s'adresse à une femme aussi digne de respect que vous l'êtes.

— Je vous remercie sincèrement de cette promesse, monsieur.

— Je soupçonnai donc le capitaine Ignace de vouloir prendre sa revanche de son échec de la soirée, et d'avoir l'intention de vous attaquer et de s'emparer de votre personne pendant le long trajet de l'anse à la Barque à votre habitation.

— Vos prévisions n'étaient, malheureusement, que trop justes, monsieur.

— Je me félicite de ne m'être pas trompé, mademoiselle, puisque cela m'a procuré le double bonheur de vous rendre un service et de vous voir. Mais il se fait tard, la nuit est sombre et froide, vous êtes encore éloignée de plus d'une demi-lieue de votre habitation; daignerez-vous mademoiselle, me permettre de vous accompagner jusque là?

— Monsieur... répondit-elle avec embarras.

— Je me suis encore servi, malgré moi, d'une mauvaise locution: pardonnez-moi, mademoiselle, mon intention était de vous offrir tout simplement mon escorte.

— Je crois, commandant, que, tout en vous rendant grâces de votre offre généreuse, mademoiselle de la Brunerie ne l'acceptera pas, dit le Chasseur, en se mêlant sans façon à la conversation.

— Pourquoi donc cela, s'il vous plaît? demanda le mulâtre avec hauteur. Cette offre n'a, que je sache, rien qui puisse déplaire à mademoiselle de la Brunerie.

— Oh! vous ne le croyez pas, monsieur le commandant! s'écria vivement la jeune fille.

— Je ne dis pas cela, bien loin de là, reprit imperturbablement le Chasseur; mais, si je ne me trompe, il nous arrive tout juste à point une escorte plus que suffisante pour nous rendre en complète sécurité à la Brunerie.

— Je ne sais ce que vous voulez dire, ni à quelle escorte vous faites allusion, monsieur.

— Ce n'est pas possible, commandant! Prêtez l'oreille... N'entendez-vous rien?

— Rien, sur l'honneur! si ce n'est un bruit sourd et confus, que je ne sais à quelle cause attribuer?

— Ce bruit, monsieur, ne me trompe pas, moi; il est produit par une troupe de chevaux arrivant à toute bride; avant dix minutes ils seront ici.

— Des chevaux!

— Oui, commandant, je vous l'affirme.

— Mais d'où viennent-il, ces chevaux?

— De pas bien loin, de l'habitation de la Brunerie, tout simplement.

— De la Brunerie?... c'est impossible!

— Pourquoi donc cela, commandant?

— Parce que l'on ignore à la Brunerie la situation dans laquelle vous vous trouvez.

— Erreur, commandant. Lorsque j'ai été arrêté à l'improviste par le capitaine Ignace, comprenant que j'aurais non-seulement fort à faire pour me tirer seul de ses mains, mais que peut-être cela me serait impossible, j'ai envoyé chercher du secours à la Brunerie; ce secours, le voici qui arrive, un peu tard, peut-être, mais enfin il arrive, et, en ce moment, c'est l'essentiel.

— Par qui donc avez-vous pu envoyer demander du secours, vieux Chasseur?

— Par qui? fit celui-ci avec ironie, mais par deux de mes ratiers. Vous voyez que j'en ai quatre autour de moi. Oh! que cela ne vous surprenne pas, mes chiens sont des bêtes très-intelligentes, et elles ont sur l'homme l'avantage énorme de ne pas savoir parler, ce qui les empêche souvent de dire des sottises.

La jeune fille ne put s'empêcher de sourire.

— Vous vous moquez de moi, monsieur, s'écria le mulâtre avec colère.

— Nullement, commandant, dans un instant vous en aurez la preuve, répondit le vieillard avec froideur.

Le chasseur avait dit vrai. Le bruit du galop des chevaux se rapprochait rapidement, bientôt une nombreuse troupe de cavaliers arriva au tournant de la route; un homme d'une cinquantaine d'années, grand, maigre, vigoureusement charpenté, aux traits intelligents et énergiques, le teint très-brun et les cheveux crépus, tenait la tête de la troupe et la précédait d'une quinzaine de pas.

Cet homme était M. David, le commandeur de l'habitation de la Brunerie. Il était mulâtre, avait été élevé sur la plantation, où toute sa famille habitait depuis nombre d'années; il était dévoué à M. de la Brunerie, dont, à juste titre, il possédait toute la confiance.

Aussitôt qu'il aperçut la jeune fille, il sauta à bas de son cheval et accourut vers elle avec la joie la plus vive.

Voici ce qui s'était passé à la Brunerie:

L'arrivée des deux ratiers, haletants et la langue pendante, avait fort inquiété le commandeur, car le Chasseur, lorsqu'il était, le soir, passé à l'habitation, lui avait fait à peu près confidence des événements qui se préparaient, et des raisons qui exigeaient impérieusement sa présence à l'anse à la Barque.

Cependant, M. David avait, par prudence, hésité à dégarnir la plantation; mais, presque aussitôt, la rentrée des cinq chevaux, les harnais en désordre, brisés et couverts de sang, — deux chevaux étaient blessés, — lui fit comprendre qu'il n'avait pas un instant à perdre s'il voulait sauver sa jeune maîtresse.

Le commandeur, sans plus hésiter, avait réuni une cinquantaine de cavaliers, et il s'était élancé à la recherche de mademoiselle de la Brunerie, précédé, comme batteurs d'estrade et éclaireurs, des deux ratiers du Chasseur qui l'avaient conduit tout droit au champ de bataille.

L'arrivée du commandeur et de son escorte enlevait au commandant Delgrès tout prétexte pour insister davantage auprès de mademoiselle de la Brunerie; il se résigna, bien que contre son gré, à prendre congé d'elle.

— Je pars, mademoiselle, lui dit-il, puisque ma présence vous est, grâce à Dieu, maintenant inutile. Adieu, soyez heureuse. Les circonstances dans lesquelles nous nous trouvons sont très-graves ajouta-t-il avec une dignité triste; peut-être n'aurai-je plus le bonheur de vous voir; mais quoi qu'il arrive et quels que soient les récits que l'on vous fasse de la conduite que je serai peut-être malheureusement contraint de suivre, je vous en supplie, mademoiselle, ne me méprisez point; plaignez-moi, croyez que jamais je n'oublierai ce que je me dois à moi-même, et que je resterai toujours digne de votre... de l'estime des honnêtes gens, ajouta-t-il en se reprenant.

Il salua alors respectueusement la jeune fille; d'une signe il ordonna à ses noirs d'éteindre les torches et de le suivre, puis il s'éloigna rapidement, sans retourner une seule fois la tête en arrière.

— Que signifient ces paroles? murmura mademoiselle de la Brunerie, en fixant d'un air pensif ses regards sur l'endroit où avait disparu le mulâtre.

— Hum! fit le commandeur avec un hochement de tête énigmatique, voilà un gaillard qui, je le crains, manigance quelque détestable affaire. Qu'en penser-vous, vieux Chasseur?

— Eh! fit celui-ci en ricanant, je pense que vous pourriez bien avoir raison, mon maître; les temps sont mauvais, cet homme est intelligent et ambitieux; il mûrit quelque sombre projet; mais lequel? voilà ce que ni vous ni moi ne pouvons deviner, quant à présent, du moins.

Et, au bout d'un instant, il ajouta à part lui:

— Je le surveillerai.

Cinq minutes plus tard, mademoiselle de la Brunerie reprenait le chemin de l'habitation.

Mais, cette fois, la troupe nombreuse dont elle était escortée la mettait à l'abri de toute attaque; aussi atteignit-elle sa demeure sans être inquiétée.

IV

CE QUE L'ON EST CONVENU, AUX COLONIES, DE NOMMER UNE HABITATION.

Le quartier de *Bouillante* se nommait autrefois l'*Ilet à Goyave*; selon toutes probabilités, il doit son nom actuel à la chaleur de ses fontaines.

Ce quartier, hâtons-nous de le dire, un des plus pittoresques de la Guadeloupe, commence à la pointe nord-ouest de l'anse à la Barque.

En quittant le fond de cette anse, on gravit un morne assez élevé, mais surtout d'accès difficile, par un chemin étroit, pierreux, coupé de ruisseaux et de ravins profonds; ce chemin se rapproche insensiblement du bord de la mer, serpente presque toujours sur une falaise escarpée et conduit à Bouillante.

Plus que dans toute autre partie de la colonie, le sol de ce quartier paraît avoir été récemment bouleversé et travaillé par l'action puissante des feux souterrains; il est excessivement accidenté, et offre presque à chaque pas des particularités bizarres, fort intéressantes au point de vue scientifique, mais en général assez désagréables pour ses habitants; il s'y trouve plusieurs sources d'eau bouillante, dont une jaillissant à une dizaine de mètres dans la mer, par un seul jet d'environ quinze centimètres de tour, s'élance à une grande hauteur en bouillonnant, et échauffe l'eau de la mer dans un rayon de plus de vingt-cinq mètres sur deux de profondeur, à une température assez élevée pour qu'il soit possible d'y faire cuire des œufs; expérience plusieurs fois tentée avec succès.

Nous ajouterons que Bouillante est à la fois un

Elle était ravissante ainsi, Renée de la Brunerie (page 27).

des quartiers les plus fertiles, les plus pittoresques et les mieux cultivés de la Guadeloupe.

C'était dans le quartier de Bouillante que s'élevait la Brunerie, la plus vaste et la plus importante des deux plantations possédées par le marquis de la Brunerie ; la seconde plantation, nommée d'Anglemont, était située dans le Matouba ; nous aurons occasion d'en parler plus loin.

Dans les Antilles françaises, toutes les habitations sont construites, à très-peu de différence près, sur le même modèle ; ainsi, en décrivant celle de la Brunerie, nous allons essayer de donner au lecteur une idée de ce que sont ces charmants et populeux villages auxquels, dans les colonies, on est convenu

de donner le nom d'habitations, et dont aucune exploitation agricole de nos pays, si importante qu'elle soit, ne saurait donner l'idée.

Les chemins qui, de la Basse-Terre ou de la Pointe-à-Pitre, les deux capitales de l'île, conduisent à la Brunerie, ne ressemblent en rien à ceux que nous sommes accoutumés à parcourir en France ; là, tout est primitif, les ingénieurs n'y ont jamais passé, la nature seule en a fait tous les frais.

La plupart de ces chemins ont commencé tout simplement par être des sentiers, tracés et foulés d'abord par les piétons, élargis par les cavaliers et nivelés ensuite par les *cabrouets* employés pour le transport des denrées, des cannes à sucre, du café, du manioc, etc., etc. De chaque côté de ces routes improvisées, s'élèvent des haies de cierges épineux très-serrés les uns contre les autres, et dont on ne se défend qu'à grand'peine à cause de leur tendance obstinée à envahir la route et intercepter le passage.

Après avoir suivi ces chemins ou ces sentiers, comme il plaira au lecteur de les nommer, — chemins qui serpentent sur les flancs des mornes, sont coupés de ravines profondes et dont le sol laisse voir à chaque pas les traces récentes de soulèvements volcaniques, — la végétation prend tout à coup, au bout de deux heures de marche, et sans transition aucune, toute sa luxuriante beauté; l'on traverse alors un pêle-mêle radieux de sandal, de bois chandelle odorant, d'élégants lataniers dont la tige est droite comme une flèche et dont les feuilles se déploient comme les lames d'un éventail; de galacs à fleurs blanches ou bleues, de bois de fer, d'acacias bois dur, nommés dans le pays : *tendre à caillou*; des acajous, et tant d'autres dont la nomenclature est impossible.

En sortant de ce délicieux fouillis de fleurs et de verdure, on arrive aux pieds des grands mornes; c'est à la base de cette chaîne imposante que l'habitation de la Brunerie est adossée, au milieu du paysage le plus pittoresque et le plus accidenté qui se puisse imaginer, et planant au loin sur la mer jusqu'aux extrêmes limites de l'horizon.

Deux sources assez importantes jaillissaient du sommet des montagnes, tombaient en cascades échevelées, de rochers en rochers, et formaient deux ruisseaux, qui, après avoir enlacé l'habitation dans leurs nombreux et capricieux méandres, confondaient leurs eaux, se changeant ainsi en une charmante rivière-torrent, appelée poétiquement : *rivière aux Cabris*, à cause de ses nombreuses chutes, et qui va enfin se perdre dans la mer, non loin de l'anse à la Barque.

Après avoir suivi une longue et large allée de palmistes aux troncs cannelés, ressemblant à autant de colonnes trajanes, ayant pour chapiteau un merveilleux éventail de feuilles de cinquante pieds, on débouchait près des bâtiments d'exploitation, la sucrerie et les ateliers; à droite, parfaitement alignées et formant des rues, se trouvaient les cases des nègres.

Ces cases, presque toujours construites en bois et recouvertes en vacois, sont généralement composées de deux pièces assez spacieuses, dont l'une sert de cuisine et l'autre de chambre à coucher.

Toutes ces cases ont un petit jardin par-derrière.

Ces bâtiments, coquettement installés, étaient entourés d'un pêle-mêle de grands et beaux arbres au milieu desquels ils semblaient se cacher; des

fromagers gigantesques, des sabliers dont le fruit en forme de boîte à compartiments détone comme une décharge d'artillerie, des cassiers dont les gousses immenses pendent et babillent sous l'effort du vent, des manguiers superbes, puis un véritable fouillis de citronniers, grenadiers, orangers, goyaviers, limoniers et lauriers-roses, sans parler des bananiers touffus chargés d'énormes *régimes* de leurs fruits savoureux, et des cocotiers balançant dans les airs leur magnifique parasol; sous les plus grands de ces arbres, on attache, le soir, les bœufs de l'habitation à des piquets; c'est là qu'ils passent habituellement la nuit.

A quatre cents mètres environ en arrière des cases à nègres, des ateliers et des bâtiments d'exploitation, s'élevait la Brunerie.

Cette maison était un véritable château de haut et grand style; il suffisait d'un seul regard pour s'assurer qu'il remontait à la grande époque coloniale, alors que le faste des créoles ne reculait devant aucune prodigalité, si ruineuse qu'elle fût.

Cette habitation était construite en bois. Ici nous ouvrirons une parenthèse. A la Guadeloupe, surtout, bien que l'on rencontre de très-belles maisons en maçonnerie, presque généralement on construit en bois.

Les forêts de l'île renferment six ou huit essences incorruptibles avec lesquelles on fait des charpentes dont la durée n'a pas de limites; la moitié au moins des maisons construites en bois à la Guadeloupe datent de l'établissement de la colonie; elles ont donc plus de deux siècles d'existence; cependant elles sont dans un état tel de conservation qu'on les croirait bâties depuis à peine dix ans.

Nous disons donc que cette maison était construite en bois; mais l'architecte en avait tiré un tel parti, le ciseau d'un habile sculpteur avait si richement fouillé et si admirablement creusé et découpé ce bois, que la pierre n'aurait, certes, pu produire un plus grand effet ni offrir un plus bel aspect.

Un double perron de dix marches en marbre, à doubles rampes forgées et curieusement ornées, donnait accès à une large terrasse d'où l'œil embrassait d'un seul regard le panorama immense de la grande et de la Basse-Terre, la rivière Salée qui les sépare l'une de l'autre, et les petites îles qui semblent se presser, comme en se jouant, autour de la Guadeloupe.

En avant du château, ainsi que nous l'avons dit plus haut, se trouvaient ses dépendances, formant une espèce de camp circulaire s'arrêtant aux boulingrins et aux parterres d'un parc immense enveloppant complétement le château.

Toutes les maisons des colonies sont établies de façon à donner de l'air, le premier besoin étant de respirer; leur distribution intérieure est donc invariablement la même ; la Brunerie ne se distinguait pas des autres.

Le château avait quinze larges fenêtres de façade, mais fenêtres sans vitres et sans rideaux ; vitriers et tapissiers sont inconnus dans ces contrées, où l'on veut avant tout la libre circulation de l'air.

On pénétrait dans le château de plain-pied, et sans transition, l'on entrait dans une vaste pièce oblongue, qu'on appelait la galerie ; de là on passait dans le salon par de grandes arcades à plein cintre et sans portes.

La galerie et le salon formaient tout le rez-de-chaussée ; les fenêtres étaient garnies de stores vénitiens, qui, malgré le soleil, entretenaient une délicieuse fraîcheur.

Les appartements de maîtres occupaient le premier étage ; ils étaient distribués dans les mêmes conditions d'air et de confort ; un immense balcon circulaire, très-large et à rampe de bois ouvragée, faisait tout le tour du château, auquel il donnait un aspect des plus pittoresques.

Dans la galerie du rez-de-chaussée, sur un immense guéridon, à dessus de marbre vert, étaient constamment disposées à profusion toutes les boissons rafraîchissantes, limonades ou autres, connues dans les colonies.

Riche ou pauvre, créole ou Européen, à la seule condition d'être blanc, connu ou inconnu, chacun pouvait se présenter avec confiance, entrer dans la galerie, dire ou ne pas dire son nom, et être certain d'être cordialement reçu, considéré comme un ami, avoir sa place à table, sa chambre dans l'habitation ; être libre d'y demeurer aussi longtemps qu'il lui plairait de prolonger sa visite, sans que jamais sa présence parût être à charge aux maîtres de l'habitation.

Au reste, il en est de même partout dans les Antilles françaises ; l'hospitalité la plus large, la plus sincèrement amicale est la loi suprême.

Cette description, bien que très-longue déjà, ne serait cependant pas complète si nous n'entrions point dans quelques détails des mœurs et de la vie intérieure des créoles.

En général, dans toutes les maisons, chacun a son domestique particulier, puis viennent : un cuisinier, deux blanchisseuses, trois ou quatre couturières, autant de femmes pour les commissions ; une demi-douzaine de négrillons et de négrillonnes, trop gâtés, qui ont leurs maîtres pour esclaves ; et bien d'autres domestiques encore, formant une véritable tribu d'irréguliers, dont l'emploi n'a jamais pu être défini et ne s'en souciant guère ; toutes les servantes font ce qui leur plaît ; de plus elles sont paresseuses, gourmandes, coquettes, et se couvrent de batiste brodée, de point de Paris et de bijoux. Après chaque repas, la maîtresse de la maison va faire manger les domestiques, distribuant elle-même à chacun la part qui lui revient ; sans cette précaution les plats seraient mis au pillage, et ce serait une véritable curée.

Règle générale : tout créole a au moins un nègre de confiance qui dort dans sa chambre à coucher ; les domestiques se couchent sur des matelas jetés sur le parquet, en travers de la porte ou de la fenêtre.

Les créoles vivent, ou plutôt vivaient ainsi, — aujourd'hui, grâce à l'émancipation des nègres, les choses doivent avoir changé, — perpétuellement au milieu des noirs ; la nuit ceux-ci étaient là, étendus près des armes, des bijoux, de l'or et de l'argenterie dont ils savaient très-bien les places ; il n'y avait pas une seule porte ni une fenêtre qui fermât, et à quelques pas à peine de l'habitation, retirés dans leurs cases, se trouvaient au moins trois ou quatre cents nègres armés de haches et de coutelas.

Voilà comme vivaient les créoles avec leurs esclaves, à l'époque où se passe notre histoire ; telle était l'existence de ces hommes que des négrophiles s'efforçaient de représenter comme des maîtres barbares, cruels, oppresseurs de la race noire.

Du reste, il semble que ce soit un parti pris, car de tout temps on a écrit l'histoire de cette façon, plus ou moins véridique.

Aujourd'hui nous ignorons comment les choses se passent, mais nous sommes convaincu que tout va beaucoup plus mal.

Maintenant, nous reprendrons notre récit, trop longtemps interrompu par cette indispensable description, au point où nous l'avons laissé.

Mademoiselle de la Brunerie fit une véritable entrée triomphale dans l'habitation ; tous les noirs étaient éveillés, ils se tenaient, hommes, femmes et enfants, devant leurs cases, des torches à la main, et ils saluèrent au passage leur jeune maîtresse de leurs bruyantes et chaleureuses acclamations.

Il était un peu plus de onze heures du soir ; la nuit était douce, tiède, transparente.

Au lieu de se livrer au sommeil, qui, dans l'état de surexcitation nerveuse où elle se trouvait à la suite de tous ces événements, n'aurait probablement pu clore ses paupières, après avoir mis un large peignoir de mousseline blanche sans ceinture, elle embrassa sa ménine, jeune négresse de son âge, que, suivant la coutume créole, son père lui avait donnée le jour de sa naissance et qui jamais ne l'avait quittée, lui dit de la suivre et descendit dans le salon, où elle avait prié l'Œil Gris de l'attendre.

La jeune fille s'assit dans un grand fauteuil, dont les pieds posaient sur deux traverses arrondies en croissant, et fit signe à la gentille Flora, sa ménine, qu'elle aimait beaucoup, de s'accroupir près d'elle sur un coussin.

Elle était ravissante ainsi, Renée de la Brunerie,

coiffée d'un madras, enfouie comme un bengali frileux dans des flots de dentelles, se balançant nonchalamment dans son fauteuil, tandis que les rayons argentés de a lune se jouaient sur son charmant visage, et dans le clair-obscur de cette vaste pièce que nulle lumière n'éclairait, autre que celle qui tombait des étoiles, et la faisait ressembler plutôt à une vaporeuse création ossianesque qu'à une créature mortelle.

Le Chasseur, toujours entouré de ses six ratiers, couchés en rond à ses pieds, s'était modestement assis sur un tabouret de bambou, et tenait son inséparable fusil appuyé contre sa cuisse.

Après quelques secondes d'un silence qui commençait fort à peser à la jeune fille, elle se pencha légèrement vers son compagnon.

— Vous avez à me parler, n'est-ce pas, père? lui dit-elle d'une voix câline.

— Qui vous fait supposer cela? demanda-t-il en souriant.

— Votre conduite de ce soir. N'essayez donc pas de me donner le change, je vous ai deviné.

— Eh bien, puisqu'il en est ainsi, je ne veux pas lutter de finesse avec vous, je m'avoue vaincu à l'avance; oui, chère enfant, j'ai en effet à vous parler; de plus, je me suis chargé de vous remettre...

— Quoi? interrompit-elle vivement.

— Vous le saurez plus tard, gentille curieuse; soyez patiente, j'ai d'abord, si vous me le permettez toutefois, quelques questions à vous adresser.

— Parlez, père.

— Me promettez-vous, ma chère Renée, de répondre franchement à ces questions?

— Ai-je jamais eu des secrets pour vous, père? fit-elle avec une moue charmante.

— Jamais, c'est vrai, chère enfant; mais aujourd'hui ce que j'ai à vous demander est fort grave, et j'hésite, malgré moi, à le faire, je vous l'avoue.

— Pourquoi cela, père? ne puis-je tout entendre de vous?

— Oui, certes, chère enfant, mais il s'agit d'un de ces secrets que les jeunes filles enfouissent précieusement au plus profond de leur cœur, et que souvent elles osent à peine s'avouer à elles-mêmes.

— De quoi s'agit-il donc, mon ami? demanda mademoiselle de la Brunerie pendant qu'une légère rougeur colorait son visage.

— De votre bonheur, Renée.

— De mon bonheur? murmura-t-elle.

— Oui. Serez-vous franche avec moi?

— Oh! ce soir vous êtes cruel pour moi, Hector! s'écria-t-elle les yeux pleins de larmes.

— Silence, Renée! Comment osez-vous, après votre promesse, prononcer ce nom maudit, en ce lieu surtout? dit le Chasseur d'une voix sourde avec l'expression d'un ressentiment amer.

— Pardonnez-moi, je vous en prie, cette faute involontaire, mon... ami; ce nom m'est échappé malgré moi. Jamais, tant que vous n'en aurez pas ordonné autrement, il ne reviendra sur mes lèvres, je vous le jure!... Me pardonnez-vous? ajouta-t-elle après un instant de sa voix la plus câline en se penchant coquettement vers lui.

Le Chasseur lui mit un baiser sur le front.

— Comment est-il possible de vous garder rancune? dit-il en souriant, le moyen existe, probablement, mais j'avoue que je ne l'ai pas encore trouvé.

— Et j'espère que vous ne le trouverez jamais, mon bon, mon excellent ami. Eh bien, maintenant que la paix est faite, pour ma punition, je vous promets la plus entière franchise; interrogez-moi; demandez-moi ce qu'il vous plaira, je vous répondrai.

Le Chasseur désigna d'un geste muet la jeune négresse accroupie aux pieds de mademoiselle de la Brunerie.

— Ne craignez rien de Flora, dit vivement Renée; elle, c'est moi; nous sommes sœurs de lait et d'âme; elle connaît mieux mon cœur que je ne le connais moi-même, n'est-ce pas, mignonne?

— Vous êtes si bonne et si belle! Qui ne vous aimerait, maîtresse? répondit la fillette avec une émotion qui remplit ses yeux de larmes.

— Parlez donc sans réticences, je vous en prie, père.

Il y eut un instant de silence.

— Renée, reprit enfin le Chasseur, savez-vous pourquoi M. Gaston de Foissac a quitté la Guadeloupe?

— J'étais bien jeune lorsqu'il est parti.

— C'est juste, et s'il revenait?

— Je le reverrais avec plaisir; nous avons été, tout enfants, compagnons de jeux et de plaisirs: nous nous aimions beaucoup.

— Vous connaissez les projets ou plutôt les intentions de votre père à l'égard de ce jeune homme?

— Très-vaguement; d'ailleurs Gaston est parti, qui sait s'il reviendra jamais?

— Il est revenu.

— Ah! fit-elle avec indifférence.

— D'un moment à l'autre vous devez vous attendre à recevoir sa visite; peut-être espère-t-il que vous ne vous opposerez pas aux projets de votre père et que vous consentirez...

— A être son amie, interrompit elle vivement, jamais M. Gaston de Foissac ne sera autre chose pour moi, ajouta-t-elle avec un accent de fermeté qui surprit son interlocuteur.

Il baissa la tête, mais, la relevant presque aussitôt, il regarda la jeune fille bien en face.

— Renée, lui dit-il nettement, aimez-vous le général?

Il se fit un changement subit dans la jeune fille; elle sembla se transfigurer; elle se redressa vivement, un éclair jaillit de ses yeux bleus, sa physionomie prit soudain une expression sérieuse, presque sévère.

— Je l'aime! répondit-elle d'une voix aussi ferme qu'elle avait un instant auparavant prononcé une condamnation qui, dans son esprit, était sans doute irrévocable.

— Et lui, vous aime-t-il?

— Je le crois.

— Il ne vous a jamais déclaré son amour?

— Jamais.

— Et pourtant vous y croyez!

— Le mot n'est pas juste, père; j'ai la conviction, la certitude morale de cet amour; le général ne m'a pas dit : Je vous aime, c'est vrai, mais j'ai deviné son amour, à l'émotion que j'ai éprouvée en apprenant, ce soir, son arrivée sur nos côtes ; j'ai compris que c'était pour moi seule qu'il était venu, et je l'ai remercié au fond de mon âme, avec un attendrissement radieux.

Le Chasseur détourna la tête pour cacher son émotion, puis il reprit après quelques secondes :

— Votre père connaît-il cette inclination, ma chère Renée?

— Il l'ignore, père. A quoi bon lui raconter les rêves insensés d'une jeune fille? L'Océan me séparait du général; connaissant les projets depuis longtemps arrêtés de mon père à propos de M. de Foissac, je devais me taire; l'heure des confidences n'avait pas sonné encore.

— Et maintenant?

— Maintenant, la situation n'est plus la même; M. de Foissac est, dites-vous, de retour à la Guadeloupe; le général est arrivé, lui aussi; il me faut donc prendre une détermination, je n'hésiterai pas. Lorsque j'aurai vu une fois, une seule, le général, qu'il m'aura écrit ou que je me serai expliquée avec lui, je dirai tout à mon père aussi franchement que je vous le dis à vous, mon... ami.

— Bien, très-bien, ma chère Renée! s'écria le vieillard avec émotion; vous êtes une enfant pure et chaste qui se souvient encore de ses ailes d'ange; vous serez heureuse, quoi qu'il arrive, je vous le promets, je vous le jure.

— Oh! que vous êtes bien mon seul et mon véritable ami! s'écria Renée.

Et, se levant d'un bond, elle se jeta éperdument dans les bras du Chasseur et elle cacha sur sa poitrine son charmant visage inondé de larmes.

— Chère enfant! murmura le vieillard d'une voix tremblante.

Soudain elle se releva, et se rejetant dans son fauteuil en essuyant ses yeux :

— Je veux vous dire comment je l'ai connu, reprit-elle avec émotion ; c'est bien simple, bien naïf, bien ridicule, peut-être, mais c'est à dater de ce jour que j'ai senti battre mon cœur, et que j'ai commencé à vivre ; jamais je ne l'oublierai. Écoutez-moi, vous, mon ami, mon confident.

— Parlez, Renée, je vous écoute avec la plus affectueuse attention.

— Lorsque le moment arriva où je devais compléter mon éducation, mon père voulut, ainsi que c'est la coutume aux colonies, que cette éducation se terminât en France. Les mauvais jours étaient passés, la proscription et l'échafaud avaient disparu. Mon père me confia au capitaine Laplace, un de nos proches parents, commandant la corvette de l'État la *Capricieuse* ; il avait reçu l'ordre de retourner en France; je partis avec lui. Le capitaine Laplace était un homme de cinquante ans à peu près, d'une excellente famille ; il eut pour moi les plus charmantes attentions, et me traita pendant toute la traversée comme si j'eusse été sa fille ; il voulut me conduire lui-même à Paris chez madame de Brévannes, ma tante, qui avait consenti à veiller sur moi, et à me servir de mère pendant mon séjour en France; madame de Brévannes me reçut à bras ouverts : après m'avoir, pendant quelques jours, conservée près d'elle, pour me faire voir Paris et me laisser me reposer de mon long voyage, elle me mit au couvent du Sacré-Cœur, où déjà se trouvaient ses deux filles, Adèle et Laure de Brévannes, couvent qui depuis deux ans s'était établi rue de Vaugirard, sous un nom laïque, car les maisons religieuses n'étaient pas encore autorisées. De mon séjour dans cette maison, je ne vous dirai rien, mon ami; Adèle et Laure de Brévannes sont deux charmantes jeunes filles de mon âge à peu près, dont je raffolai tout de suite et qui se lièrent avec moi par la plus tendre amitié; nos chères institutrices étaient remplies d'attention; j'aurais été parfaitement heureuse si je n'avais regretté si vivement mon doux et riant pays de la Guadeloupe, où la nature est si belle, le ciel si bleu, l'air si pur. Hélas! j'étais une sauvage à laquelle tout froid, si léger qu'il fût, semblait insupportable.

— Pauvre chère enfant! murmura le Chasseur.

— Tous les huit jours, madame de Brévannes venait voir ses filles et moi au parloir; deux dimanches sur quatre, nous allions passer la journée chez elle, dans son hôtel de la rue de Seine. Madame de Brévannes recevait la meilleure compagnie, surtout beaucoup d'officiers supérieurs des armées d'Italie et du Rhin; parmi ces officiers, qui souvent ne passaient que quelques jours seulement à Paris, il y en avait un pour lequel madame de Brévannes professait une amitié qui allait presque jusqu'à l'admiration; sans cesse elle nous en parlait dans les termes les plus élogieux; cet officier était proche parent de madame Dumontheils, amie intime de madame de Brévannes ; c'était un ancien aide de camp de Hoche, fort jeune encore, nommé Antoine Richepance ; il servait alors à l'armée d'Allemagne sous les ordres de Moreau. Madame Dumontheils ne tarissait pas sur le compte de son parent ; elle nous faisait de lui des récits qui exaltaient notre imagination de jeunes filles, et cela de telle sorte que nous en étions arrivées, Adèle, Laure et moi, à ne plus avoir au couvent d'autre entretien entre nous. Madame Dumontheils riait beaucoup de notre enthousiasme juvénile pour son parent, dont nous faisions un héros ; elle nous menaçait, d'un air railleur, de lui écrire toutes les belles choses que nous pensions de lui. Un dimanche, cette dame entra chez madame de Brévannes, en compagnie d'un jeune officier d'une taille haute, élégante, bien prise, à la tournure martiale, à la physionomie à la fois douce, intelligente, loyale et énergique. Avant qu'il eût prononcé un mot, je l'avais reconnu.

— C'était le général Richepance ? interrompit en souriant le Chasseur.

— Oui, père. Il était arrivé la veille à Paris, chargé par le général Moreau de présenter aux consuls les drapeaux pris sur les Autrichiens à la bataille de Hohenlinden, au succès de laquelle le général Richepance avait, disait-on, puissamment contribué. Je me tenais, émue et tremblante, à demi cachée dans l'embrasure d'une fenêtre, lorsque conduit par madame Dumontheils, le général s'avança vers moi ; je ne le voyais pas, je ne pouvais le voir, et pourtant je savais qu'il venait ; le général s'arrêta devant moi ; il me salua respectueusement et d'une voix qui résonna délicieusement à mon oreille ;

— Chère cousine, dit-il à madame Dumontheils, vous m'avez gracieusement présenté à toutes les personnes qui sont dans ce salon ; quant à mademoiselle, permettez-moi de me présenter moi-même à elle.

Je relevai curieusement la tête.

— Comment ferez-vous, général ? lui demanda en riant madame Dumontheils. Mademoiselle vous est inconnue et je doute...

— Pardon, ma cousine, interrompit vivement le général, mademoiselle est, au contraire, une de mes plus chères connaissances, je n'ose pas dire amies ; le portrait que, dans vos lettres, vous m'avez fait de mademoiselle Renée de la Brunerie est tellement ressemblant, le souvenir en est demeuré si profondément gravé dans mon cœur, que je n'hésite pas à prier mademoiselle d'agréer mes remerciments les plus respectueux et les plus sincères, pour le bien qu'elle daigne penser de moi, et dont je suis touché plus que je n'ose le dire.

— Mais c'est une déclaration dans toutes les règles que vous faites à mademoiselle de la Brunerie, prenez-y garde, général ! s'écria madame Dumontheils.

— Je l'ignore, reprit sérieusement le général ; je sais seulement que c'est, je le jure, l'expression sincère de ma pensée.

Je levai les yeux sur lui ; nos regards se rencontrèrent. Nous nous étions compris.

Quatre jours plus tard, le général repartit pour l'Allemagne.

— Vous n'avez plus revu depuis le général, ma chère Renée ?

— Pardonnez-moi, mon ami, ma confession doit être complète. Je l'ai revu deux fois : la première, un an plus tard ; la seconde, deux jours avant mon départ de Paris pour retourner en Amérique. Averti par madame Dumontheils que je devais quitter prochainement la France, le général avait fait trois cents lieues à franc étrier pour venir me dire adieu. Notre entretien fut court.

— Vous partez, mademoiselle, me dit-il ; le cœur ne connaît pas les distances, le souvenir les annihile ; si loin que vous alliez, je saurai vous y rejoindre ; avant peu vous me reverrez près de vous.

— J'attendrai votre venue, dussé-je attendre vingt ans, répondis-je.

Il s'inclina pour porter ma main à ses lèvres, et il sortit. J'ai attendu, il est venu, j'espère... Voilà toute mon histoire, mon ami.

— Elle est simple et touchante, mon enfant, répondit le vieillard avec émotion. Vous m'avez ouvert votre cœur, je vous en remercie sincèrement.

Il y eut cette fois, un silence assez long entre les deux interlocuteurs ; la jeune fille, encore sous le coup des souvenirs qu'elle avait ravivés, se laissait doucement aller à ses pensées ; le Chasseur réfléchissait à ce qu'il venait d'entendre.

Enfin, au bout d'une dizaine de minutes environ, le vieillard releva la tête ; il passa la main sur son large front comme pour en effacer toute pensée importune et, se penchant vers la jeune fille :

— Ma chère Renée, lui dit-il avec un accent de tendresse paternelle auquel il était impossible de se tromper, j'ai à m'acquitter envers vous d'une mission dont on m'a chargé aujourd'hui même.

— A la Pointe-à-Pitre ? demanda curieusement la jeune fille.

— Non, pas positivement, mais près de la Pointe-à-Pitre.

— Ah ! c'est vrai ; je me le rappelle à présent, vous avez, m'avez-vous dit, quelque chose à me remettre.

— C'est cela même, chère enfant.

— Qu'est-ce donc ? Donnez vite, père ; je brûle de savoir.....

— Le Chasseur sourit doucement; il sortit un pli cacheté de sa poitrine.

— Prenez, dit-il en le lui présentant.

— Une lettre! fit-elle en pâlissant, une lettre! Qui peut m'écrire, à moi?

— La signature de cette lettre vous l'apprendra, sans doute.

— Oh! murmurait-elle, si c'était?...

— Vous ne vous trompez pas, Renée, elle est de lui, répondit doucement le Chasseur.

— De la lumière! mignonne, de la lumière, vite!.. s'écria mademoiselle de la Brunerie d'une voix vibrante à sa mènine.

Celle-ci bondit sur ses pieds et sortit en courant. La jeune fille était pâle, chancelante; une émotion terrible lui serrait le cœur à l'étouffer.

Soudain elle se renversa sur son fauteuil, cambra comme un arc sa taille flexible, rejeta fièrement sa tête charmante en arrière, deux jets de flamme jaillirent de ses yeux; elle tendit, par un mouvement automatique la lettre au Chasseur, et d'une voix étouffée, presque indistincte:

— Hector! lui dit-elle, en l'absence de mon père, vous seul avez le droit de décacheter cette lettre; moi, je ne le dois, ni ne le veux; Renée de la Brunerie ne reçoit et ne lit aucun message secret.

Un sourire de triomphe éclaira une seconde le pâle visage du Chasseur; il prit la lettre sans prononcer une parole et il la décacheta.

En ce moment, Flora rentra dans le salon, tenant à la main un candélabre allumé.

Le Chasseur se leva; il s'approcha du guéridon sur lequel la fillette avait posé le candélabre, et parcourut la lettre des yeux, puis il fit un geste de satisfaction et s'écria avec une sincérité de langage auquel il était impossible de se méprendre:

— Je ne m'étais pas trompé: cet homme est un grand cœur et une intelligence d'élite.

— Père! s'écria la jeune fille avec anxiété.

— Écoutez, mon enfant, écoutez! ce qui est écrit là dépasse tout ce qu'il est possible d'imaginer de noble et de beau.

— Oh! fit Renée en joignant les mains et levant, vers le ciel ses yeux pleins de larmes, je le savais mon cœur me l'avait dit!

— Écoutez.

Et il lut ce qui suit:

« Monsieur... »

— Monsieur! s'écria la jeune fille au comble de la surprise.

Le Chasseur la regarda un instant avec un doux et tendre sourire, puis il reprit:

« Monsieur,

» Bien que cette lettre soit, en apparence,

adressée à mademoiselle Renée de la Brunerie, je sais, tant je connais sa pureté d'ange et sa candeur, qu'elle ne sera décachetée que par son père ou son plus proche parent. J'aime mademoiselle de la Brunerie; je ne l'ai vue que trois fois, chez madame de Brévannes, à Paris, en présence de plusieurs personnes. Lors de ma dernière visite, la veille de son départ, je lui jurai de l'aller rejoindre en Amérique; elle daigna me promettre de m'attendre. Ce que je vous ai dit à vous, monsieur, jamais je n'ai osé le lui avouer à elle; cependant je suis sûr de son amour comme elle est. j'en suis convaincu, sûr du mien. Si vous êtes le père de mademoiselle Renée, je vous demande loyalement l'autorisation de lui faire ma cour; si vous n'êtes que son parent, je vous prie d'intercéder auprès de M. de la Brunerie, que je n'ai pas encore l'honneur de connaître, pour que cette faveur, à laquelle je tiens plus qu'à ma vie, me soit accordée; j'attendrai avec anxiété, monsieur, la réponse que vous daignerez me faire.

» Agréez, monsieur, l'assurance du profond respect de votre serviteur,

» Général ANTOINE RICHEPANCE.

» En mer, à bord du vaisseau-amiral le Redoutable.

» Ce 14 floréal, an X de la République française, une et indivisible. »

— Oh! cher, bien cher Antoine! s'écria la jeune fille avec une expression de bonheur impossible à rendre.

En ce moment, le galop précipité de plusieurs chevaux se fit entendre au dehors.

Le Chasseur s'approcha de la jeune fille, lui mit un baiser au front et la poussant du côté de la porte:

— Retirez-vous, ma chère Renée, lui dit-il, voici votre père qui revient de la Basse-Terre, il est inutile qu'il vous voie; d'ailleurs, j'ai à causer avec lui.

— Et cette lettre? demanda-t-elle avec anxiété.

— Je la garde, répondit le Chasseur en souriant.

La jeune fille lui jeta un dernier regard de prière, et elle sortit la main appuyée sur l'épaule de sa mènine.

Un instant plus tard, M. de la Brunerie et le capitaine Paul de Chatenoy pénétraient dans le salon.

La demie après onze heures sonnait à une pendule en rocaille placée sur un piédouche dans la galerie.

V

Ainsi que nous l'avons rapporté dans un précédent chapitre, M. de la Brunerie et son cousin le capitaine Paul de Chatenoy, après avoir, à l'anse à la Barque, confié mademoiselle Renée de la Brunerie au vieux Chasseur pour qu'il la reconduisît à l'habitation, s'étaient, eux, rendus à franc étrier à la Basse-Terre, où ils savaient que, depuis dix jours, se trouvait le chef de brigade Magloire Pélage, ainsi que les membres du conseil provisoire de la colonie.

Certaines révélations, assez ambiguës cependant, mais qui depuis quelques jours s'étaient multipliées, avaient fait concevoir au conseil provisoire des soupçons contre la loyauté du chef de bataillon Delgrès, commandant l'arrondissement de la Basse-Terre; ces soupçons étaient d'autant plus forts, que les révélations des espions ne tendaient à rien moins qu'à représenter le commandant Delgrès comme le principale chef d'un complot contre le gouvernement établi, complot dont l'exécution était imminente.

Le conseil provisoire, devant des dénonciations qu'il était en droit de supposer sincères, s'était établi en permanence à la Basse-Terre, afin d'être prêt à tout événement et de pouvoir prendre des mesures immédiates et efficaces au plus léger symptôme de révolte.

Cependant, le chef de brigade Pélage, malgré les certitudes qui lui avaient été données, et les recherches minutieuses auxquelles lui-même s'était livré, n'avait réussi à rien découvrir de positif.

Persuadé que ses espions étaient mal renseignés, il avait renoncé à essayer plus longtemps à éclaircir cette affaire ténébreuse et il se préparait à retourner le lendemain à *Port-de-Liberté*. — La Pointe-à-Pitre avait été ainsi nommée au commencement de la Révolution par le délégué de la Convention nationale, le représentant Victor Hugues.

Il était environ dix heures du soir lorsque le planteur et le capitaine arrivèrent à la Basse-Terre; informés que le conseil provisoire de la colonie se trouvait encore en séance, ils s'y rendirent immédiatement et se firent annoncer comme porteurs de nouvelles de la plus haute gravité; ils furent aussitôt introduits et reçus de la façon la plus cordiale, par le général Pélage et les autres membres du conseil.

Le général Magloire Pélage avait à cette époque de trente à trente-deux ans; c'était un homme de couleur; il avait la taille haute, il était bien fait de sa personne, ses manières étaient distinguées; ses traits fins, accentués, avaient une rare expression d'énergie et de franchise.

— Quel bon vent vous amène à cette heure avancée de la nuit, citoyen? demanda-t-il en souriant à M. de la Brunerie.

Les deux hommes se serrèrent cordialement la main.

— Une grande nouvelle, général, répondit le planteur.

— Et bonne sans doute; vous ne vous en seriez pas chargé si elle eût été mauvaise.

— Excellente, général.

— Parlez, parlez, citoyen de la Brunerie! s'écrièrent à la fois tous les les membres du conseil.

— En un mot, citoyens, dit alors le planteur, l'expédition française que nous attendons depuis si longtemps est enfin en vue de la Guadeloupe, elle louvoie en ce moment devant la Pointe-à-Pitre.

— Vive la République! s'écrièrent tous les membres du conseil en se levant avec enthousiasme.

— Cette nouvelle est en effet excellente, reprit le général Pélage, si cette expédition doit ramener la paix dans ce pays et faire respecter la loi. Garantissez-vous son exactitude, citoyen de la Brunerie?

— Sur mon honneur, général. L'homme de qui je la tiens, et dans lequel j'ai une confiance entière s'est rendu à bord du vaisseau le *Redoutable* et a parlé au général Richepance.

— Puisqu'il en est ainsi, nous n'avons pas à conserver le moindre doute, citoyens, dit le général Pélage, il nous faut presser notre départ.

— Qui nous empêche, général, de quitter tout de suite la Basse-Terre? dit un des membres du conseil.

— Plusieurs raisons, et principalement l'absence du commandant Delgrès, sorti de la ville, il y a une heure à peine, avec une partie de son bataillon, pour aller dissiper les rassemblements de l'anse aux Marigots, dit un autre membre; nous ne pouvons abandonner la ville sans autorités et livrée aux machinations de gens mal intentionnés.

— Le commandant Delgrès ne doit pas encore être très-éloigné, dit le général Pélage, rien de plus facile que de lui expédier contre-ordre.

— Nous avons croisé le commandant Delgrès assez près d'ici, général, dit le capitaine Paul de Chatenoy; si vous le désirez, je me charge de lui porter cet ordre.

— J'accepte, mon cher capitaine, répondit le général qui se rassit et se mit en devoir d'écrire la dépêche.

La frégate *la Pensée* met en panne pour l'attendre (page 35).

— L'expédition est-elle considérable? demanda un des membres du conseil à M. de la Brunerie.

— Mais oui, assez; elle se compose de dix bâtiments portant quatre mille hommes de troupes de débarquement, sous les ordres des généraux Richepance, Dumoutier et Gobert.

— Gobert! s'écria le général Pélage en cachetant la dépêche qu'il achevait d'écrire; attendez-donc, je connais ce nom-là, moi, Gobert, n'est-il pas né à la Guadeloupe?

— J'ai l'honneur d'être son proche parent, général, répondit le planteur.

— Je vous en félicite sincèrement, citoyen, répondit le général, car c'est un homme de cœur et un officier d'un grand mérite; citoyens, ajouta-t-il en s'adressant aux membres du conseil, le choix fait par le premier consul du général Gobert est pour nous, une preuve irrécusable des intentions bienveillantes du gouvernement à notre égard.

— Certes, général, répondit le conseiller qui déjà avait plusieurs fois pris la parole, nous devons tout faire pour nous rendre dignes de cette bienveillance.

— Il ne tiendra pas à nous qu'il n'en soit ainsi, répondit le général Pélage en souriant. Chargez-vous de cette dépêche, capitaine, ajouta-t-il en s'adressant à M. Paul de Chatenoy: je vous prends pour aide de camp, je m'entendrai à ce sujet avec le général Sérizial; demain, au lever du soleil, je vous attends à la Pointe-à-Pitre.

— Je vous remercie, mon général, demain à l'heure dite j'aurai l'honneur d'être à vos ordres, dit le capitaine en s'inclinant.

— Citoyen de la Brunerie, par ma voix, le conseil provisoire vous adresse les remerciements les plus sincères pour la nouvelle importante que vous lui avez apportée.

— Demain, moi aussi, général, je serai à la Pointe-à-Pitre.

— Vous y serez le bienvenu, ainsi que tous les bons citoyens qui suivront votre exemple. Citoyens, j'ai l'honneur de vous saluer.

Les deux créoles prirent alors congé et ils sortirent, accompagnés par le général Pélage jusqu'à la porte extérieure de la salle du conseil.

Un instant plus tard le général rentra.

— Citoyens, dit-il, je viens de donner les ordres nécessaires pour que tous les préparatifs de notre départ soient faits sans bruit, de façon à ce que nous puissions nous mettre en route aussitôt après l'arrivée du commandant Delgrès; en faisant diligence nous arriverons à la Pointe-à-Pitre vers cinq heures du matin ; je vous propose de nommer une députation de quatre citoyens notables de la Guadeloupe , chargée d'aller offrir au général Richepance, commandant en chef l'expédition, les assurances de la joie que nous fait éprouver son arrivée dans la colonie et de la chaleureuse réception que les habitants préparent au représentant du nouveau gouvernement de la France.

Cette motion du général fut vivement appuyée, on nomma la députation séance tenante.

Les citoyens choisis furent : MM. Frasans, membre du conseil provisoire de la colonie; Darbousier, négociant; Savin, capitaine dans les troupes de ligne; et Mouroux, chef des mouvements du port à la Pointe-à-Pitre ; ce dernier devait conduire sur l'escadre douze pilotes jurés, que le général Pélage avait depuis un mois déjà donné l'ordre de réunir, afin qu'ils fussent tout près à être mis à la disposition de l'expédition pour la faire entrer dans les ports de l'île où il plairait à l'amiral de mouiller.

On rédigea ensuite une proclamation adressée à tous les habitants de la colonie, pour leur c·noncer l'arrivée à la Guadeloupe du général Richepance; proclamation écrite dans les termes les plus chaleureux et les plus patriotiques.

A peine le général Pélage achevait-il de dicter cette proclamation, que tous les membres du conseil signeraient après lui, que la porte s'ouvrit, et le commandant Delgrès pénétra dans la salle.

Delgrès semblait sombre, mécontent.

—Me voici à vos ordres, général, dit-il, en saluant les membres du conseil.

— Mon cher commandant, répondit le général, des nouvelles importantes reçues à l'improviste m'ont contraint à vous envoyer contre-ordre.

— Je suis immédiatement retourné sur mes pas.

— Je le vois, et je vous en remercie, commandant. Obligé de quitter sur-le-champ la Basse-Terre, je n'ai pas voulu partir avant votre retour.

Le commandant Delgrès salua sans répondre.

— Onze bâtiments aperçus aujourd'hui devant la Désirade et Marie-Galante font présumer, continua le général Pélage, qu'ils composent la division que nous attendons depuis si longtemps déjà.

— Ah ! fit le mulâtre entre ses dents.

— Vous voudrez bien, mon cher commandant, prendre les dispositions nécessaires pour recevoir avec solennité les bâtiments qui se rendraient à la Basse-Terre, et vous entendre avec le citoyen Boucher, chef du génie, pour que des casernes soient immédiatement mises en état de recevoir six mille hommes.

— Six mille hommes! dit le mulâtre en tressaillant.

— Peut-être même un peu plus, je ne suis pas sûr du chiffre exact. Oui, mon cher commandant; oh! cette fois nous serons grandement en mesure d'en finir avec les fauteurs et agents de désordre, qui depuis si longtemps troublent notre malheureuse colonie.

— En effet, dit le commandant Delgrès, devenant de plus en plus sombre.

— Je n'ai pas besoin d'ajouter, n'est-ce pas? reprit le général Pélage, que je compte entièrement sur votre dévouement et celui des troupes placées sous vos ordres?

— Je ferai mon devoir, général, répondit sèchement le commandant Delgrès.

Le général Pélage ne remarqua pas, ou peut-être il feignit de ne pas remarquer, l'attitude froide et sévère du commandant, et le peu de joie qu'il paraissait éprouver à la nouvelle de l'arrivée de cette expédition depuis si longtemps promise, et qui, toujours annoncée, ne venait jamais. Il frappa sur un gong, un huissier parut.

— Mon aide de camp, dit le général.

L'huissier se retira. Bientôt un capitaine entra; ce capitaine nommé Prud'homme était, comme le général Pélage, auquel il était dévoué, un homme de couleur de la Martinique.

— Tout est-il prêt? lui demanda le général.

— Oui répondit le capitaine, vos ordres sont exécutés, général ; l'escorte est en salle ; les chevaux des citoyens membres du conseil attendent, tenus en main par des domestiques.

— Mon cher commandant, je vous fais mes adieux, reprit le général Pélage en s'adressant à Delgrès, je compte sur votre dévoûment à la République, à laquelle nous devons tout, ajouta-t-il avec intention.

Le commandant Delgrès sourit avec amertume en entendant cette dernière recommandation, mais il continua à garder le silence et il se contenta de s'incliner devant son chef.

— Partons, citoyens, dit le général.

Les membres du conseil, après avoir pris congé du commandant, et avoir échangé avec lui de muets saluts, quittèrent la salle du conseil à la suite du général.

Dix minutes plus tard, ils s'éloignaient au galop, entourés par une escorte de cent cinquante cavaliers.

Demeuré seul, le commandant Delgrès suivit du regard les cavaliers jusqu'à ce qu'ils eussent disparu dans la nuit, puis il rentra à pas lents et le front pensif dans la maison de ville où, en sa qualité de gouverneur de la Basse-Terre, il avait son appartement.

—Tout serait-il donc perdu? murmura-t-il à demi-voix en jetant des regards sombres autour de lui. Non, ce n'est pas possible... nos frères de

Saint-Dominique ont presque conquis leur liberté déjà, pourquoi ne réussirions-nous pas comme eux? La République française avait fait de nous des hommes libres et des citoyens; le premier consul veut nous replonger dans l'esclavage... Mieux vaut la lutte, la mort même! Ah! pauvre race déchue! seras-tu à la hauteur de ce grand rôle!...

Au lieu de se livrer au repos, malgré l'heure avancée de la nuit, après avoir semblé hésiter pendant longtemps à prendre une résolution, sans doute d'une haute importance, tout à coup Delgrès frappa du pied avec colère, s'écria à deux reprises d'une voix sourde:

— Il le faut!

Il prit son manteau qu'il avait jeté sur un meuble, s'enveloppa soigneusement dans ses plis et il sortit à grands pas de la maison de ville.

Où allait-il? Que voulait-il faire? Nous le saurons bientôt.

Cependant les membres du conseil provisoire s'éloignaient rapidement de la Basse-Terre; ils galopaient silencieusement, pressés les uns contre les autres, sans que la pensée leur vînt d'échanger une parole.

Le voyage s'accomplit sans accident d'aucune sorte; vers cinq heures du matin, ils atteignirent la Pointe-à-Pitre, dont la population était encore plongée dans le sommeil.

Quelques paroles seulement avaient été prononcées en quittant la Basse-Terre, paroles montrant que le général Pélage s'était aperçu, plus peut-être que ne le supposaient ses compagnons, de l'attitude sombre du commandant Delgrès, et que la prudence seule l'avait retenu et empêché de lui manifester clairement son mécontentement.

— Le commandant Delgrès ne m'a pas paru extraordinairement joyeux en apprenant l'arrivée de l'expédition? avait dit avec intention M. Frasans au général.

— Vous croyez, avait répondu celui-ci avec un fin sourire; c'est possible, je ne l'ai pas remarqué; il est vrai que j'étais très-préoccupé en ce moment; je songeais que nous nous trouvons à douze longues lieues de la Pointe-à-Pitre, où il nous fallait arriver à tous risques; que notre escorte est faible; que nous avons à franchir des chemins défoncés, où quelques hommes résolus suffiraient pour nous barrer le passage et s'emparer de nous; je vous avoue qu'au lieu d'essayer de découvrir les pensées secrètes du commandant Delgrès, je cherchais dans ma tête les moyens d'arriver à tout prix, sain et sauf, avec les membres du conseil provisoire, de l'autre côté de la rivière Salée.

M. Frasans baissa la tête et il se dispensa de répondre; il avait compris.

Le matin, vers dix heures, un bâtiment léger, sur lequel s'étaient embarqués les députés auxquels, sur l'ordre du général Pélage, s'étaient joints les capitaines Prud'homme et de Chatenoy, ainsi que les douze pilotes jurés, appareilla de la Pointe-à-Pitre et mit le cap au large.

Ce navire allait à la recherche de l'escadre française.

Le capitaine Prud'homme était porteur d'une lettre du général Pélage pour le commandant en chef de l'expédition; le capitaine de Chatenoy devait en remettre une de M. de la Brunerie à son parent le général Gobert.

Après avoir battu la mer et couru des bordées pendant toute la journée, le léger bâtiment n'ayant découvert aucune voile, regagna le port à la nuit close et mouilla en dehors de la passe.

Le lendemain au point du jour, il remit sous voiles.

Cette fois, il fut plus heureux; de bonne heure, il atteignit la flotte française.

Cette flotte marchait en ligne de bataille; elle était composée de deux vaisseaux: le *Redoutable* et le *Fougueux*, de soixante-quatorze canons; de quatre frégates: la *Volontaire*, la *Romaine*, la *Consolante* et la *Didon*, de cinquante-quatre canons; de la flûte la *Salamandre*, de vingt-six canons; puis trois transports de charge. Ainsi que l'*Œil Gris* l'avait annoncé à M. de la Brunerie, elle portait environ quatre mille hommes de troupes de débarquement.

La frégate la *Pensée* avait été expédiée de la Dominique, au-devant de la division française et comme cette frégate battait pavillon amiral à son mât d'artimon, ce fut sur elle que l'aviso guadeloupéen mit le cap.

La frégate mit en panne pour l'attendre, manœuvre imitée aussitôt par toute l'escadre.

L'aviso atteignit la frégate vers midi.

Le général Richepance se trouvait à bord de la *Pensée*: à cette époque, il avait trente-deux ans à peine; le portrait que mademoiselle de la Brunerie avait tracé de lui au Chasseur était d'une exactitude rigoureuse; nous le compléterons d'un seul mot: il y avait entre lui et le général Kléber son émule et son ami, une grande ressemblance physique et morale.

Au moment où les députés montèrent à bord, le général Richepance se promenait à l'arrière de la frégate, en compagnie du vice-amiral Bouvet et du général Gobert.

En apercevant la députation qui se dirigeait vers lui, le général s'arrêta, fronça les sourcils et attendit son approche, les deux mains appuyées sur la poignée de son sabre, dont l'extrémité du fourreau reposait sur le pont.

Un coup d'œil avait suffi aux députés pour reconnaître parmi les officiers se pressant derrière le gé-

néral en chef, plusieurs émissaires de l'ex-gouver-
neur Lacrosse, envoyés par lui de la Dominique,
sans doute dans le but de le porter à des mesures
de rigueur contre les Guadeloupéens, malgré toutes
les preuves d'obéissance qu'il recevrait de leur part.

Cependant cette découverte ne découragea pas
les députés; ils s'approchèrent du général Richepance, le saluèrent respectueusement et attendirent,
chapeau bas, qu'il lui plût de leur adresser la parole.

Il y eut un instant de silence pénible.

— Qui êtes-vous et que me voulez-vous? demanda
enfin le général d'une voix rude.

— Citoyen général, répondit le député du conseil
Frasans, chargé par ses collègues de parler en
leur nom, nous sommes les délégués des habitants
notables de l'île de la Guadeloupe; nous venons
vers vous, en leur nom, pour vous assurer du dévouement de la population entière de la colonie, et
de la joie sincère que lui fait ép...ver la nouvelle
de votre arrivée.

— Puis-je avoir confiance en des traîtres, en des
rebelles qui ont renversé le capitaine général
nommé par le gouvernement? reprit le général avec
encore plus de rudesse.

— Ceux qui nous ont représentés à vos yeux sous
ce jour odieux, général, répondit fièrement le chef de
la députation, sont eux-mêmes des traîtres et des
rebelles qui prétendaient livrer notre belle et fidèle
colonie aux émissaires du gouvernement britannique. Ces hommes, indignes du nom de Français,
méritaient la mort, général, nous les avons exilés;
aujourd'hui ils essayent de nous calomnier auprès
de vous.

— Les traîtres et les calomniateurs n'ont pas
accès auprès de moi; de telles accusations sont
graves, prenez-y garde, citoyens.

— Nous sommes prêts à subir les conséquences
de nos paroles, général, au besoin, nos actions répondront pour nous; nous avons foi entière en votre
justice et surtout en votre impartialité, répondit
sans s'émouvoir le chef de la députation.

— Ni l'une ni l'autre ne vous failliront, dès que
j'aurai des preuves non équivoques de votre loyauté.

— Lisez ces proclamations annonçant votre arrivée, général, elles vous feront, mieux que nous ne
saurions le faire, connaître l'esprit qui anime la population.

Et le citoyen Frasans présenta au général un
paquet de la proclamation adressée, deux jours auparavant, par le conseil provisoire, aux habitants
de la colonie.

Le général accepta la proclamation et la lut attentivement.

Tous les regards étaient fixés avec anxiété sur le
visage sévère du général; un silence de mort régnait sur la frégate; on n'entendait d'autre bruit

que celui de la mer, dont les lames se brisaient
contre les flancs du navire, et le sifflement continu
du vent à travers les cordages.

Les émissaires secrets de Lacrosse commençaient
intérieurement à se sentir mal à l'aise; la contenance à la fois ferme et modeste des membres de
la députation les effrayait. Ils craignaient que le
général ne découvrît leurs honteuses manœuvres et
ne reconnût la vérité, que, par tous les moyens, ils
essayaient de lui cacher.

Enfin, le général Richepance releva la tête.

— Cette proclamation m'engagerait peut-être,
dit-il, à montrer de l'indulgence, car les termes
dans lesquels elle est conçue sont, je dois en convenir, dignes, généreux et témoignent d'un ardent
patriotisme; je sentirais ma colère s'éteindre, si je
ne lisais parmi les signatures apposées au bas de
cette feuille le nom d'un homme à la fidélité duquel il m'est impossible d'avoir confiance.

— M'est-il permis, citoyen général, de vous demander le nom de l'homme dont vous suspectez
ainsi la loyauté?

— Ce nom, citoyen Frasans, reprit le général
Richepance avec une colère contenue, est celui du
chef de brigade Magloire Pélage.

— Général, l'homme dont vous venez de prononcer le nom, répondit fièrement le chef de la
députation, est le serviteur le plus dévoué de la
République, le caractère le plus beau, le cœur le
plus grand qui soit dans toutes les Antilles françaises; c'est à son énergie seule, à son courage,
à son patriotisme éclairé que nous devons d'avoir
sauvé la colonie et de l'avoir conservée à la
France.

— Brisons là, citoyen, reprit brusquement le
général, le chef de brigade Pélage est, quant à présent, hors de cause.

Et, jetant dédaigneusement la proclamation sur
un banc de quart:

— Ce gage que vous venez de me donner de la
soumission des habitants de la Guadeloupe ne me
suffit pas, ajouta-t-il.

— Général, répondit le député avec un accent
de tristesse digne et sévère, je vous jure sur mon
honneur, sur ma foi, sur mon ardent amour pour
la patrie, je vous jure, dis-je, que vous vous
trompez sur les intentions; les habitants, la force
armée, tous les citoyens forment le même vœu;
les uns et les autres attendent avec une égale impatience le délégué du gouvernement pour lui obéir
sans réserve et avec tout l'empressement d'un peuple qui se fait un point d'honneur, une sorte de
religion de prouver sa fidélité.

— Ces protestations peuvent être vraies, citoyens,
reprit le général avec hauteur; mais, dans les circonstances où nous nous trouvons placés, vous et
moi, en ce moment, elles ne sauraient me satis-

faire ; il me faut une garantie de la fidélité des Guadeloupéens.

M. Frasans sourit avec amertume, en échangeant un regard de douleur avec ses collègues.

— Ce gage de notre loyauté que vous exigez, répondit-il, nous sommes prêts à vous l'offrir, général.

— Quel est-il ?

— Nous nous proposons de demeurer en otages à votre bord.

— Vous feriez cela ? s'écria le général avec surprise, presque avec intérêt.

— Nous sommes prêts ! répondirent les membres de la députation d'une seule voix.

Songez que vos têtes me répondront du premier coup de fusil qui sera tiré(1), reprit le général Richepance avec un accent terrible de menace.

— Que nos têtes tombent, mais que notre pays soit sauvé, répondit gravement le chef de la députation, nous aurons payé notre dette à notre patrie.

— Je demande, en ma qualité d'aide de camp du général Pélage, si malheureusement méconnu, dit fièrement le capitaine Prud'homme, à rester, moi aussi, en otage, pour répondre des intentions pures et patriotiques de mon chef.

Et il vint se placer derrière les membres de la députation.

Nous avons déjà dit les noms de ces généreux citoyens, nous les répéterons ici ; de tels noms ne doivent pas être laissés dans l'oubli.

C'étaient les citoyens : Frasans, Darbousier, Sevin, Moureux et Prud'homme.

Ils donnèrent, ce jour-là, un grand exemple de dévouement, non-seulement à la France, mais au monde entier.

Le général Richepance s'était tourné vers le capitaine Prud'homme.

— Vous êtes aide de camp du général Pélage, capitaine ? lui demanda-t-il.

— Oui, mon général j'ai cet honneur, répondit nettement le capitaine.

— Ah ! Et comment se fait-il que vous ayez accompagné cette députation ?

— Parce que mon général, je suis porteur d'une lettre à votre adresse.

— De quelle part ?

— De la part du général Pélage, mon général.

— Donnez.

Le capitaine présenta un pli cacheté au général. Cette lettre, beaucoup trop longue pour être reproduite en entier, se terminait par ces mots :

« ..... Je le charge, — le capitaine Prud'homme, » — de vous présenter particulièrement mes » devoirs et de vous demander vos ordres ; j'irai les » prendre moi-même à l'endroit qu'il vous plaira

(1) Historique

» de m'indiquer, pour connaître aussi vos in» tentions sur l'heure à laquelle vous voudrez être » reçu.

» Vous nous apportez la paix, général, suite des » triomphes des braves armées de la République. » Honneur au peuple français ! Honneur et gloire » au gouvernement de la République !

» Salut et respect,

» Magloire PÉLAGE, »

— Des mots ! des mots ! des mots ! dit le général Richepance en froissant le papier avec colère, en parodiant, sans y songer, Hamlet, prince de Danemark.

— Mon général, les faits ont appuyé et ils appuieront encore les mots, lorsque besoin sera, répondit le capitaine Prud'homme.

Le général Richepance haussa dédaigneusement les épaules ; pendant deux ou trois minutes, il marcha avec agitation sur le pont ; soudain il s'arrêta devant les députés qui se tenaient calmes, froids, respectueux, en face de lui ; il les regarda un instant avec une fixité étrange, et d'une voix dans laquelle on sentait gronder la tempête :

— Songez-y, dit-il, c'est peut-être à la mort que vous marchez !

— Nous sommes prêts à la recevoir, général, répondit froidement le chef de la députation.

— Eh bien donc, que votre volonté soit faite. Citoyens, vous êtes mes otages !

— Je vous remercie en mon nom et en celui de mes collègues, général, répondit simplement M. Frasans.

— C'est bien, dit le général.

Et, s'adressant à un officier placé près de lui :

— Conduisez ces cinq personnes dans la grande chambre de la frégate, ajouta-t-il ; je veux qu'elles soient traitées avec les plus grands égards.

Les députés saluèrent et suivirent l'officier en traversant la foule, qui s'écarta et se découvrit avec respect sur leur passage.

Ils disparurent dans l'intérieur du bâtiment (1). En ce moment, le général Richepance aperçut le capitaine de Chatenoy.

— Qui êtes-vous ? lui demanda-t-il ; comment se fait-il que je ne vous aie pas vu encore ?

— Général, répondit le capitaine, je suis aide de camp du général Pélage et cousin du citoyen de la Brunerie, parent du général Gobert ; je suis venu apporter à notre parent, le général Gobert, une lettre du citoyen de la Brunerie.

— Ah ! fit le général en pâlissant légèrement.

(1) Toute cette scène de l'entrevue des députés avec le général Richepance est rigoureusement historique. Voir : *Mémoire pour le chef de brigade Magloire Pélage*. Paris, thermidor an XI, et dépêches de Richepance, même ouvrage, nos 109 et 310 (pièces justificatives).

Le capitaine s'inclina.

— Mon cousin, le citoyen capitaine de Châtenoy, que j'ai l'honneur de vous présenter, général, vous a dit l'exacte vérité, fit le général Gobert en s'approchant.

— Je n'ai pas douté de la parole du capitaine, reprit Richepance avec effort.

Et il ajouta, sans songer à ce qu'il disait :

Vous êtes donc parent du citoyen de la Brunerie, mon cher général ?

— J'ai cet honneur, général, répondit Gobert un peu surpris.

— Et vous aussi, à ce qu'il parait, capitaine ?

— Oui, général.

— Ah ! très-bien. Le citoyen de la Brunerie est, m'a-t-on assuré, un des plus riches planteurs de la Guadeloupe ; il jouit d'une grande influence dans l'île.

— En effet, mon général, et cette influence, il en a toujours usé pour servir sa patrie.

— Je le sais, capitaine. Le citoyen de la Brunerie est un patriote pur et dévoué. Vous êtes libre de retourner à terre quand il vous plaira, capitaine. Rapportez au général Pélage ce que vous avez vu ici, et n'oubliez pas de dire au citoyen de la Brunerie, et aux autres créoles notables de l'île, que le général Richepance est animé des meilleures intentions à leur égard ; que son plus vif désir est de rétablir l'ordre dans la colonie, sans effusion de sang.

Les assistants se regardaient avec étonnement ; ils ne comprenaient rien à ce revirement subit, surtout à la façon presque amicale dont le général causait avec l'aide de camp de l'homme envers lequel il s'était montré si sévère un moment auparavant.

— J'ai l'honneur de prendre congé de vous mon général.

— Allez, capitaine, reprit Richepance ; n'oubliez pas une seule de mes paroles ; ajoutez de ma part au général Pélage que je serai heureux de reconnaître que l'on m'a trompé sur son compte.

En prononçant ces mots, le général promena autour de lui un regard qui fit pâlir et se baisser les fronts les plus hautains.

Le capitaine quitta la frégate.

Deux heures plus tard, il débarquait à la Pointe-à Pitre, et, sans y rien changer, il rendait compte au général Pélage de ce qui s'était passé à bord de la frégate *la Pensée*.

— Il n'a rien dit de plus ? demanda celui-ci lorsque le capitaine eut terminé son long récit.

— Non, mon général, rien autre.

Le général Pélage sourit doucement.

— Je m'attendais à tout cela, reprit il. Eh bien, puisque le général Richepance ne veut pas croire à nos protestations, mon cher capitaine, nous lui donnerons les preuves qu'il demande, voilà tout.

Les députés du conseil provisoire avaient abordé la frégate *la Pensée* et étaient montés à son bord, au moment où l'escadre avait le cap sur la terre et se préparait à donner dans les passes.

La brise était faible, bien que favorable, aussi, sur les instances du général en chef, qui avait hâte de descendre à terre, le vice-amiral Bouvet se résolut à exécuter le plan conçu entre eux, aussitôt que les députés eurent été retenus en otages, et réunis dans la grande chambre de la frégate.

Voici quel était ce plan :

Le général Richepance, convaincu, malgré les protestations qui lui avaient été faites, que les habitants opposeraient une vive résistance au débarquement des troupes, avaient résolu de forcer à tout prix l'entrée de la Pointe-à-Pitre avec les frégates, sous les feux croisés de l'*Ilet-à-Cochon* et des forts *Fleur-d'Épée* et *Union*.

Les deux vaisseaux ne pouvant, à cause de leur tirant d'eau, entrer dans le port, reçurent l'ordre de mouiller dans le *Gosier*, de mettre à terre leurs troupes qui, aussitôt débarquées, marcheraient au pas de course sur le fort *Mascotte*, l'enlèveraient, prendraient ainsi le fort *Fleur-d'Épée* à revers et couperaient toute communications avec les redoutes *Baimbridge* et *Stewinson*.

Pendant ce temps, les autre troupes débarquées à la Pointe-Pitre même, après avoir forcé la passe, marcheraient, sans perdre un instant, à la gabare de la rivière Salée et s'empareraient des deux forts de la *Victoire* et *Union*.

Ce plan, très-simple, était d'une exécution sinon facile, mais tout au moins presque certaine avec de bonnes troupes, et celles que Richepance amenait de France avec lui étaient excellentes.

Seulement, il arriva une chose à laquelle le général en chef était fort loin de s'attendre, malgré les assurances réitérées des membres de la députation coloniale et celles du général Magloire Pélage ; cette chose donna à réfléchir au commandant en chef et opéra dans les résolutions qu'il avait prises d'abord un changement complet. Toutes les dispositions d'attaque furent inutiles.

Les frégates franchirent la passe à ranger les batteries, sans que celles-ci les saluassent d'un seul coup de canon ; lorsqu'elles approchèrent des quais et que les troupes effectuèrent leur débarquement, elles virent toute la population pressée sur les quais, les troupes coloniales rangées en bel ordre, et tous accueillirent les soldats, un peu honteux d'une telle réception, après ce qu'on leur avait annoncé, en agitant leurs chapeaux et leurs mouchoirs avec les marques du plus vif enthousiasme, et en criant à tue-tête et à qui mieux mieux :

— Vive la République! vivent nos frères d'Europe !

En même temps que, sur un geste de Pélage, la

musique militaire attaquait vigoureusement la *Marseillaise* dont la foule chantait les paroles héroïques avec des trépignements frénétiques et de véritables hurlements de joie.

Il était impossible de résister à une aussi cordiale réception ; aussi tout fut-il mis sur le compte d'un malentendu, et l'on fraternisa.

Cela ne valait-il pas mieux que d'échanger des boulets et des balles ?

Malheureusement tout n'était pas fini !

L'avenir était gros d'orages !

VI

DANS LEQUEL LES ÉVÉNEMENTS SE COMPLIQUENT

Cependant le débarquement continuait ; mais cette fois la confiance la plus entière avait remplacé la première méfiance ; ce n'étaient plus des ennemis, des étrangers qui arrivaient ; Français d'Europe et Français d'Amérique s'étaient reconnus frères ; ils s'accostaient comme tels sans arrière-pensée mauvaise, toute crainte avait été bannie.

Plus de mille hommes déjà étaient descendus à terre.

Toutes les frégates étaient venues mouiller à portée de voix de la ville.

Le général de brigade Magloire Pélage, le conseil provisoire de la colonie, l'état-major de la garnison de la Pointe-à-Pitre, le chef d'administration suppléant le préfet colonial, le juge de paix, la municipalité ; enfin tous les fonctionnaires publics, cette fourmilière d'employés, qui, surtout aux colonies, est innombrable, pour le plus grand chagrin de la population, se tenaient groupés en arrière, à droite et à gauche de l'homme qui avait rendu tant de services éminents à la Guadeloupe.

Quarante hommes, choisis dans toutes les compagnies de la garnison, et commandés par le capitaine Paul de Chatenoy, attendaient le général en chef pour lui servir de garde d'honneur.

Le général Richepance avait quitté la frégate *la Pensée*, et il était descendu dans un canot qui faisait force de rames vers la terre ; soudain, à la surprise générale, au moment où tout le monde s'attendait au débarquement du chef de l'expédition et se pressait pour le saluer et l'acclamer, le canot vira de bord et regagna avec une vitesse extrême la frégate, à bord de laquelle le général remonta immédiatement.

Une vive inquiétude glaça la joie dans le cœur de tous les habitants ; ils ne comprenaient rien à cette manœuvre extraordinaire, qu'aucun incident ne semblait justifier : ils se demandaient avec anxiété ce qui allait arriver.

Cependant le débarquement des troupes continuait sans interruption ; au fur et à mesure que les officiers supérieurs et autres mettaient le pied sur le quai, le général Pélage, toujours calme et froid en apparence, leur faisait le salut d'usage, sans paraître remarquer que c'était à peine si ces officiers daignaient le lui rendre.

Ils affectaient, avec une hauteur et une morgue insultantes, de se détourner de lui et de le laisser à l'écart ; quelques-uns même de ces officiers allèrent jusqu'à imposer silence à la musique militaire, et à contraindre le faible détachement de quarante hommes dont nous avons parlé plus haut à reculer au delà du dernier rang des soldats européens, qui, dès qu'ils étaient à terre, se massaient et se rangeaient en bataille sur la place, qu'ils faisaient évacuer afin de pouvoir librement manœuvrer.

Certes, les innombrables services que le général Pélage avait rendus à la colonie ne méritaient pas que, sur de vagues soupçons, auxquels d'ailleurs sa conduite présente donnait un si éclatant démenti, on le traitât avec un mépris aussi offensant.

Le brave officier sourit avec amertume ; deux larmes brûlantes jaillirent de ses yeux, mais il ne se démentit pas une seconde ; il resta calme, froid, impassible, bien qu'il eût le cœur navré de douleur ; il supporta ces affronts immérités sans se plaindre, les dévora en silence et demeura ferme et immobile à son poste sur le quai, attendant, sans courber la tête, l'arrivée du général en chef.

Lorsque toutes les troupes furent enfin débarquées, un canot portant le pavillon français à l'avant et à l'arrière, la corne traînant dans la mer, se détacha des flancs de la frégate *la Pensée* ; le général en chef était dans ce canot, en compagnie de plusieurs autres personnes que l'on ne pouvait reconnaître à cause de la distance.

Le général accosta enfin, il mit le pied sur le quai aux acclamations universelles ; Richepance salua à plusieurs reprises, puis, lorsque les personnes qui l'accompagnaient, et qui n'étaient autres que les membres de la députation guadeloupéenne, furent débarquées à leur tour, il se plaça au milieu d'elles et, sans autre escorte, à la surprise générale, il marcha droit à Pélage, qui, de son côté, s'avançait au-devant de lui.

Au même instant, il se fit dans cette foule immense un silence imposant ; chacun attendait avec anxiété ou avec espoir, mais tous avec une inquiétude secrète, ce qui allait résulter de la rencontre de ces deux hommes, sur le compte de l'un desquels tant de cruelles calomnies avaient été répandues, et dont le sort allait, dans quelques secondes, être décidé.

Sans laisser au général Pélage le temps de lui adresser la parole, le général Richepance le salua et il lui tendit la main avec une charmante cordialité, en même temps qu'il lui disait avec l'accent le plus amical :

Mon cher général, j'ai pensé que je ne pouvais mieux faire connaissance avec vous qu'en me présentant sous les auspices des braves citoyens que vous m'avez envoyés ; je me suis peut-être montré un peu rude envers eux et envers vous, mais oublions le passé pour ne songer qu'à l'avenir ; voici ma main, ne craignez pas de la serrer dans la vôtre, nous sommes tous deux de braves et loyaux soldats ; d'un mot nous devons nous comprendre.

— O général ! s'écria Pélage en proie à une émotion que, malgré tous ses efforts sur lui-même, il ne parvint pas à maîtriser, ce moment fortuné me paye de bien des chagrins, efface bien des souffrances ! Que puis-je faire, moi chétif, pour vous prouver combien je suis fier et heureux de ce que vous daignez ainsi publiquement faire pour un pauvre soldat comme moi ?

— Une chose qui vous sera bien facile, mon cher général ; continuez à être ce que vous avez toujours été, répondit Richepance en souriant, c'est-à-dire un vaillant soldat et un patriote sincère.

— Mon général...

— Pas un mot de plus, général ; je vous connais maintenant, et je vous apprécie comme vous méritez de l'être ; et, ajouta-t-il en jetant un regard sardonique sur un groupe d'officiers qui se pressaient curieusement autour de lui, écoutez-moi bien, général Pélage : « Je vous laisse libre » dit-il en soulignant ces mots avec intention, « et la grande confiance que vous avez su m'inspirer, » m'engage en outre à vous prier de me continuer les bons offices que jusqu'à présent vous avez rendus à notre pays ; aidé par vous, je ne doute pas que bientôt je parvienne à rétablir complètement l'ordre dans la colonie.

— Je suis à vous corps et âme, mon général, s'écria Pélage avec effusion.

— Je le sais et je vous en remercie, général. Citoyens, ajouta Richepance, en élevant la voix, l'offense avait été publique, publique devait être la réparation. J'espère, continua-t-il avec sévérité, que personne à l'avenir n'osera suspecter l'honneur de l'homme que je reconnais, moi, devant tous, pour un loyal serviteur et un bon patriote.

Un tonnerre d'applaudissements accueillit ces belles et généreuses paroles si noblement prononcées.

— Pour commencer, mon cher général, veuillez, je vous en prie, faire relever tous les postes des forts Fleur-d'Épée, de l'Union, ainsi que des redoutes Baimbridge et Stewinson.

— A l'instant, mon général, les ordres vont être immédiatement donnés, répondit Pélage avec empressement. Que ferons-nous des troupes coloniales ?

— Vous les ferez sortir de la ville et masser sous la redoute de Stewinson ; je me propose de les passer ce soir en revue.

— Ce qui ne peut que produire un excellent effet sur le moral des soldats, mon général.

Allons, allons, dit Richepance en riant, je crois que tout cela finira bien.

— Ne vous fiez pas trop aux apparences, mon général, lui fit observer Pélage en baissant la voix ; je connais le terrain, il est brûlant ; je crois au contraire, que nous aurons fort à faire.

— Ah ! ah ! fit Richepance sur le même ton.

— Les nègres sont contre nous.

— Hum ! cela ne m'étonne pas ; ils se croyaient libres, les pauvres diables, et je suis malheureusement chargé de leur prouver le contraire et de les obliger à rentrer dans les ateliers de leurs maîtres ; mais il ne savent rien encore, je suppose ?

— Détrompez-vous, général, ils savent tout au contraire.

— Qui peut les avoir instruits? fit Richepance en fronçant le sourcil.

— Il ne m'appartient pas de dénoncer sans certitude les hommes que je soupçonne, répondit Pélage avec une froideur subite ; mais soyez tranquille, mon général, leurs actions vous les dénonceront bientôt.

— Qu'ils y prennent garde, murmura Richepance d'un air de menace ; s'ils me contraignent à tirer le sabre du fourreau, je serai implacable.

— Et vous aurez raison, mon général, car ces hommes ont, depuis dix ans, tout bouleversé dans la colonie et l'ont conduite à deux pas de sa ruine.

En effet, mieux que tout autre, mon cher général, vous devez savoir à quoi vous en tenir à ce sujet.

— Oui, mon général, répondit Pélage avec ressentiment ; j'ai fait la triste expérience par moi-même de ce dont la haine peut rendre capables les natures perverses.

— Savez-vous quelque chose ?

— Rien absolument de positif, mon général, mais j'ai des soupçons graves, et s'il m'était permis...

— Allons ! mon cher général, pas de réticences avec moi ; je vous le répète, je veux que nous marchions de concert ; j'ajouterai même que, jusqu'à un certain point, je me laisserai diriger par les conseils de votre expérience.

— Je vous remercie sincèrement, mon général, je vous prouverai avant peu, croyez-le, que vous n'avez pas mal placé votre confiance.

— Je le sais bien, je n'ai eu besoin que de vous voir pour savoir tout de suite à quoi m'en tenir sur votre compte ; des physionomies comme la vôtre, mon cher général, ne sauraient mentir. Vous disiez donc?

Le général Richepance avait trente-deux ans à peine (page 35).

— Je disais, mon général, que je crois qu'il serait important que vous vous rendiez le plus tôt possible à la Basse-Terre, ou si je le ne disais pas, je le pensais, ce qui revient au même.

— C'est mon intention.

— Entendons-nous bien, mon général, je dis, moi, tout de suite, sans perdre un instant.

— Ah! ah! C'est donc là où est le danger?

— Le plus grand, le plus terrible danger, mon général.

C'est bien. Merci de votre conseil, général; aussitôt que nous aurons remis un peu d'ordre ici, je partirai pour la Basse-Terre. Brisons là quant à présent, trop d'oreilles sont ouvertes autour de nous; bientôt nous reprendrons cet entretien dans un lieu plus convenable.

— C'est juste, mon général; une collation vous est offerte par les principaux planteurs et créoles de la ville, à la préfecture coloniale, daignerez-vous l'accepter?

— Avec le plus grand plaisir, mon cher général; d'ailleurs je vous avoue que je ne serais pas fâché de voir les principaux planteurs de l'île et de m'entretenir un peu avec eux.

— Ils vous attendent tous avec une vive impatience, mon général.

— S'il en est ainsi, ne nous faisons pas désirer plus longtemps, et ne les laissons pas se morfondre davantage.

Et se tournant vers les quarante hommes de troupes coloniales que le général Pélage avait réunis et qui se tenaient tristes et humiliés derrière les soldats:

— Venez près de moi, citoyens, leur dit Richepance avec bonté, je ne veux pas aujourd'hui d'autre escorte que la vôtre.

— Oh! général, murmura Pélage attendri par ce dernier trait, vous avez toutes les délicatesses.

Les soldats coloniaux commandés par le capitaine de Chatenoy, vinrent alors se former fièrement auprès du général en chef, aux joyeuses acclamations de la foule.

— Maintenant, général, dit Richepance, nous nous mettrons en route quand vous voudrez.

Le général Pélage, fier cette fois de l'éclatante justice qui lui était rendue si noblement, leva son sabre : la musique recommença à jouer, et le cortége se mit en marche vers la préfecture coloniale, au milieu des cris de joie des habitants, aux sons de la musique, et passa devant le front de bandière des troupes européennes qui présentaient les armes.

Les principaux planteurs de la Grande-Terre et quelques-uns de ceux de l'autre côté de la rivière Salée, accourus en hâte à la Pointe-à-Pitre, dès qu'ils avaient appris l'arrivée de l'escadre, se tenaient sur les larges marches du perron donnant accès à la préfecture; en apercevant le général, l'un d'eux, choisi sans doute par les autres notables, fit quelques pas à sa rencontre, et le salua en lui disant :

— Soyez le bienvenu, général, vous qui venez au nom de notre mère commune, la France, pour ramener la paix et le calme dans notre colonie.

— Citoyens, répondit Richepance avec cette cordialité sympathique qui était le côté saillant de son caractère loyal, le premier consul, en m'envoyant vers vous, m'a surtout recommandé de vous assurer du vif intérêt qu'il éprouve pour tout ce qui vous touche, et de son désir de voir la prospérité renaître au plus tôt dans votre beau pays; je suis fier d'avoir été choisi pour accomplir cette glorieuse mission, avec votre concours et celui de tous les bons citoyens, j'ai la conviction que ma tâche sera facile.

Le général et son cortége pénétrèrent alors dans l'intérieur de la préfecture; les présentations officielles commencèrent aussitôt.

Là étaient réunis les plus glorieux et les plus nobles noms de France; toutes nos grandes et vieilles familles ont des représentants en Amérique.

Richepance trouvait un mot gracieux, un sourire aimable pour chacun; cependant, parfois, il semblait préoccupé, presque inquiet; son regard inquisiteur fouillait la foule de dames, de jeunes filles et d'hommes pressés autour de lui, comme s'il eût cherché quelqu'un qu'il ne parvenait pas à découvrir.

Les présentations étaient presque terminées, les portes de la salle à manger, où la collation était préparée, venaient de s'ouvrir à deux battants, et le général se préparait, à regret peut-être, à aller prendre à la table éblouissante de la plus splendide argenterie, et qui offrait un coup d'œil réellement féerique, la place d'honneur qui lui était réservée, lorsque le général Gobert, arrivé depuis un moment à la préfecture, lui toucha légèrement le bras.

Le général Richepance se retourna vivement.

— Ah! c'est vous, mon cher Gobert, lui dit-il avec indifférence. Quelles nouvelles?

— Excellentes, général; mais, avant tout, permettez-moi de vous présenter mon parent, le citoyen...

— De la Brunerie! s'écria le général avec empressement.

— Moi-même, général, répondit M. de la Brunerie en saluant.

— Citoyen, reprit Richepance en lui tendant la main, je remercie mon collègue et ami Gobert de nous avoir présentés l'un à l'autre, j'éprouvais un grand désir de vous connaître.

— Vous me rendez confus, général; je ne sais à quoi attribuer tant de bienveillance, dit le planteur.

Et, s'écartant un peu, il démasqua sa fille, dont il prit la main :

— La citoyenne Renée de la Brunerie, ma fille, dit-il.

La jeune fille s'inclina, confuse et rougissante devant le général qui, mis ainsi à l'improviste en présence de celle qu'il aimait, ne savait plus lui-même quelle contenance tenir, et craignait, par son embarras, de trahir son secret aux yeux de tous.

Mais Richepance était une de ces natures exceptionnelles que les événements extraordinaires les plus imprévus ne parviennent pas longtemps à abattre; son parti fut pris en une seconde, franchement, loyalement, selon sa coutume.

— Mademoiselle, dit-il en lui faisant un respectueux salut, je me félicite de cette heureuse rencontre, sur laquelle j'étais loin de compter.

— Rencontre! s'écrièrent à la fois au comble de la surprise M. de la Brunerie et le général Gobert.

— Lorsqu'on a eu le bonheur de voir une seule fois mademoiselle de la Brunerie, dit Richepance avec une exquise bonhomie, on conserve d'elle un impérissable souvenir. J'ai eu l'honneur de me trouver trois fois en visite chez madame de Brévannes, parente de mademoiselle de la Brunerie, lorsque mademoiselle s'y trouvait elle-même.

— Oui, en effet... je crois, général, répondit faiblement la jeune fille, de plus en plus émue.

— Allons! général, dit M. de la Brunerie, puisque ma fille et vous, vous vous êtes déjà rencontrés en France dans une maison amie, nous ne sommes plus étrangers l'un pour l'autre, foin de l'étiquette entre vieilles connaissances, je dirai bientôt, je l'espère, entre deux amis. Voici ma main, général.

— Et voici la mienne, citoyen, répondit Richepance avec entraînement. Sur mon âme, cher monsieur, vous me rendez bien heureux en me parlant ainsi.

— Voyez, dit en riant le planteur, voyez la petite dissimulée! elle vous connaissait depuis longtemps, général, et elle m'en avait rien dit. Fi! que c'est laid, mademoiselle, d'avoir, des secrets pour son père!

— Mais je vous jure, mon père... répondit Renée, qui ne savait plus quelle contenance tenir.

Richepance, plus maître de son émotion, qu'il était parvenu à maîtriser, vint aussitôt au secours de la jeune fille.

— Peut-être, interrompit-il en souriant, mais avec une intention marquée, ces souvenirs, si précieusement conservés dans ma mémoire, sont-ils, à cause de leur peu d'importance, sortis depuis longtemps de celle de mademoiselle.

— Oh! vous ne le croyez pas, général, répondit Renée d'un ton de doux reproche.

— Me permettez-vous, mademoiselle, de vous offrir la main pour passer dans la salle où la collation nous attend?

La jeune fille sourit d'un air mutin, car l'enfant rieuse et naïve avait subitement reparu.

— Je vous le permets, oui, général, dit-elle avec un accent légèrement railleur et en lui tendant sa main mignonne coquettement gantée.

Ce manège de jeune fille décontenança complètement le fier soldat; il comprit alors combien ses dernières paroles avaient été maladroitement placées après la réponse que mademoiselle de la Brunerie lui avait faite; il se mordit les lèvres, mais il accepta la leçon, sans laisser échapper d'autre signe de révolte contre la séduisante sirène dont il se reconnaissait l'humble esclave.

On passa dans la salle à manger.

Le général Richepance avait à sa droite mademoiselle de la Brunerie, à sa gauche le préfet colonial par intérim, le général Pélage en face de lui, un des bouts de la table était occupé par le général Gobert, l'autre par M. de la Brunerie; les autres convives, au nombre de quatre-vingts, avaient aussi leurs places désignées.

Tandis que le général Richepance était occupé aux présentations dans le salon de la préfecture, le général Pélage avait donné à ses deux aides de camp, les capitaines Prud'homme et de Chatenoy, des instructions détaillées pour que tous les postes occupés par les troupes coloniales fussent relevés immédiatement par des détachements européens, et les troupes coloniales dirigées sur la redoute de Stewinson, où elles demeureraient massées en at-

tendant les ordres ultérieurs du commandant en chef.

Les deux capitaines étaient immédiatement sortis pour s'acquitter de la mission qu'ils avaient reçue et surveiller l'exécution des ordres qu'ils étaient chargés de transmettre aux chefs de corps.

La collation se prolongea assez tard; il était environ cinq heures du soir lorsque les convives se levèrent de table et passèrent au salon de réception.

Richepance était le plus heureux des hommes: pendant plusieurs heures il s'était trouvé assis auprès de celle qu'il aimait; il avait pu échanger quelques mots furtifs avec elle, entendre la douce mélodie de sa voix; il aurait voulu que cette bienheureuse collation ne se terminât jamais; il maudit sincèrement au fond de l'âme le fâcheux qui proposa la première *santé*; on ne disait pas encore *toast* à cette époque; on préférait tout simplement parler notre belle et riche langue française à aller chercher des mots barbares chez les Anglais, pour exprimer des idées beaucoup plus clairement rendues dans notre langue.

Les santés furent nombreuses; elles se succédèrent rapidement les unes aux autres; les créoles sont loin d'être ivrognes comme les Anglais ou les Américains du Nord, leurs voisins; ils sont généralement sobres.

On but d'abord à la République française une et indivisible, ce qui était tout naturel, puis au premier consul Bonaparte; on but ensuite au général Richepance, à l'armée, à la marine, et vingt autres santés pareilles, dont l'animation et l'enthousiasme des convives justifiaient seuls l'opportunité; mais qui toutes furent accueillies avec des applaudissements frénétiques.

Le général fut contraint, en sa qualité de président de la table, de répondre à toutes par quelques paroles dont les plus simples excitaient un véritable ouragan de bravos et de vivats.

Bien que fort contrarié de voir le temps s'écouler aussi rapidement, ce fut cependant avec un soulagement véritable que, lorsque le moment fut enfin venu de se lever de table, le général offrit sa main à mademoiselle de la Brunerie pour passer au salon.

Plusieurs groupes se formèrent; les plus jeunes des convives entourèrent les dames, tandis que les hommes sérieux se pressèrent autour du général en chef et entamèrent avec lui les hautes questions de la politique qu'il convenait de suivre pendant la crise que traversait la colonie en ce moment.

Richepance jeta un regard désespéré du côté où se tenait Renée de la Brunerie: la malicieuse jeune fille qui avait commencé par rire derrière son éventail de la mésaventure de son admirateur, se sentit émue malgré elle et elle résolut, avec la cranerie mutine de son caractère, de venir en aide au malheureux général déconfit et aux abois.

En quelques minutes, une conspiration fut ourdie par la partie féminine de l'assemblée; il y eut une protestation générale des dames; et bien à contre-cœur, pour les hommes sérieux, cette peste de toutes les réunions, où l'on veut s'amuser, la politique fut proscrite à l'unanimité; quelques jeunes gens firent entrer la musique militaire, qui, pendant tout le temps que la collation avait duré, n'avait cessé de jouer des airs variés, et bon gré, mal gré, les danses s'organisèrent, timidement d'abord mais l'élan était donné et bientôt tous les convives se laissèrent entraîner à prendre part à ce divertissement si cher aux créoles.

Sans que l'on sût comment cela s'était fait, en moins d'un quart d'heure, l'immense galerie et l'interminable salon furent encombrés de femmes, de soie, de dentelles et de fleurs.

La danse est une véritable maladie pour les créoles, et cela à ce point qu'il y a aux colonies un proverbe qui prétend qu'on soulèverait les blancs avec un violon, et les noirs avec un tambour.

Lorsqu'une dame créole a passé une nuit au bal elle n'a pas sur elle, en tous ses vêtements, un fil de soie ou de lin qui ne soit froissé, tordu, brisé, et qui puisse servir à quelque chose; dix sur douze n'ont plus de souliers et sortent pieds nus de la salle; en un mot c'est une passion qui va jusqu'au délire, à la frénésie, à la folie.

Mais, qu'on ne s'y trompe pas, cette passion pour la danse n'influe en rien sur les mœurs; ces nobles et belles femmes savent toujours rester dignes d'elles-mêmes; ce sont des enfants joyeuses, insouciantes, dansant pour se divertir, sans arrière-pensée, et ne voyant rien en dehors du tourbillon de la danse de contraire à l'admiration et au respect que toujours elles inspirent, même à leurs plus fervents adorateurs.

Le lendemain du bal, nulle ne s'en souvient, ni ne le regrette; autant on les a vues gaies, rieuses, autant elles se montrent douces, modestes, vouées au ménage, donnant leur cœur à l'honnêteté, leurs mains au travail, leur affection au père et au mari, leur affabilité aux serviteurs, leurs grâces et leur angélique sourire à tous.

Mais cette fois, ce n'était pas d'un bal qu'il s'agissait; on avait improvisé la danse pour une ou deux heures, afin de chasser de cette joyeuse réunion l'odieuse politique qui menaçait de l'assombrir en l'envahissant.

Richepance était jeune, il aimait et il était aimé; un avenir rayonnant de gloire et de bonheur s'ouvrait devant lui, la vie, surtout en ce moment, lui apparaissait sous les plus riantes couleurs; il abandonna joyeusement une question de politique transcendante très-ardue, à peine entamée, et il se jeta à corps perdu au milieu des danseurs, en laissant ses sérieux interlocuteurs tout ébouriffés.

Si ce mouvement irréfléchi lui fit perdre quelque chose dans l'esprit des vieux planteurs et des hommes sérieux de la réunion, en revanche il lui conquit à l'instant le cœur de toutes les dames et de toutes les jeunes filles et il devint leur ami et leur allié; ce qui fut peut-être la seule mesure d'une politique réellement heureuse qui fut prise pendant le cours de cette journée mémorable, et cela sans que le général y songeât le moins du monde.

Dans les colonies, les femmes exercent un irrésistible empire non-seulement sur leurs maris, mais encore sur tout ce qui les entoure; les mettre de son côté, c'était donc presque avoir gagné la partie.

Après avoir dansé deux fois avec Renée de la Brunerie, le général reconduisit la jeune fille auprès de son père; alors une conversation tout amicale, presque intime, s'engagea entre ces trois personnes.

On parla de la France, de Paris, de madame de Brévannes et de mille autres choses encore.

M. de la Brunerie remarqua avec étonnement que sa fille, invitée à plusieurs reprises à danser, refusa constamment de quitter sa place, prétextant soit une grande fatigue, soit un violent mal de tête, pour ne pas abandonner une conversation qui semblait l'intéresser vivement.

Le marquis, loin de témoigner sa surprise, sourit au contraire d'un air de bonhomie à chaque prétexte plus ou moins plausible, donné par sa fille aux danseurs désappointés.

Disons-le tout de suite, M. de la Brunerie s'était subitement senti entraîné vers le général Richepance, dont la franchise, l'air martial et surtout la rondeur loyale lui avaient plu au premier abord; il ne voyait pas avec déplaisir l'intérêt que sa fille paraissait éprouver pour le général, pour lequel, il avait, lui, une sympathie réelle.

Le planteur fit promettre à Richepance de venir passer quelques jours à la Brunerie, aussitôt que ses graves occupations lui laisseraient un instant de loisir, et de ne pas avoir à la Basse-Terre d'autre maison que la sienne.

Le général accepta avec empressement ces offres hospitalières, et la conversation continua ainsi, sur le ton de la plus parfaite cordialité. Elle se serait prolongée très-longtemps encore, si un des aides de camp du général n'était venu l'interrompre en annonçant à son chef que le général Pélage désirait lui faire une communication importante.

Richepance prit congé, avec un soupir de regret, de la jeune fille et de son père, puis il suivit l'aide de camp.

Le général Pélage attendait à cheval, avec une nombreuse escorte et un brillant état-major, le général en chef, sur la place devant la préfecture.

Le général se souvint seulement alors qu'il avait décidé qu'il passerait, à sept heures du soir, les troupes coloniales en revue; il était sept heures moins le quart, il n'y avait pas un instant à perdre; il se mit en selle et on partit.

— Qu'y a-t-il de nouveau, général? demanda Richepance au chef de brigade.

— Peu de choses, mon général; tout s'est à peu près bien passé, et les changements de corps opérés sans résistance excepté toutefois au fort de la Victoire.

— Ah! ah! Est-ce qu'il y aurait eu là une tentative de révolte?

— Mieux que cela, général, une revolte véritable.

— Voyons! que m'apprenez-vous là, mon cher général?

— La vérité, général; mais comme je connaissais de longue date l'homme qui commandait le fort de la Victoire, mes précautions étaient prises en conséquence.

— Très-bien. Quel est cet individu?

— Un mulâtre nommé Ignace, chef des nègres marrons de la Pointe-Noire, auquel j'ai donné le grade de capitaine.

— Comment, général, vous avez commis l'imprudence?...

— Permettez-moi, général, interrompit Pélage avec un sourire d'une expression singulière, Ignace n'est pas le seul, il y en a d'autres encore auxquels j'ai été contraint de jeter aussi un os à ronger; j'étais loin d'être le plus fort, il me fallait être le plus rusé; depuis six ans, je n'ai réussi à maintenir à peu près l'ordre dans la colonie qu'en employant les plus redoutables agents de désordre.

— Savez-vous que c'est tout simplement très-fort ce que vous me dites là, mon cher général? s'écria Richepance avec surprise.

— Je l'ignore; je sais seulement que c'est l'exacte vérité, mon général. Donc, Ignace refusa péremptoirement de rendre le fort de la Victoire; mais mon aide de camp, le capitaine de Chatenoy, commandait le détachement européen; il fit battre la charge, croiser la baïonnette et marcher en avant; Ignace comprit que toute résistance était inutile, et, tandis que nos troupes entraient dans le fort par une porte, il sortait avec sa garnison par une autre et s'enfonçait dans les mornes. Voilà tout; le fait est assez grave.

— De combien était cette garnison?

— Une centaine d'hommes.

— De couleur?

— Tous nègres.

On atteignit en ce moment la plaine de Stewinson; les bataillons noirs étaient massés en bon ordre; ils avaient la tournure militaire et se tenaient bien sous les armes.

Le général commença aussitôt la revue.

Après avoir chaleureusement félicité les soldats sur leur bonne tenue, leur patriotisme et leur avoir dit qu'il voulait les voir auprès de lui, le général en chef leur annonça que le lendemain il comptait partir pour la Basse-Terre; qu'il les avait choisis pour l'accompagner et qu'ils allaient s'embarquer à l'instant dans les canots qui les attendaient au rivage pour les conduire à bord de l'escadre, où ils pourraient se reposer en attendant l'heure du départ.

Cette nouvelle ne parut pas être fort agréable aux soldats, cependant ils ne manifestèrent pas autrement leur mauvaise humeur que par un silence obstiné.

L'embarquement commença aussitôt; malheureusement, la nuit était venue; la moitié au moins des noirs en profita pour prendre la fuite et déserter avec armes et bagages, ce dont Richepance se montra très-mortifié.

— Tant mieux! lui dit Pélage à voix basse; plus tôt nos ennemis se démasqueront, plus tôt nous en aurons fini avec eux.

— Vous avez, pardieu raison, mon cher général! répondit Richepance; mais je vous jure que le châtiment sera sévère.

En ce moment, un aide de camp du général en chef lui annonça qu'un homme, disant arriver à l'instant de la Basse-Terre, demandait à lui faire des révélations importantes.

Le général ordonna qu'il fût immédiatement amené en sa présence.

Cet homme était l'Œil Gris.

VII

DE QUELLE FAÇON LE COMMANDANT DELGRÈS ENTENDAIT LE DEVOIR

Nous retournerons maintenant au commandant Delgrès que, dans un précédent chapitre, nous avons laissé, après le départ des membres du conseil provisoire de la colonie, fort mécontent en apparence des nouvelles qui lui avaient été données par le général Pélage.

Après être rentré dans l'appartement qu'il occupait dans la maison de ville, trop agité sans doute pour se livrer au repos, le commandant Delgrès avait jeté un manteau sur ses épaules, et, malgré l'heure avancée de la nuit, il était sorti seul à travers les rues de la Basse-Terre, qu'il parcourait d'un pas nerveux et en apparence sans but déterminé.

Mais il n'en était pas ainsi; l'officier mulâtre savait très-bien, au contraire, où il allait.

Après avoir traversé le cours *Nolicos*, planté de hauts tamarins dont l'épais feuillage répandait une obscurité telle qu'à deux pas il était matériellement impossible de distinguer le moindre objet, le commandant, soigneusement enveloppé dans les plis de son manteau et son chapeau enfoncé sur les yeux, double précaution prise dans le but évident de ne pas être reconnu par les quelques rôdeurs de nuit que le hasard lui ferait rencontrer, tourna l'angle d'une rue étroite et sombre dans laquelle il s'engagea résolûment, marchant d'un pas rapide, en homme pressé ou qui, peut-être secrètement contrarié de la résolution qu'il a prise, se hâte afin d'en avoir plus tôt fini avec une chose qui lui déplait, d'autant plus, qu'il en a calculé et en connait tous les ennuis.

Soudain il s'arrêta, pencha le corps en avant, prêta attentivement l'oreille et essaya de sonder les ténèbres de son regard perçant.

Quels que soient l'éducation qu'ils aient reçue, le degré de civilisation qu'ils aient atteint, il reste toujours du sauvage dans le sang des hommes de couleur, l'instinct du fauve persiste chez eux quand même; leurs sens sont continuellement tenus en éveil par une inquiétude farouche, dont il leur est impossible de se défaire.

Le commandant Delgrès avait cru entendre derrière lui un bruit de pas se reglant sur le sien.

Mais ce fut en vain qu'il écouta, qu'il regarda dans toutes les directions; il ne vit, il n'entendit rien.

Il crut s'être trompé et reprit sa marche.

Aussitôt une ombre sembla se détacher de la muraille et se glissa silencieuse derrière lui.

Delgrès ne s'était pas trompé, il était suivi.

A peu près vers le milieu de la rue, le commandant s'arrêta devant une maison en bois de misérable apparence; mais, au lieu de frapper à la porte, il s'approcha d'un volet à travers les fentes duquel filtrait, comme une barre d'or, une ligne lumineuse, et après une courte hésitation, il frappa doucement contre ce volet, trois coups distancés à la manière maçonnique.

Presque aussitôt un léger bruit se fit entendre dans l'intérieur de la maison, deux grincements semblables à celui d'une scie en travail résonnèrent sur le volet même.

Le commandant frappa de nouveau, mais cinq coups cette fois, trois précipités et deux espacés; puis il alla se placer tout contre la porte, presque à la toucher.

Au même instant cette porte tourna silencieuse-

ment sur elle-même et s'entr'ouvrit tout juste assez pour livrer passage à un homme; le commandant entra et la porte se referma aussitôt sur lui, sans produire le moindre bruit.

A peine Delgrès eut-il disparu dans la maison, que l'ombre qui l'avait si obstinément suivi jusquelà s'approcha, non de la maison, mais du mur attenant à elle, mur élevé de huit pieds à peu près, s'accrocha d'un bord au faîte, s'enleva à la force des poignets, franchit la muraille, se trouva dans une cour étroite, suivit à tâtons le mur de la maison, se glissa par le trou d'une haie, avec l'élasticité d'un serpent, et avec la légèreté et l'adresse d'un singe, grimpa après le tronc d'un énorme tulipier poussant en liberté à trois pas à peine de la maison et se blottit si bien dans le feuillage qu'il aurait été impossible de l'apercevoir, même s'il eût fait jour.

Dès qu'il fut commodément installé dans sa cachette, cet homme, l'ombre en réalité n'était pas autre chose, se frotta joyeusement les mains l'une contre l'autre et murmura à part lui d'un ton railleur:

— Je suis merveilleusement placé, pour voir et pour entendre, pas un mot de leur conversation ne m'échappera. Il faut avouer que j'ai eu là une bien triomphante idée. Ce que c'est pourtant que d'aimer la promenade la nuit! On apprend toujours quelque chose.

En effet, de la manière dont notre homme était placé, il se trouvait complétement en face d'une large fenêtre dont, en étendant un peu le bras, il lui aurait été facile de toucher le store transparent.

Tout à coup, il vit une lueur assez forte filtrer à travers les ais mal joints de la porte de la chambre à laquelle cette fenêtre appartenait.

— Il était temps, murmura-t-il; écoutons. Ce que ces deux hommes ont à se dire ainsi en secret doit être très-intéressant à entendre, et surtout profitable, ajouta avec ironie l'inconnu qui paraissait grandement affectionner le monologue.

Dès que la porte avait été refermée sur lui, le commandant Delgrès s'était trouvé dans un étroit corridor, en face d'un individu immobile comme une statue et tenant une lanterne de la main gauche et un pistolet de la main droite.

Cet homme, haut de plus de six pieds, était d'une maigreur excessive; il avait un front étroit et fuyant, couvert d'une forêt de cheveux blonds et frisés, des yeux d'oiseau de proie, ronds et clignotants, dont les paupières sans cils étaient bordées de rouge, un nez long, recourbé en bec de perroquet, tombant sur une bouche aux lèvres minces et rentrées, largement fendue et garnie de dents blanches, espacées et pointues comme celle d'une hyène, le tout terminé par un menton carré, séparé en deux par une profonde fossette; cette tête hétéroclite était emmanchée, tant bien que mal, sur un cou d'une longueur extraordinaire et d'une maigreur phénoménale.

Cet être singulier avait une physionomie railleuse et narquoise à laquelle son teint blafard, ressemblant à une carafe de limonade, et sa barbe rasée de très-près, imprimaient un cachet de cruauté ironiquement implacable qui faisait peine à voir, s'il est permis d'employer cette expression.

D'ailleurs, cet étrange personnage était vêtu comme tout le monde et même avec une correction cérémonieuse, singulière à une heure aussi avancée de la nuit.

— *Tous*, dit cet homme d'une voix sourde en dirigeant froidement son pistolet sur la poitrine de son visiteur.

— *Saint*, répondit aussitôt Delgrès.

— *L'ou*, reprit le premier interlocuteur.

— *Ver*, fit le commandant.

— *T...*, dit l'autre.

— *Re*, acheva Delgrès.

— Il y eut une pose pendant laquelle les deux hommes échangèrent de loin, — ils se tenaient à trois pas l'un de l'autre, — des gestes maçonniques, puis le maître de la maison reprit, toujours de sa même voix sourde et comme s'il récitait une leçon apprise à l'avance :

— *Li*.

— *Ber*, dit aussitôt Delgrès.

— *Té*, fit l'autre.

— *Ou*, reprit le mulâtre.

— *La*, continua le géant.

— *Mort*, répondit le commandant en portant l'index et le médium de sa main droite à sa tempe gauche.

Ces doubles mots de passe, qui signifiaient tout simplement : « Toussaint Louverture, liberté ou la mort », échangés entre les deux hommes, l'interrogatoire était probablement terminé, car l'inconnu désarma son pistolet et le remit, sans plus de façons, dans sa poche.

— Je vous attendais, monsieur, dit-il en s'inclinant devant son visiteur avec une courtoisie hautaine.

— Je le sais, monsieur, répondit le commandant Delgrès, en saluant à son tour d'une façon non moins hautaine.

— Vous vous êtes fait bien désirer.

— C'est vrai, monsieur, mais il m'était impossible de venir plus tôt.

— Veuillez me suivre, je vous en prie, monsieur.

Après avoir fait quelques pas, ils se trouvèrent devant la porte de la pièce au volet de laquelle le commandant avait frappé.

L'inconnu pénétra dans la pièce, éteignit sa lanterne et ressortit un candélabre à la main.

— Allons, reprit l'étranger.

— Allons, répéta philosophiquement le commandant.

Ils firent encore sept ou huit pas, et un escalier d'une douzaine de marches s'offrit à leurs regards: ils montèrent jusqu'à un étroit palier sur lequel ouvrait une porte dont l'inconnu tourna le bouton.

— Entrez, monsieur, dit-il, nous sommes ici sur le derrière de la maison, nous pourrons causer à notre aise de nos affaires dans cette chambre, sans redouter que nos paroles soient entendues du dehors. Veuillez vous asseoir, ajouta-t-il en approchant un fauteuil à disque d'un guéridon placé devant la fenêtre et sur lequel il posa le candélabre; voici des cigares, du rhum, du tafia et même de l'eau-de-vie de France, rien ne nous manquera.

Delgrès jeta son manteau sur un meuble et s'étendit dans le fauteuil.

L'inconnu alla soigneusement fermer la porte devant laquelle il fit tomber une épaisse portière; puis il revint lentement s'asseoir en face de son visiteur.

— Maintenant, causons, dit-il.

— A vos ordres, monsieur, répondit le commandant Delgrès en allumant un cigare, je suis venu pour causer avec vous.

— Il paraît qu'il y a du nouveau depuis quelques heures? reprit l'inconnu.

— Comment le pouvez-vous savoir, monsieur ? s'écria Delgrès avec surprise.

— Oh ! bien facilement. D'abord, j'ai conféré avec certain nègre de ma connaissance; puis j'ai reçu ce matin des dépêches de sir Andrew Cochrane Johnston.

— Allons donc! vous plaisantez, sir William's Crockhill ! Depuis plus de quinze jours pas un navire, pas même une chaloupe n'est venue de la Dominique à la Basse-Terre.

— Bah! qu'est-il besoin de bâtiments lorsque nous avons les îles des Saintes si près de nous! répondit en ricanant sir William's Crockill.

— Je ne vous comprends pas, monsieur.

— C'est cependant limpide, mon cher commandant. L'Angleterre s'est emparée des îles des Saintes, dont elle est maîtresse depuis 1794, n'est-ce pas?

— C'est vrai, monsieur, mais je vous avoue que je ne vois pas...

— Pardon, mon cher commandant, c'est que vous ne vous donnez pas la peine de réfléchir.

— Il me semble cependant...

— Il y a trois jours, notez bien la date, je vous prie, mon cher commandant, interrompit sir William's avec un nouveau ricanement, je suis allé me promener après mon dîner à la pointe du vieux fort; j'adore la promenade, c'est un plaisir salutaire et peu coûteux; j'admirais le groupe charmant des Saintes, qui commençait à se noyer dans les premières ombres de la nuit, lorsque, jugez de ma surprise, j'aperçus tout à coup briller dans l'obscurité la lueur éclatante d'un immense foyer, sur la pointe extrême de l'îlot nommé la *Terre d'en Haut*. Je crus d'abord m'être trompé ; je regardai plus attentivement, j'avais bien vu ; c'était en effet un brasier. Cette lueur signifiait pour moi : plusieurs navires en vue, on suppose que c'est l'escadre française. A mon départ de la Dominique, j'étais convenu de cette façon de communiquer avec sir Andrew ; c'est fort ingénieux, qu'en pensez-vous ?

— Comment, depuis trois jours vous connaissiez cette nouvelle et vous ne m'avez pas averti ?

— Permettez, mon cher commandant, ce n'est que ce matin que j'ai acquis une certitude ; et puis, entre nous, soyons francs, êtes-vous venu ? Etait-ce à moi à me déranger pour aller vous trouver ?

— C'est vrai, je conviens que j'ai eu tort, monsieur, murmura Delgrès ; mais tout peut encore se réparer, je l'espère ?

Et il fixa un regard ardent sur l'Anglais, toujours froid et railleur.

— Peut-être, mon cher commandant ; il s'agit d'abord de savoir ce que vous avez l'intention de faire ?

— Avant de vous répondre, j'ai besoin de connaître les intentions du général en chef.

— Ses intentions ?... Eh ! mais, il n'en fait pas mystère, il me semble ! reprit l'agent anglais.

— Quelles sont-elles donc, monsieur, je vous prie ? car je les ignore, moi, je vous l'affirme.

— Soit, mon cher commandant. Eh bien, les voici : Le commandant Lacrosse a quitté la Dominique sur la frégate *la Pensée*, il a rejoint l'escadre française ; le général en chef s'est immédiatement rendu à bord de la frégate ; l'ex-capitaine général et le chef de l'expédition se sont entendus en deux mots ; ont pris leurs mesures en commun ; et, pour tout vous dire, demain ils débarqueront ensemble à la Pointe-à-Pitre, à moins que déjà ce ne soit fait.

— Non, ce n'est pas fait encore.

— Alors, mon cher commandant, ce sera pour demain ou pour après-demain, au plus tard. *By God!* un jour de plus ou de moins ne fait rien à l'affaire ; le général en chef rétablira le capitaine général Lacrosse dans ses fonctions, et tout sera dit ; vous savez probablement, sans qu'il me soit nécessaire de vous l'apprendre, quelles seront les suites de cette ingénieuse combinaison, pour certaines personnes de votre connaissance ?

— Mais qui m'assure, sir William's Crockhill, que tout ce vous que me dites est vrai ?

— Rien que ma parole de gentleman, mon cher commandant, j'en conviens, quant à présent du moins ; mais attendez le débarquement des troupes

françaises ; la première proclamation que lancera le général, et le titre qu'il prendra vous instruiront suffisamment.

— Si ce misérable Lacrosse revient au pouvoir, je suis perdu, murmura Delgrès, comme s'il se parlait à lui-même.

— Je crains en effet qu'il n'en soit ainsi, répondit froidement sir William's Crockhill.

— C'est une horrible trahison !

— Toutes les trahisons sont horribles, pour ceux qui n'en profitent pas, reprit l'Anglais d'un ton de sarcasme ; pour ceux qui en profitent, c'est tout le contraire, elles changent alors de nom et s'appellent des traits d'héroïsme patriotique. Chaque chose dans cette vie a son endroit et son envers ; la grande chance, mon cher commandant, consiste à savoir toujours prendre l'endroit ; la plupart de nos plus profonds diplomates, s'il n'étaient que de simples particuliers, iraient pourrir dans nos bagnes comme d'affreux malfaiteurs, et cela pour des actions qu'on admire à cause de la haute position qu'ils occupent. Toutes ces choses sont simplement une question de perspective morale et rien de plus.

— Venons au fait, monsieur, dit Delgrès avec impatience.

— Je ne demande pas mieux, monsieur.

— Quelles conditions votre gouvernement vous a-t-il chargé de faire aux hommes de couleur et aux noirs de la Guadeloupe ?

— Des conditions très-avantageuses, mon cher commandant.

— C'est possible, mais voyons, s'il vous plaît, ces conditions, répondit Delgrès assez sèchement.

— Veuillez donc m'écouter, mon cher commandant.

— Parlez, monsieur.

— L'Angleterre, dit sir William's Crockhill, reconnaît, par acte authentique, l'indépendance de l'île de la Guadeloupe ; elle s'engage à fournir au chef choisi par les hommes de couleur de l'île, les troupes nécessaires pour l'aider à chasser les Français de tous les points qu'ils occupent ; à transporter ces Français dans les colonies anglaises, où ils seront internés aux frais du gouvernement britannique, jusqu'à la paix définitive et générale ; de plus, elle s'engage à payer à ce chef une somme de trois cent mille livres sterling, — environ sept millions cinquante mille francs, — à la seule condition que pendant un laps de temps qui ne saurait être moindre de cinquante années, et afin de l'indemniser des frais et dépenses auxquels elle aura été obligée de faire pour assurer l'indépendance de la Guadeloupe, cette île reconnaîtra le protectorat de l'Angleterre. Voilà, monsieur quelles sont les conditions généreuses que vous offre le gouvernement britannique ; je ne crois pas trop m'avancer en affirmant que ces conditions sont très-avantageuses pour votre pays et pour vous.

D'abord j'ai conféré avec certain nègre de ma connaissance (page 17).

Le commandant Delgrès avait écouté, les sourcils froncés et l'air soucieux, cette longue tirade que l'agent anglais débitait avec une complaisance et un aplomb extrêmes.

— C'est tout, monsieur ! demanda-t-il froidement lorsque son interlocuteur se tut enfin.

— Comment ?... Que voulez-vous dire, monsieur ?... s'écria sir William's.

— Je veux dire, monsieur, que ces conditions *généreuses*, reprit Delgrès, en appuyant sur le mot avec intention, ne me conviennent pas, et que je ne puis les accepter.

— Vous êtes difficile.

— Peut-être, monsieur. Il me semble que vous vous êtes singulièrement mépris à mon égard ; je ne suis pas un traître, moi, sir William's Creekhill, comme vous paraissez le supposer.

— Oh ! fit celui-ci avec une incrédulité ironique.

Vous raillez et vous avez tort, monsieur. Je vous répète que je ne suis pas un traître et que je ne veux pas livrer mon pays à l'Angleterre ; esclavage pour esclavage, je préférerai toujours, quoi qu'il arrive, rester sous la domination du gouvernement français, que sous le joug du gouvernement britannique dont j'ai été à même d'éprouver la philanthropique douceur et la loyauté punique.

— Monsieur, permettez-moi de vous faire observer que vous vous méprenez singulièrement sur les nobles intentions de l'Angleterre.

— Je me méprends si peu sur ses nobles intentions, que je les ai percées à jour; en voulez-vous la preuve? Eh bien, à votre tour, écoutez-moi : ce prétendu secours donné par les Anglais aux hommes de couleur de la Guadeloupe, n'est, bel et bien, qu'une prise de possession; lorsque vous serez maîtres de nos villes et de nos positions fortifiées, consentirez-vous à vous retirer? Non, cela est clair. Il faudrait être un enfant pour supposer le contraire une seconde. Donc, votre protectorat n'est qu'un leurre auquel je ne me laisserai pas tromper.

— Que voulez-vous donc, monsieur?

— Ce que je veux? Je vous le dirai franchement.

— Je vous écoute.

— Vous m'avez fait connaître vos conditions, voici les miennes : L'Angleterre évacuera le groupe des îles des Saintes, dont elle s'est emparée, contre le droit commun, dans un délai de quatre jours après la signature du traité; remise sera faite de ces îles au chef des hommes de couleur et des noirs, dans l'état où elles se trouvent actuellement, c'est-à-dire avec leurs fortifications en bon état, les canons, les fusils, toutes les armes généralement quelconques, munitions de guerre et de bouche qu'elles renferment. La Guadeloupe, Marie-Galante, la Désirade et les Saintes seront déclarées et reconnues indépendantes; de plus, l'Angleterre fournira les armes et les munitions nécessaires pour l'armement et l'équipement de cent mille hommes.

— Cent mille hommes! s'écria l'agent anglais; mais où les trouverez-vous, mon cher commandant?

— Cela me regarde, monsieur.

— C'est juste. Continuez.

— Une escadre anglaise établira, pendant la guerre des hommes de couleur et des noirs contre les blancs, un blocus rigoureux autour des îles, et s'engagera à ne pas laisser débarquer les secours français, soit à la Guadeloupe, soit à Marie-Galante, soit à la Désirade, soit même aux Saintes; aucunes troupes anglaises ne seront mises à terre sur les îles, sous quelque prétexte que ce soit; les hommes de couleur, se jugeant assez forts pour conquérir seuls leur liberté, refusant tout secours de la part des troupes anglaises; considérant ce secours non-seulement comme inutile, mais encore comme dangereux et nuisible à leurs intérêts; de plus, quatre cent mille livres sterling, — environ dix millions de francs, — seront comptées par l'Angleterre au chef des hommes de couleur et des noirs; à ces conditions, mais à ces conditions seules, la Guadeloupe et les îles dépendantes consentiront à accepter le protectorat du gouvernement britannique pour un laps de soixante ans; une garde de trente hommes de troupes anglaises sera seule autorisée à débarquer à la Basse-Terre, pour servir de garde d'honneur au représentant de l'Angleterre dans cette ville.

— Est-ce tout, monsieur? demanda l'agent anglais avec une impatience contenue.

— C'est tout, oui, monsieur, répondit froidement le commandant Delgrès.

— Ce que vous demandez, mon cher commandant, permettez-moi de vous le faire observer, est complétement inadmissible et par conséquent ne saurait être accepté par mon gouvernement.

— Je le regrette pour votre gouvernement. S'il en est ainsi, rien de fait. Supposez-vous donc, monsieur, que j'aurais la lâcheté de vendre froidement mon pays à l'étranger? Si telle était votre pensée, détrompez-vous; je préfère cent fois mourir à commettre une telle infamie; non, je veux mon pays libre, puissant, riche; je ne consentirai jamais à le faire esclave, esclave de l'Angleterre surtout! Nous serons Français ou libres; entre ces deux conditions, il ne saurait y avoir à hésiter pour moi; mon devoir est, avant tout, de protéger mes frères; d'empêcher, par tous les moyens, qu'on leur impose de nouveau l'esclavage auquel on prétend les soumettre; de leur conserver cette liberté qu'ils ont conquise, ou que du moins la République française leur avait généreusement octroyée, et d'en faire un peuple libre. Cette tâche est ardue, je ne m'en cache pas les difficultés, mais je saurai l'accomplir quoi qu'il puisse m'en coûter, à mes risques et périls; je tomberai plutôt bravement sur la brèche que de consentir à livrer mon pays aux étrangers.

— Ainsi, commandant, ces conditions sont un ultimatum? demanda l'agent anglais.

— Je ne sais, monsieur, ce que vous entendez par ce mot barbare que je ne comprend pas; mais s'il veut dire, comme je le suppose, que les conditions que j'ai eu l'honneur de vous soumettre sont les seules que j'accepterai, c'est en effet, un ultimatum, oui, monsieur; je regrette vivement qu'il nous soit impossible de nous entendre.

— Pardon, commandant, discutons un peu, s'il vous plaît, vous reconnaîtrez bientôt, je n'en doute pas...

— Rien, monsieur, interrompit l'officier, je n'ai pas à discuter sur ce sujet avec vous qui n'êtes qu'un subalterne.

— Chargé par son gouvernement de pouvoirs très-étendus, mon cher commandant.

— C'est possible, mais peu m'importe, monsieur. Vous connaissez maintenant mes conditions, elles sont immuables, il n'y a donc pas à discuter, mais seulement à accepter ou à refuser, rien de plus. Réfléchissez et voyez ce qu'il vous convient de faire.

— Je ne puis prendre sur moi de vous répondre, commandant. Le cas est excessivement grave; il n'est point prévu par les instructions que j'ai reçues de mon gouvernement.

— Je comprends parfaitement cela, monsieur; l'Angleterre, ainsi que la France, nous considère comme des êtres sans intelligence, des bêtes de somme incapables de raisonnement, et par conséquent faciles à tromper et bons à exploiter; toutes deux sont dans l'erreur, vous le voyez, monsieur; nous raisonnons, nous aussi, et, qui plus est, nous raisonnons juste; nous avons été trop longtemps assimilés aux brutes et aux animaux, il ne nous convient plus qu'il en soit ainsi; nous sommes fatigués du joug qui, depuis tant de siècles, pèse si lourdement sur nos épaules; nous voulons être enfin libres, et nous le serons. Maintenant, monsieur, comme je suppose que nous n'avons plus rien à nous dire, permettez-moi de prendre congé de vous.

Delgrès se leva alors pour se retirer et se dirigea vers le meuble sur lequel il avait, en arrivant, jeté son manteau.

— Pardon, mon cher commandant, dit vivement l'agent anglais, un moment encore, je vous prie.

— Il est très-tard, monsieur; j'ai, cette nuit, beaucoup de choses à faire encore.

— Je ne vous demande que quelques minutes.

— Soit, monsieur. Que me voulez-vous?

— Asseyez-vous, je vous prie.

Delgrès se rassit.

— Maintenant je vous écoute, dit-il.

— Les conditions que vous me posez sont excessivement graves.

— Je le sais, monsieur.

— Mon gouvernement ne les avait pas prévues.

— Vous me l'avez déjà dit.

— Vous ne consentirez pas à les modifier?

— Sous aucun prétexte.

— Mon cher commandant, il est de mon devoir de les communiquer, si extraordinaires qu'elles soient, à sir Andrew Cockrane, gouverneur de la Dominique et chargé des pleins pouvoirs de Sa gracieuse Majesté le roi d'Angleterre.

— Cela vous regarde, monsieur.

— Au lever du soleil, je quitterai la Basse-Terre.

— Vous êtes parfaitement libre.

— Et je me rendrai aux Saintes.

— Après, monsieur?

L'Anglais regarda fixement le mulâtre et lui dit :

— Vous avez une façon de converser toute particulière, mon cher commandant.

— Chacun a la sienne, monsieur; si la mienne ne vous convient pas, serviteur!

— Je ne dis pas cela.

— Non, mais vous le pensez.

— Oh! commandant!

— Alors, monsieur, à quoi bon cette observation, si elle ne signifie rien?

— C'est juste, je me trompe.

— Allons au fait, monsieur.

— Consentez-vous, mon cher commandant, à attendre la réponse de sir Andrew Cockrane?

— Combien de temps?

— Un mois, afin de laisser le temps...

— Aux Français de nous battre, de nous disperser et de nous désarmer, n'est-ce pas? interrompit le commandant Delgrès avec violence. Vous êtes fou, ou vous vous jouez de moi, monsieur.

— Mais enfin, commandant, s'écria l'agent anglais au comble de l'exaspération, il faut bien laisser à ces conditions le temps d'être débattues, acceptées ou refusées par le Parlement.

Delgrès se mit à rire sans façon au nez crochu de l'agent stupéfait.

— Où se trouve sir Andrew Cockrane Johnston, en ce moment? dit-il.

— A la Dominique.

— Très-bien. Il a reçu, m'avez-vous dit, les pleins pouvoirs de son gouvernement pour traiter...

— Ai-je dit cela, mon cher commandant? interrompit sir William's Crockhill en se mordant les lèvres.

— Vous l'avez dit, monsieur.

— Soit, admettons!

— Non pas, constatons.

— Constatons si cela vous plaît, j'y consens, fit-il d'un ton de mauvaise humeur. Où voulez-vous, en venir, commandant?

— A ceci, tout simplement : que le gouverneur de la Dominique ayant les pleins pouvoirs du gouvernement britannique, et par conséquent étant son représentant, est libre de prendre l'initiative de telle ou telle décision qu'il lui plaira; le reconnaissez-vous, monsieur?

— Permettez, permettez, commandant; ceci est très-subtil, ces conditions n'étaient pas prévues...

— Peut-être, mais sir Andrew a pleins pouvoirs...

— Il les a.

— Donc, la réponse ou, si vous le préférez, la détermination à prendre, dépend de lui seul.

— Hum!

— Vous toussez, monsieur?

— Je suis fort enrhumé, mais ne faites pas attention, cela se passera.

— Admettez-vous la justesse de mon raisonnement?

— Je l'admets.

— Allons, allons, nous y viendrons, cher monsieur, dit Delgrès avec ironie.

— Ce sera difficile.

— Il faut à peine deux jours, pour avoir une réponse de la Dominique.

— Ce délai est bien court.

— Les événements nous pressent, monsieur ; les Français débarqueront demain, peut-être.

— C'est possible.

— Il faut que nous soyons en mesure de résister.

— Je comprends parfaitement cela, mais deux jours...

— Je vous en accorde quatre.

— Cependant...

— C'est beaucoup plus de temps qu'il ne vous en faut.

— La question est d'une si haute gravité.

— Les circonstances dans lesquelles nous nous trouvons sont plus graves encore ; il s'agit de vie ou de mort pour nous, ne le comprenez-vous donc pas, monsieur ?

— Je vous demande pardon, mon cher commandant, je saisis fort bien, au contraire, tout ce que votre situation a de précaire, je dirai presque de critique...

— Eh bien ?

— Je verrai... j'essayerai... je tâcherai, mon cher commandant, fit-il avec hésitation.

— Pas d'ambages ni de moyens dilatoires, monsieur, reprit nettement Delgrès ; c'est une réponse claire, positive, que je veux. Vous engagez-vous, oui ou non, à me donner cette réponse d'ici, à quatre jours au plus tard ?

— Mais, quatre jours...

— Pas une seconde de plus.

— Quel homme singulier vous faites, mon cher commandant! Il est impossible de discuter avec vous.

— Mais il me semble, à moi, que nous discutons beaucoup, au contraire, monsieur.

— C'est-à-dire que vous m'imposez des conditions le couteau sur la gorge, et que vous n'en démordez plus; si vous appelez cela discuter, par exemple !

— Je suis forcé d'agir ainsi. Me donnerez-vous cette réponse dans les délais que je vous pose ?

— Si cela m'était impossible, que feriez-vous ?

— Ce que je ferais ?

— Oui.

— Je me confierais, sans hésiter, à la loyauté du gouvernement français.

— Sa loyauté? fit l'agent anglais avec une expression de dédain mal contenue.

— Oui, monsieur, reprit le commandant Delgrès avec une hauteur suprême; la loyauté du gouvernement français n'a jamais été suspectée, je suppose? et peut-être qu'en faveur de ma soumission, j'obtiendrais pour mes malheureux frères cette liberté à laquelle ils ont droit, et que je revendique pour eux.

— Peut-être, mais alors vous resteriez pour toujours soumis à la France.

— Nous serions les sujets dévoués d'un peuple grand et généreux entre tous, monsieur.

Cela était net et clair.

L'agent anglais vit qu'il fallait céder.

— Puisque vous l'exigez, commandant, vous aurez dans quatre jours la réponse que vous demandez.

— Vous vous y engagez!

— Sur l'honneur.

— C'est bien, j'attendrai donc quatre jours. Maintenant monsieur, il ne me reste plus qu'à me retirer.

Les deux hommes se levèrent, et ils quittèrent la chambre, sans échanger une parole de plus.

On entendit leurs pas se perdre dans l'escalier.

— Voilà, sur ma foi! un rude coquin et un grand niais! dit l'inconnu qui de son singulier observatoire n'avait pas perdu un seul mot de cette longue et intéressante conversation. Mais ce misérable Anglais est un scélérat, à lui d'abord; quant à Delgrès, je sais où le retrouver, il ne perdra rien pour attendre.

Tout en se parlant ainsi à demi-voix, l'inconnu se laissa glisser le long d'une branche, atteignit la fenêtre, souleva le store et sauta légèrement dans la chambre.

La lumière frappa alors en plein sur son visage C'était l'Œil Gris.

Il se plaça immobile et droit derrière la porte. Un instant après, cette porte s'ouvrit et sir William's rentra.

Mais aussitôt, et sans lui laisser le temps de se reconnaître, le Chasseur se jeta sur lui à l'improviste, le renversa sur le parquet, et en moins de deux minutes l'agent britannique fut solidement garrotté et réduit à la plus complète impuissance.

Le Chasseur l'enleva alors dans ses bras, le plaça sur un fauteuil, s'assit en face de lui et après l'avoir regardé un instant d'un air narquois, tout en allumant un cigare :

— Causons, cher sir William's Crockhill, lui dit-il d'une voix railleuse.

VIII

OÙ L'ŒIL GRIS SE DESSINE CARRÉMENT

L'agent anglais était un homme dans la force de l'âge, doué, nous l'avons dit, d'une vigueur exceptionnelle ; de plus, il avait un courage de lion; cependant, lorsque le Chasseur s'était jeté à l'improviste sur lui et l'avait renversé sur le plancher, il s'était laissé faire sans essayer la moindre résistance, sans même qu'il lui eût échappé un cri;

non pas qu'il fût épouvanté de cette attaque imprévue, sa présence d'esprit ne lui avait pas fait défaut une seconde; mais, accoutumé, par le dangereux métier qu'il faisait, à jouer un jeu terrible, il n'y avait jamais pour lui de situation désespérée; il préférait lutter de ruse avec ses adversaires au lieu d'opposer la force à la force; convaincu que, s'il n'était pas tué sur le coup, dans n'importe quelle circonstance, non-seulement il parviendrait à se tirer d'affaire à force d'astuce, mais encore à obtenir des avantages qu'un combat brutal lui aurait enlevés.

Il s'était si souvent trouvé à même d'expérimenter l'habileté de cette tactique, qu'elle était chez lui érigée depuis longtemps en système; pour rien au monde il n'aurait consenti à s'en départir.

Il est vrai que sir William's Crockhill était devenu, s'il est possible, plus pâle qu'il ne l'était ordinairement; mais, à part ce fait tout physique et complétement indépendant de sa volonté, il n'avait rien perdu de sa morgue et de son sang-froid.

— Aôh! répondit-il à la question de son vainqueur, causons, je le veux bien, mon estimable monsieur; mais je vous ferai observer que je me trouve dans une position excessivement désagréable pour prendre part à un entretien qui sans doute sera fort long.

— Vous êtes assez gêné, n'est-ce pas? demanda le Chasseur.

— Je suis extrêmement gêné, je ne vous le cache pas, cher monsieur.

— J'aurai peut-être un peu trop serré les cordes.

— Beaucoup trop, cher monsieur, elles m'entrent dans la peau.

— Oui, c'est bien cela; dame, vous comprenez, sir William's?...

— Vous savez mon nom?

— J'ai cet honneur.

— Et vous, comment vous nommez-vous, cher monsieur?

— Moi, je ne me nomme pas.

— Aôh! très-bien. Vous ne pourriez pas desserrer un peu les cordes?

— Impossible, mais croyez-moi, n'y faites pas attention, dans dix minutes vous n'y penserez plus; c'est une habitude à prendre, voilà tout, dit le Chasseur de l'air le plus sérieux.

— Une mauvaise habitude, monsieur!... Ces cordes me font beaucoup souffrir.

— Vous êtes donc douillet?

— Je l'avoue.

— Soyez tranquille, cher sir William's Crockhill. vous avouerez bien d'autres choses tout à l'heure.

— Bah!

— Oui, vous allez voir.

— Voyons! je ne demande pas mieux; je suis très-curieux.

— Aussi?

— Je suis rempli de défauts; j'ai été très-mal élevé.

— Êtes-vous entêté aussi.

— Considérablement.

— Comme cela se trouve, je suis entêté comme un mulet, et quand je veux une chose!...

— Il faut que cela soit?

— Juste.

— C'est comme moi.

— Bon; alors nous allons avoir de l'agrément.

— Oui, je le crois, beaucoup d'agrément; si seulement vous relâchiez un peu les cordes?...

— Je vous ai dit que c'était impossible.

— C'est vrai; mais j'espérais...

— Que je changerais d'avis?

— Oui.

— Je n'en change jamais.

— C'est encore comme moi.

— Tiens! tiens! tiens! Voyez-vous cela!

Tout en parlant ainsi, le Chasseur était monté debout sur une chaise, et il s'occupait à décrocher le lustre pendu au plafond.

Que diable faites-vous donc là, cher monsieur? demanda l'Anglais toujours imperturbable; prenez-garde, ce lustre est très-lourd, vous risquez de le briser; j'en serais fâché, car il m'a coûté fort cher.

— Il n'y a pas de danger, sir William's, voyez. Et il descendit de la chaise le lustre à la main.

— Pourquoi avez-vous décroché ce lustre?

— Apparemment parce qu'il me gênait.

— Je ne comprends pas du tout.

— Dans un instant vous comprendrez, cher sir William's, soyez tranquille, répondit le Chasseur de cet accent railleur qui lui était particulier.

Il posa doucement le lustre sur des coussins, puis il déroula une corde assez longue qui faisait plusieurs fois le tour de sa ceinture, remonta sur la chaise, passa un bout de la corde par l'œillet du piton vissé dans le plafond, tira à lui la corde, lui donna deux ou trois vigoureuses secousses pour s'assurer qu'elle était solide, et s'occupa sérieusement à faire un nœud coulant à une de ses extrémités.

— Ah çà! que diable faites-vous donc là, cher monsieur? demanda l'Anglais que ces préparatifs lugubres commençaient à inquiéter.

— Vous le voyez bien, sir William's, je fais un nœud coulant.

— Mais pourquoi faire, ce nœud coulant?

— Pour vous pendre, cher sir William's; répondit le Chasseur de son air le plus agréable.

— Me pendre, moi! aôh! quelle mauvaise pensée avez-vous donc là?

— Ce n'est pas une pensée, c'est une résolution prise.

— Mais pourquoi me pendre?

— Je pourrais vous répondre qu'il y a longtemps déjà que je ne me suis procuré cette satisfaction de pendre un Anglais, et que puisque vous me tombez sous la main, je profite de l'occasion que m'offre le hasard ; mais peut-être ne trouveriez-vous pas cette raison bonne?

— Je la trouverais exécrable !

— Aussi je ne vous la donne pas.

— Et laquelle me donnez-vous !

— Celle-ci, répondit-il d'une voix sourde et farouche : Vous êtes un espion anglais, surpris par moi, la main dans le sac, c'est-à-dire essayant de déterminer un officier supérieur français à trahir son pays. Vous savez ce que l'on fait aux espions?

— Mais, cher monsieur, vous n'avez pas qualité pour agir ainsi ; ce que vous voulez faire n'est pas légal.

— Bah ! qui est-ce qui s'occupe en ce moment de légalité à la Guadeloupe? répondit le Chasseur en haussant les épaules ; nous sommes sous le régime militaire, et vous le savez, cher monsieur, sous ce régime, la force prime le droit.

— Vous n'êtes pas militaire, vous.

— C'est vrai, je ne suis pas militaire, mais je suis chasseur.

— Distinguons, ce n'est pas du tout la même chose.

— Vous croyez?... Savez-vous ce que je fais, sir William's, lorsque je rencontre une bête féroce sur mon chemin?

— Vous la tuez, by God! et vous avez raison ; mais il n'y a pas de bêtes féroces à la Guadeloupe.

— Vous êtes très-spirituel, sir William's, je me plais à le reconnaître ; malheureusement vous vous trompez, il y a en ce moment en ce pays une grande quantité de bêtes féroces à deux pieds, vous, entre autres, qui par vos mensonges et vos agissements, poussez des malheureux à la trahison, à la révolte et au meurtre, et tout cela au nom de votre gouvernement. Donc, je vais vous pendre.

Et il fit quelques pas vers son prisonnier, après s'être assuré de la solidité de la corde.

— Cela tiendra, dit-il.

— Vous croyez?

— J'en suis sûr.

— Aôh ! et vous allez me pendre ainsi, tout grouillant, sans me crier : gare?

— Mon Dieu oui, cher monsieur; permettez, ajouta-t-il.

Et il passa délicatement le nœud coulant autour du cou de l'Anglais.

— Ah çà? c'est donc sérieux? s'écria l'agent avec un soubresaut de terreur.

— Très-sérieux.

— C'est un assassinat !

— Une exécution sommaire, tout au plus.

— Mais je ne veux pas mourir, moi !

— C'est probable; malheureusement pour vous, votre volonté ne peut rien y faire. Êtes-vous prêt?

— Je ne suis pas prêt du tout, au contraire.

— Tant pis pour vous, je suis pressé.

Et il imprima une assez forte secousse à la corde.

— Aôh ! attendez! attendez!

— Quoi ?

— Desserrez un peu la corde.

— Est-ce bien nécessaire?

— Elle m'étrangle.

— Si peu; mais enfin, puisque vous le désirez absolument, voilà. Et maintenant qu'y a-t-il?

— Je vous propose un marché.

— A moi?

— Dame! il me semble?

— C'est vrai; pourquoi ce marché?

— Pour ne pas être pendu.

— Bah ! c'est déjà à peu près fait.

— C'est égal, j'en reviendrai.

— Vous croyez?

— By God! certainement.

— Voyons le marché, alors. Je ne vous cache pas, cher sir William's, qu'il faudra que ce marché soit bien avantageux pour moi pour que je l'accepte.

— Aôh! cela ne fait rien, je suis très-riche.

— Qu'est-ce que cela me fait, à moi ?

— Pardon, comme il s'agit d'un marché...

— Eh bien ?

— Je parle d'argent.

— Vous avez tort.

— Comment j'ai tort?

— Certes! je suis plus riche que vous.

— Vous?

— Parfaitement; je n'ai besoin de rien, ce qui fait que je déteste l'argent. Si vous n'avez pas autre chose à m'offrir, cher sir William's, je crois que vous ferez bien de recommander votre âme au diable.

— Je n'ai rien autre chose, dit sèchement l'Anglais.

— Alors, bonsoir!

Et le Chasseur se remit à tirer la corde, franchement cette fois.

— Attendez! attendez! cria l'Anglais d'une voix étouffée.

— Encore? fit l'Œil Gris d'un ton de mauvaise humeur.

Cependant il s'arrêta.

— Aôh ! toujours! fit l'Anglais qui était violet et respirait comme un soufflet de forge.

— Vous faites bien des manières pour vous laisser pendre !

— Je voudrais bien vous y voir, vous !

— Je comprends cela, mais vous n'aurez pas ce plaisir, cher monsieur. Voyons, finissons-en.

— Je ne demande pas mieux.

— Je vous avertis que c'est la dernière fois.

— Très-bien, allez.

— Et que si vous ne vous exécutez pas...

— C'est compris.

— Bon. Où sont vos papiers?

— Ah ! by God! voilà ce que je craignais, grommela l'Anglais avec un désespoir comique.

— Comme c'était difficile à deviner ! fit le Chasseur en haussant les épaules. J'attends, dit-il.

— Je suis contraint.

— Voulez-vous que je vous le prouve?

— C'est inutile.

— Alors?

— Prenez la clef qui est suspendue à mon cou.

— La voilà.

— Reculez mon fauteuil.

— C'est fait.

— Baissez-vous; bien ; voyez-vous là, près de votre pied droit, cette tête de clou rouillée, dans le parquet?

— Parfaitement.

— Poussez-la.

Le Chasseur exécutait au fur et à mesure chaque mouvement indiqué. Il aperçut une espèce de cachette au fond de laquelle se trouvait une boîte en fer; il l'ouvrit, vit un rouleau de papiers dont il s'empara, puis il referma la cachette.

— Est-ce tout? demanda-t-il?

— Tout, répondit laconiquement l'Anglais.

— Bien sûr?

— Très-sûr.

— Bon? Alors, faites votre prière.

— Pourquoi cela?

— Parce que vous avez menti et que je vais vous pendre.

L'œil de sir William's lança un éclair fauve.

— Brigand! murmura-t-il.

Le Chasseur saisit la corde.

— Dans une ceinture de cuir autour de mon corps, il y a un portefeuille, dit l'Anglais avec rage prenez-le, et soyez maudit!

En moins de temps qu'il n'en avait fallu à l'Anglais pour s'expliquer, la ceinture et le portefeuille étaient enlevés.

— Maintenant, ajouta l'agent anglais d'une voix sourde, pendez-moi si vous voulez; je n'ai plus rien.

— Je le sais, cher monsieur, aussi je vais vous faire mes adieux.

— Détachez-moi, au moins.

— Vous êtes très-bien comme cela.

— Vous savez que si j'en réchappe, je vous tuerai! s'écria l'insulaire en grinçant des dents avec rage.

— Je sais que vous l'essayerez, du moins.

— Vous êtes un misérable!

— Et vous un imbécile.

— Moi, un imbécile ! s'écria l'Anglais à qui cette insulte sembla donner à réfléchir, pourquoi cela?

— Parce que je ne vous aurais pas pendu. Me prenez-vous, par hasard, pour un drôle de votre espèce?

— Oh ! good God ! ce démon s'est moqué de moi ! dit l'Anglais en laissant tomber avec désespoir sa tête sur sa poitrine.

— Parfaitement. Au revoir, cher William's Crockhill.

Il enjamba la fenêtre en riant et sauta dans le jardin.

Mais l'Anglais ne l'entendit pas, la rage et la colère d'avoir été ainsi pris pour dupe, lui qui se prétendait si rusé, l'avaient fait évanouir.

Le chasseur, fort satisfait du résultat de son expédition et de la manière dont il avait réussi à s'emparer des preuves de la trahison que méditait sir William's Crockhill et surtout de sa correspondance avec le gouverneur de la Dominique, franchit gaiement le mur de clôture et s'éloigna à grands pas dans la direction de la place, tout en laissant errer son regard autour de lui et sondant soigneusement les ténèbres afin de s'assurer qu'il n'était ni surveillé, ni suivi par quelque témoin indiscret blotti dans l'enfoncement d'une porte. Il ne s'arrêta que dans la ravine à Billan, près de la rivière aux Herbes, qui sépare les deux paroisses de la Basse-Terre.

L'Œil Gris fit alors un léger crochet et, après avoir marché pendant quelques minutes encore, il s'arrêta à la porte d'une maison de belle apparence; il poussa la porte sans même se donner la peine de frapper, en homme qui se sent chez lui, et il pénétra dans l'intérieur de la maison, non sans avoir eu d'abord la précaution d'assurer solidement la porte à l'intérieur au moyen d'une barre de bois qu'il plaça en travers.

Ce devoir accompli, le Chasseur reprit son fusil qu'il avait appuyé au mur, le mit sous son bras et traversa une cour assez grande, couverte d'un sable très-fin et très-jaune, et plantée de quelques tamarins qui poussaient çà et là, sans ordre et un peu à l'aventure; la porte d'une chambre bien éclairée ouvrait de plain-pied sur la cour; il ouvrit cette porte, mais, au moment de la franchir, il s'arrêta sur le seuil et salua d'un air assez embarrassé.

Il était évident que le Chasseur croyait ne rencontrer personne sur son chemin; de là son embarras et peut-être sa contrariété secrète.

Deux personnes, deux femmes de couleur, se trouvaient dans cette pièce; la première était une jeune fille toute jeune encore, presque une enfant elle avait à peine quinze ans, mais paraissait plus âgée qu'elle ne l'était en réalité; elle était très-jolie, avec une physionomie rieuse et mutine qui faisait plaisir à voir.

La seconde, presque noire, vêtue d'étoffes éclatantes et de couleurs disparates, avait déjà, depuis quelques années, au dire des mauvaises langues, franchi le mauvais côté de la cinquantaine; de plus jamais elle n'avait été jolie.

Au bruit fait par le Chasseur en ouvrant la porte les deux femmes relevèrent vivement la tête et le regardèrent encore plus effrayées que surprises. Mais presque aussitôt elles se rassurèrent; elles avaient reconnu le visiteur qui arrivait si brusquement au milieu de la nuit.

— Eh? *missié*, dit la jeune fille en riant, vous m'avez fait peur.

— Pardonnez-moi, mamzelle Zénobie, répondit le Chasseur, ce n'était pas mon intention; d'ailleurs je vous croyais couchée déjà depuis longtemps.

— Oh! non, *missié*; voici maman Suméra qui est venue me voir et passer la journée avec moi, alors nous avons causé au lieu de dormir.

— Oui, oui, fit le Chasseur en pénétrant tout à fait dans la chambre, et vous avez si bien causé que vous avez oublié l'heure.

— Est-il donc si tard? demanda la vieille négresse avec intérêt.

— Cela dépend de la façon de l'entendre; il est très-tard ou de très-bonne heure, à votre choix madame Suméra.

— Pourquoi donc cela, missié?

— Parce qu'il est à peu près une heure du matin.

— Oh! mon Dieu! comment faire? reprit la négresse.

— Eh bien, vous coucherez ici, maman, dit la jeune fille, et au jour vous partirez.

— Ce n'est pas possible, reprit la vieille négresse d'un air contrarié, je suis obligée d'être chez moi de très-bonne heure.

— Voilà qui est fâcheux, dit le Chasseur. Mademoiselle Zénobie, voulez-vous avoir l'obligeance de me donner une lumière, s'il vous plaît?

— Vous allez vous coucher?

— Non pas, mademoiselle, vous savez bien que je ne dors jamais, moi; je veux seulement renouveler ma provision de poudre au baril renfermé dans ma chambre et détacher mes chiens: les pauvres bêtes doivent s'ennuyer après leur maître; vous savez, les chiens ne sont pas des hommes, ils n'ont pas érigé l'ingratitude en principe.

— Comment, est-ce que vous allez partir tout de suite?

— Oui, mademoiselle Zénobie, à l'instant, je suis pressé.

— Et vous n'avez pas peur, missié, ainsi la nuit tout seul! s'écria la vieille négresse avec admiration.

— Peur de quoi? dit-il.

— Marcher comme ça la nuit à travers la campagne, je n'oserais pas, moi, reprit la moricaude en minaudant.

Le Chasseur haussa les épaules; il prit la lanterne que la jeune mulâtresse lui tendait, après l'avoir allumée, et il sortit.

Mais, au lieu de s'éloigner, le Chasseur cacha sa lanterne derrière une porte afin que la lumière ne fût pas aperçue, il s'effaça contre le mur.

Presque au même instant, la porte de la chambre s'ouvrit; mamzelle Zénobie parut sur le seuil, sembla regarder de tous les côtés, puis, rassurée sans doute par le silence qui régnait dans la cour, elle rentra en repoussant, mais sans la fermer complétement, la porte derrière elle.

Le Chasseur laissa s'écouler deux ou trois minutes, puis il revint à pas de loup vers la pièce; il appuya son œil au trou de la serrure et il regarda tout en prêtant l'oreille.

Les deux femmes étaient assises auprès l'une de l'autre.

Elles causaient à voix basse.

Mais, comme elles ne se soupçonnaient pas écoutées, elles ne parlaient pas assez doucement pour que le Chasseur ne pût entendre ce qu'elles disaient.

— Vous êtes sûre qu'elle viendra? demandait mamzelle Zénobie.

— Très-sûre, répondait la négresse.

— Et vous voulez que je fasse remettre cette plume de paon à missié Delgrès?

— Non pas, *chè cocotte*; c'est vous-même, au contraire, qui devez la lui remettre.

— Moi? une mamzelle! s'écria la jeune fille avec un accent de dignité offensée; oh! maman Suméra, pour qui donc me prenez-vous, s'il vous plaît?

— Vous êtes une petite sotte, répondit sèchement la négresse. Il ne s'agit nullement d'amour dans cette affaire, pour vous du moins; ainsi vous n'avez rien à craindre, vous ne serez pas compromise.

— C'est possible, mais que dira Télémaque s'il apprend cela?

— Télémaque ne dira rien; d'ailleurs il ne le saura pas; vous ai-je dit ce qui lui est arrivé ce soir?

— Oh! mon Dieu! quoi donc? s'écria mamzelle Zénobie avec inquiétude.

— Bon, vous ne le savez pas, je vais vous le dire: Télémaque a été arrêté ce soir à huit heures à l'anse à la Barque, pendant le bamboula.

— Missié Télémaque?

— Lui-même; son affaire est très-grave, à ce qu'il paraît; mais rassurez-vous, mamzelle Zénobie,

Telle est aussi ma résolution, dit nettement le commandant Delgrès (page 63).

vous savez que je possède un Quienbois très-fort; eh bien, si vous consentez à ce que je vous demande, je m'engage, moi, à faire évader missié Télémaque avant le lever du soleil.

— Vous feriez cela, bien vrai?

— Je vous le promets, oui.

— Alors, c'est convenu, s'écria-t-elle avec vivacité. Je remettrai la plume à missié Delgrès.

— Eh vous lui direz bien tout, ainsi que je vous l'ai recommandé.

— Oui, oui, soyez tranquille, maman Suméra.

— Et bien, chè cocotte, je vous donnerai un Gris-gris qui obligera missié Télémaque à vous aimer toujours.

— Oh! quel bonheur! s'écria la mulâtresse d'un air radieux en frappant joyeusement ses mains mignonnes l'une contre l'autre.

— Silence! dit la négresse en posant un doigt sur sa bouche; le Chasseur peut revenir, il ne faut pas qu'il sache.

— Oh! je ne lui dis jamais rien!

— Vous avez grandement raison, chè petite; s'il en était autrement, malgré mon amitié pour vous, je vous en ave tis, vous seriez perdue.

— Oh! non, non, je n'ai rien à craindre; vous savez bien, maman Suméra, que je vous obéis toujours.

— Est-ce que cet homme va partir ainsi qu'il l'a dit?

— Certainement; il ne couche jamais dans sa

chambre ; elle ne lui sert que pour renfermer le peu qu'il possède, ce qui est moins que rien ; il est toujours à courir les mornes.

— Il faut qu'il m'emmène avec lui, reprit la négresse d'une voix sourde.

— Ce ne sera pas facile de l'y faire consentir.

— Il le faut : j'ai mon projet.

— Prenez garde, maman Suméra, vous ne connaissez pas ce vieux Chasseur ; il est bien fin.

— C'est possible ; mais, si fin qu'il soit, je lui prouverai, moi, que je suis plus fine que lui...

— Je vous le répète, prenez garde ; du reste, il ne peut tarder à rentrer maintenant ; dès qu'il arrivera, parlez-lui.

— C'est ce que je ferai.

Probablement le Chasseur jugea qu'il en avait assez entendu, car abandonnant son observatoire. en deux enjambées il fut dans sa chambre. Après avoir rempli sa poire à poudre, il se rendit au chenil où il avait renfermé ses chiens en arrivant à la Basse-Terre après avoir quitté la plantation de la Brunerie vers onze heures et demie ; il lâcha ses ratiers qui bondirent joyeusement autour de lui, tout heureux de le revoir ; il se dirigea ensuite vers la pièce où se tenaient les deux femmes, en ayant soin de faire assez de bruit pour annoncer sa présence.

Les deux femmes riaient à gorge déployée.

Mamzelle Zénobie récitait en riant comme une folle, une fable de La Fontaine en patois créole.

Cette fable était la Cigale et la Fourmi.

Le chasseur arriva juste à ce moment palpitant d'intérêt où la fourmi, avare et grondeuse, répond ceci à la pauvre cigale :

> — Anh! anh! ou ka chanté, chè.
> Ça fé, ou pas tini d'autt
> Métié? eh ben chè cocott
> Pou fé passé faim ou la
> Allé dansé calinda!

Et les rires recommencèrent de plus belle.

— Morale! dit le Chasseur en poussant la porte et entrant dans la chambre.

Il se planta alors devant les deux femmes, son fusil d'une main, sa lanterne de l'autre, et avec un sang-froid imperturbable, il récita ce qui suit d'une haleine :

> C'es por ça yo ka di sott'
> Que quaad yon mounn' ka compté
> Las son canari yon l'autt
> Li ka couri riss jennné!

— Voilà, ajouta-t-il en saluant gravement les deux femmes qui riaient à se tordre et battaient des mains.

A voir la physionomie franche et ouverte du Chasseur, son air bonhomme, presque niais, certes personne ne se serait douté des pensées qu'en ce moment même, il roulait dans son cerveau.

— Vous voyez, mademoiselle Zénobie, dit-il gaiement, que moi aussi, je sais les fables de La Fontaine.

— Oh! vous savez toute chose, vous, missié, répondit la jeune fille sur le même ton.

— Non, oh! non, mademoiselle Zénobie, toutes choses, ce serait trop dire, mais la vérité est que j'en sais beaucoup. Maintenant, je vais avoir l'honneur de vous souhaiter le bonsoir, ainsi qu'à madame, et vous tirer ma révérence.

— Ainsi, vous partez tout de suite, comme cela, missié?

— Mon Dieu, oui, mademoiselle Zénobie, il le faut; vous savez, les affaires commandent; je suis attendu au lever du soleil à l'habitation Tillemont; il paraît que les plants de cannes à sucre sont complétement dévorés par les rats, il faut que je mette un peu ces guillards-là à la raison.

— Oui, en effet, il y a beaucoup de rats à l'habitation Tillemont, dit la vieille négresse avec conviction.

— Ah! vous savez cela?

— J'habite tout auprès.

— Bah! où donc?

— Au Morne-aux-Cabris.

— C'est ma foi vrai; c'est à une lieue à peine de l'habitation.

— Tout au plus.

— Oui, je vois cela d'ici; je passerai presque devant.

— Si vous vouliez, missié, dit la jeune fille d'une voix câline, vous pourriez, sans qu'il vous en coûtât rien, rendre un grand service à maman Suméra.

— Moi? mademoiselle Zénobie! fit-il avec une surprise parfaitement jouée.

— Oui, et cela très-facilement, ajouta la vieille.

— De quoi s'agit-il donc?

— De presque rien.

— Alors ce n'est pas grand'chose, fit-il en riant.

— Vous savez où est le Morne-aux-Cabris?

— Pardieu! puisque je suis obligé de passer tout à côté pour me rendre à l'habitation Tillemont; la route est même assez mauvaise dans ces parages-là.

— Oui, et bien difficile, la nuit surtout.

— Bah! maintenant la lune est levée, elle éclaire comme en plein jour.

— C'est égal, pour une femme seule, c'est très-dangereux, sans compter les mauvaises rencontres.

— Que diable me rabâchez-vous là? fit-il en riant. Est-ce que je suis une femme seule, moi? Est-ce que je crains les mauvaises rencontres?

— Je ne parle pas de vous.

— De qui donc, alors?

— De mon amie, de maman Suméra.

— Ah! c'est différent; mais ne lui avez-vous pas offert de coucher ici?

— Oui, et j'en remercie mamzelle Zénobie, répondit la vieille négresse, mais j'ai refusé, parce qu'il faut que je sois rendue chez moi avant le lever du soleil.

— Oui, je me le rappelle ; mais que puis-je faire à cela, moi ? dit-il d'un air ingénu.

— Tout, missié Chasseur.

— Oui, tout ponctua la vieille.

— Tant que cela ? fit il en ricanant. Vous savez que je ne vous comprends pas du tout ?

— Eh bien, il s'agirait, en passant, de conduire maman Suméra jusque chez elle.

— Ah ! diable !

— Qu'est-ce qu'il y a ?

— Rien.

— Vous avez dit : ah ! diable ! missié.

— C'est vrai, mademoiselle Zénobie; je comprends maintenant, cela ne m'arrange plus du tout.

— Pourquoi ça ?

— Parce que je suis pressé et que j'ai l'habitude de marcher très-vite.

— Je marcherai aussi vite que vous voudrez, dit la vieille.

— Et puis je vous avoue que je n'aime pas la compagnie, la nuit surtout. On ne sait pas ce qui peut arriver.

— Je marcherai comme cela vous plaira, devant ou derrière vous, à votre choix, cela m'est égal.

Le Chasseur sembla réfléchir.

Les deux femmes regardaient l'Œil Gris en dessous.

— Non, tout bien considéré, reprit-il au bout d'un instant en hochant la tête, ce n'est pas possible.

— Oh ! vous n'êtes pas galant pour les dames, missié, dit mamzelle Zénobie.

— Je suis comme cela.

— Refuser un service à une femme ! s'écria l'horrible vieille en minaudant.

— Que voulez-vous ! on ne se refait pas. Je ne peux pas souffrir les femmes ; je suis convaincu qu'il n'y a rien de bon à en sortir, et que la meilleure d'entre elles ne vaut rien.

— Eh bien, en voilà des idées, par exemple !

— Voyons, ne soyez pas méchant pour moi, missié, dit la vieille d'un ton pleurard, consentez à m'emmener.

— Vous allez me faire faire une sottise, reprit-il en paraissant faiblir.

— Il n'y a qu'une demi-heure de chemin, tout au plus, en marchant bien.

— C'est vrai.

— Voyons, soyez aimable une fois par hasard.

— Cela vous fera-t-il beaucoup plaisir, mademoiselle Zénobie ?

— Beaucoup ! beaucoup ! s'écria-t-elle.

— C'est bien pour vous que je le fais, allez ! s'écria-t-il d'un air maussade ; enfin ! voyons, venez

la mère, et que le diable me torde le cou comme à un dindon, si cette promenade me fait plaisir.

— Je passe sur l'injure en faveur du service, dit la vieille négresse avec ressentiment.

— Parbleu ! cela m'est bien égal ; si vous croyez que cela m'amuse ! Nous avons l'air d'aller au sabbat.

— Merci, missié, vous êtes bien aimable, dit la jeune fille avec un sourire.

— Vous trouvez, mademoiselle Zénobie ? Vous n'êtes pas difficile.

Il salua et sortit en grommelant, suivi de la vieille.

Il était deux heures et demie du matin ; il faisait une brise piquante qui soufflait de la mer et fouettait rudement le visage.

Le Chasseur et la vieille sorcière, — car en réalité maman Suméra n'était pas autre chose, — s'éloignèrent à grand pas.

Nous ferons observer ici au lecteur qui pourrait être étonné de la rapidité avec laquelle les événement se succèdent, que la Guadeloupe n'a, qu'une médiocre étendue ; que, par conséquent les distances y sont courtes, et que c'était à peine si, pendant ses nombreuses pérégrination, le Chasseur avait fait cinq lieues.

IX

CE QUI SE PASSAIT SUR LE SOMMET DE LA SOUFRIÈRE PENDANT LA NUIT DU 14 AU 15 FLORÉAL AN X

Nous avons dit que le centre de l'île de la Guadeloupe est occupé, du nord au sud, par une chaîne de montagnes boisées et volcaniques dont la hauteur moyenne est de mille mètres, soit trois mille pieds ; dont les sommets sont taillés en cône, et de la base desquelles s'échappent soixante-dix rivières ou ruisseaux qui, tous, vont se perdre dans la mer après des cours plus ou moins longs, plus ou moins sinueux, plus ou moins accidentés.

Du milieu même de ce groupe de montagnes, en tirant un peu vers le nord, s'élève, comme un lugubre phare dans la moyenne région de l'air, à quinze cent soixante-sept mètres au-dessus du niveau de la mer, c'est-à-dire à quatre mille sept cent quatre-vingt-treize pieds, la redoutable et terrible montagne de la *Soufrière* ou Solfatare, dont les deux sommets ou pitons se détachent en pointes et sont formés de rochers pelés et calcinés (1).

Pour arriver à la Soufrière, en venant, par exemple, des Bains Jaunes, car la Soufrière est accessible de presque tous les côtés, on gravit d'abord

(1) L'Annuaire de l'Observatoire donne à la Soufrière la hauteur de 799 toises, soit 1,557 mètres ou 4,793 pieds.

le morne *Goyavier*, qui mène à la savane *Cockrane*, vaste bruyère située au pied même de la Soufrière, et couverte d'arbres malingres et rabougris, dont les branches presque dénuées de feuilles sont à demi brûlées par les cendres du volcan.

A l'époque où les Anglais s'emparèrent de la Guadeloupe, dont ils demeurèrent possesseurs pendant quelques mois, l'amiral Cockrane alla en grand appareil visiter la Soufrière ; et comme dans ce temps-là les Bains Jaunes n'existaient pas encore, l'amiral fit dresser ses tentes et passa la nuit dans cette bruyère qui, depuis lors, a conservé son nom.

Cette bruyère est traversée par une ravine assez encaissée, qu'alimentent les brouillards, et dans laquelle on trouve de l'eau glacée et très-bonne à boire.

Au fur et à mesure que l'on s'approche du redoutable volcan, l'atmosphère se charge d'émanations sulfureuses qui, à part leur odeur âcre et insipide, n'ont, au reste rien de nuisible, ni de bien désagréable pour la respiration.

La Soufrière proprement dite, c'est-à-dire le piton où se trouve le principal cratère, a une forme à peu près conique ; ses flancs dépouillés d'arbustes sont couverts d'une végétation assez pauvre, parmi laquelle se distingue principalement une sorte d'Ananas sauvage et parasite dans le genre de ceux qui poussent sur le tronc et sur les branches des fromagers.

On gravit la montagne, par le côte qui regarde le sud, en suivant un sentier fort raide et surtout si étroit, qu'une seule personne peut y passer à la fois, ce qui exige de fréquentes stations.

Après avoir monté pendant une demi-heure environ, on arrive au sommet du volcan.

Il est impossible de s'imaginer rien de plus labouré, de plus bouleversé, de plus effroyablement désordonné que le sommet de la Soufrière.

C'est un plateau assez vaste, formé entièrement de roches volcaniques, sans apparence de terre végétale, un immense rictus, qui va de l'est à l'ouest et formé de deux parois en roches perpendiculaires de plusieurs centaines de pieds de profondeur, dégage perpétuellement une épaisse vapeur imprégnée de soufre.

La roche, aussi loin que le regard ose descendre, est tapissée d'une magnifique couche jaune scintillante de cristaux ; les pierres qui sont lancées dans le gouffre roulent pendant deux ou trois minutes, d'abîmes en abîmes, avec des grondements sourds, assez semblables à ceux d'un tonnerre lointain.

Cette fente redoutable, large de cinquante pieds et longue de deux cents au plus, peut être facilement franchie sur un pont suspendu formé par d'énormes blocs de pierre qui, lors de la dernière éruption, ont été, par un incompréhensible hasard,

amoncelés et soudés les uns aux autres par-dess[us] le gouffre.

Ce plateau est réellement l'image exacte de destruction dans ce qu'elle a de plus colossal et [de] plus lugubre.

Des roches qui effrayent le regard par leu[rs] proportions extraordinaires, ont été culbutées, di[s-] persées, comme des grains de poussière ; le s[ol] tremble sous les pas ; la chaleur est si forte, qu'[en] beaucoup d'endroits il est impossible de demeur[er] plus de cinq minutes immobile.

De petits cratères fort nombreux bruissent av[ec] fracas sous les décombres ; le sol craque so[us] l'effort continu du feu, des mugissements sour[ds] s'échappent de gouffres insondables ; des jets [de] vapeur s'élancent à vingt pieds de haut ; partou[t] enfin, c'est une lutte souterraine, un tohu-bohu, [un] chaos indescriptible, puissant, indomptable, e[f-] frayant, épouvantable à voir ; en présence duqu[el] l'homme le plus brave se sent petit, faible et s'i[n-] cline avec une religieuse terreur.

Çà et là se rencontrent des excavations, ou plut[ôt] des grottes abritées par des roches monstrueus[es] dont l'aspect est affreux et inspire une horre[ur] inexprimable, au milieu des ruines entassées pê[le-] mêle et dont la masse tout entière s'ébranle [et] oscille au plus léger attouchement.

Puis, un peu plus bas, sur la pente ouest, pre[s-] que à mi-côte, se trouve un cratère des plus si[n-] guliers ; c'est un trou rond, fait dans la roche du[re] et perpendiculaire, comme par le passage d'[un] énorme boulet.

Par ce trou s'échappe, avec un sifflem[ent] effroyable et continu, un immense jet de vapeu[r] lorsque ce trou se forma, il en sortit, comme [par] un siphon, une quantité d'eau si considérab[le] qu'elle inonda pendant un jour tout entier d'én[or-] mes ravins de plus de cent pieds de profondeu[r] maintenant la vapeur qui s'en dégage, condens[ée] par le froid de l'air environnant, forme un nua[ge] d'un gris jaunâtre qui se voit de la Basse-Te[rre] et qu'on aperçoit même de cinq ou six lieues [en] mer.

En somme, et pour en finir avec cette descr[ip-] tion, nous ajouterons, sans crainte d'être déme[nti] par ceux des voyageurs qui l'ont vu, que le spe[c-] tacle de la Soufrière est à la fois le plus affreux, [le] plus sublime, le plus désolant, le plus grandiose, [le] plus horrible et en même temps le plus majestue[ux] que puisse rêver l'imagination surexcitée d['un] poète.

Le Dante n'a rien trouvé qui fût plus palpit[ant] et plus effroyable dans les cercles terribles de s[on] enfer, dont ce cratère, si épouvantablement con[-] vulsionné pourrait être le sinistre vestibule ; e[t la] désolante inscription : *Lasciate ogni speranza voi [che] intrate*, serait très-bien placée au sommet du roch[er.]

gigantesque dressé, comme un clocher roman, auprès de la principale ouverture du gouffre, et sur les murailles duquel, les belles et délicates créoles ont gravé, avec les plus mignonnes mains du monde, leurs noms charmants.

Contraste étrange, antithèse radieuse, que l'œil parcourt en une seconde dans ces parages désolés, mais que le cœur médite toujours !

Or, la nuit dont nous voulons parler, vers deux heures du matin, un homme, complétement enveloppé dans les plis d'un épais manteau, après avoir traversé d'un pas si rapide qu'il semblait presque courir, la bruyère qui depuis, prit le nom de *savane à Cockrane*, s'engagea d'un pas ferme et résolu dans l'étroit sentier que nous avons décrit plus haut ; certain alors d'être éloigné de tout regard humain et de ne pas risquer d'être reconnu, cet homme rejeta son manteau en arrière.

Ce personnage était le commandant Delgrès ; après sa visite à sir William's Crockhill, il était immédiatement sorti de la ville et s'était en toute hâte dirigé vers la Soufrière.

Après avoir franchi à peu près les deux tiers de la montagne, sans ralentir un instant son allure précipitée, qu'un cheval au trot eût eu peine à suivre, le commandant atteignit un plateau assez large ; espèce d'aire d'aigle accochée aux flancs abrupts du volcan ; et qui, par un miracle d'équilibre inconcevable, surplombait un précipice d'une profondeur insondable.

Ce plateau, ou plutôt ce *voladro*, ainsi que les Mexicains l'auraient nommé, était couvert dans toute son étendue d'arbres rabougris, aux troncs contournés en fantastiques spirales, formant des taillis épais, hauts de six pieds au plus et ressemblant à s'y méprendre aux maquis de la Corse.

Arrivé là, le commandant Delgrès ramena en avant les plis de son manteau ; fouilla attentivement les ténèbres du regard, s'enfonça en se courbant sous un taillis, au milieu duquel il disparut ; s'assit sur le sol ; et, après s'être assuré que ses pistolets étaient à sa ceinture et que son sabre jouait facilement dans le fourreau, il appuya le coude droit sur le genou, sa tête dans la main, et, laissant errer autour de lui un regard vague, il se plongea dans de profondes réflexions.

Près de trois quarts d'heure s'écoulèrent sans qu'il fît le plus léger mouvement, sans qu'il parût prêter attention ou du moins attacher d'importance à certains bruits très-faibles qui s'étaient fait entendre non loin de lui à plusieurs reprises.

Enfin, il releva la tête, fouilla dans son gousset, en retira sa montre et essaya d'y voir l'heure ; mais l'obscurité était trop intense sous le couvert où il se tenait pour que cela lui fût possible ; il la fit sonner ; il était trois heures un quart du matin.

Delgrès porta alors ses doigts à ses lèvres et imita, à trois reprises, le cri de l'oiseau-diable.

Le même cri fut presque immédiatement répété dans plusieurs directions, avec une perfection telle que le plus avisé chasseur s'y fût trompé lui-même.

Des silhouettes indécises s'esquissèrent presque aussitôt sur le ciel sombre au-dessus des taillis, devinrent peu à peu distinctes en convergeant vers un centre commun, espèce de clairière entièrement dénuée d'arbres, et il fut bientôt facile de reconnaître une quinzaine de noirs ou d'hommes de couleur, revêtus presque tous de l'uniforme d'officiers français.

Le commandant Delgrès qui, jusque-là, était demeuré immobile à la place qu'il avait primitivement choisie, se leva alors et se dirigea à son tour vers la clairière, dans laquelle il pénétra, salué à son passage avec des marques du plus profond respect, mais silencieusement, par toutes les personnes présentes.

Parmi les membres de ce nocturne conciliabule, se trouvaient le capitaine Ignace et trois de ses officiers les plus dévoués, nommés : Palème, Cadou et Massoteau ; trois officiers du bataillon commandé par Delgrès : Kirwan, Dauphin, Jacquiet ; venait ensuite Noël Corbet, homme de couleur et un des plus riches négociants de la Pointe-à-Pitre ; les sept autres conjurés, puisqu'il nous faut les appeler par leur nom, étaient des gens braves, dévoués, prêts à tout, mais placés par le hasard ou par le sort sur des échelons beaucoup moins élevés de l'échelle sociale que ceux que nous avons cités.

— Qu'y a-t-il de nouveau au fort de la Victoire, capitaine Ignace ? demanda Delgrès.

— Rien, mon commandant, excepté que les cent vingt hommes dont la garnison se compose sont à vous.

— Avez-vous vu la Pointe-Noire, ainsi que je vous l'ai recommandé ce soir même ?

— Tous les hommes de couleur réunis en cet endroit attendent impatiemment le signal de la lutte.

— Très-bien, répondit le commandant Delgrès ; selon toutes probabilités, ils n'auront pas longtemps à attendre.

Que le lecteur ne soit pas étonné de cette dénomination : d'*hommes de couleur*, dont nous nous servons si souvent ; les nègres entre eux ne se désignent jamais autrement ; tout ce qui n'est pas blanc, c'est-à-dire de race européenne, pour eux, est homme de couleur ; les blancs sont aussi exclusifs à leur manière, d'après leur opinion, dont rien ne saurait les faire revenir, tout individu ayant du sang africain, à quelque degré que ce soit, dans les veines, est nègre ; nous avons vu beaucoup de ces prétendus nègres, vendus devant nous.

en plein marché à la Nouvelle-Orléans, et dont la peau était beaucoup plus blanche et plus rosée que celle d'une foule de blancs de notre connaissance.

— Et Sainte-Rose? continua Delgrès.

— Mêmes dispositions, mon commandant ; les deux camps se réuniront au premier ordre émanant directement de vous ; je me suis entendu avec les principaux chefs.

— Très-bien, capitaine. Je ne veux pas, en considération du zèle que vous avez déployé et dont je saurai vous tenir compte, vous adresser certains reproches que je serais en droit de vous faire ; vous me comprenez sans qu'il me soit nécessaire d'insister davantage ; d'ailleurs nous avons à nous occuper d'affaires bien autrement sérieuses ; les circonstances dans lesquelles nous nous trouvons sont trop graves pour que nous perdions notre temps en vaines récriminations ; je me borne, quant à présent, à vous recommander de redoubler de prudence ; l'heure approche où nous n'aurons pas trop de toute notre énergie et de tout notre dévouement pour accomplir dignement la glorieuse tâche que nous nous sommes donnée. Et vous, capitaine Kirwan, qu'avez-vous fait au fort Saint-Charles?

— Mon commandant, j'ai suivi de point en point les ordres que vous m'avez fait l'honneur de me donner.

— Avez-vous obtenu un résultat?

— Complet, mon commandant ; je suis sûr de mes hommes comme de moi-même.

— Bon ; maintenez-les dans ces excellentes dispositions.

— Ce sera facile.

— Et vous capitaine Dauphin?

— Mon commandant, la batterie *Irois* fera son devoir ; je réponds, sur ma tête, des hommes qui la composent.

— Allons, messieurs. si notre ami Jacquiet nous donne d'aussi bons renseignements, tout ira bien.

— Je crois pouvoir répondre de mes hommes, mon commandant, répondit aussitôt Jacquiet, leurs dispositions sont bonnes ; ils sont animés du meilleur esprit, et dévoués à notre cause qui est la leur.

— Citoyens, puisqu'il en est ainsi, tout n'est pas perdu encore, reprit le commandant Delgrès. Je crois que nos ennemis, si nombreux qu'ils soient, auront une forte besogne pour nous vaincre. Maintenant, prêtez-moi, je vous en prie la plus sérieuse attention ; les communications que j'ai à vous faire sont de la plus haute importance.

Tous les assistants, comme d'un commun accord, se rapprochèrent et se pressèrent autour de celui qu'ils reconnaissaient pour leur chef, et que depuis longtemps ils savaient dévoué à leur cause.

— Citoyens, reprit Delgrès au bout d'un instant, je n'ai pas besoin de vous rappeler comment a avorté, il y a quelques mois, le projet que nous avions formé, d'opérer une descente à la Dominique ; de nous emparer de ce misérable Lacrosse, de lui faire expier tous ses crimes par un châtiment terrible, mais mérité ; puis, de renverser le conseil provisoire pour le remplacer par un gouvernement fort, animé de sentiments patriotiques et entièrement composé d'hommes de couleur, qui tous, connaissant les besoins de notre race malheureuse, l'auraient vengée des humiliations subies, en lui donnant des droits égaux à ceux de tous les autres habitants de l'île, sans vaine distinction de nuances.

Un frissonnement d'intérêt et de colère courut comme un souffle électrique dans les rangs pressés des auditeurs, à cet exorde si rempli de promesses.

Nous ferons observer, entre parenthèses, que le commandant Delgrès altérait légèrement la vérité ; ceci est une tactique naturelle à tous les révoltés ; mais les assistants savaient ce que leur chef voulait dire, cela leur suffisait ; le conseil d'hommes de couleur que lui et ses complices voulaient installer, en remplacement des membres du conseil provisoire de la colonie, devait être composé entièrement de nègres purs et de mulâtres ; mais ceux-ci en très-petit nombre.

Le commandant Delgrès reprit après une pause assez courte :

— Le traître Magloire Pélage, dont la diabolique vigilance ne peut être mise en défaut, réussit à découvrir une partie du complot et fit avorter ce projet patriotique ; mais, comme il comprenait sa faiblesse, il n'osa pas approfondir cette affaire ; il crut neutraliser la haine dont nous sommes animés contre nos persécuteurs et la mettre en opposition avec notre ambition de rester ce que nous a faits la République : des hommes libres ; en nous isolant les uns des autres, au moyen de commandements éloignés qui rendaient toutes communications entre nous, sinon impossibles, du moins fort difficiles ; certes, cette combinaison était bonne, adroite surtout, et avec d'autres hommes moins dévoués que nous le sommes à la sainte cause pour laquelle nous avons fait serment de donner notre vie, elle aurait rempli le but que se proposait le traître Magloire Pélage. C'est moi-même, vous vous en souvenez, n'est-ce pas, citoyens? qui vous ai conseillé d'accepter les propositions du conseil provisoire de la colonie.

— Oui, c'est vous, commandant Delgrès, répondirent les conjurés d'une seule voix.

— J'avais un but, moi aussi, reprit-il, en vous

donnant ce conseil ; ce but, aujourd'hui, nous sommes près de l'atteindre ; grâce à notre apparente soumission, nous sommes maîtres des points fortifiés les plus importants de l'île ; nous avons entre nos mains la plus grande partie des armes et des munitions ; notre organisation est plus complète et par conséquent plus redoutable qu'elle ne l'a jamais été ; sur un signe, sur un mot, nous nous lèverons tous à la fois dans l'île entière ; en quelques heures à peine nous serons les maîtres ; au cri de liberté poussé par nous, cri dont le retentissement est si grand dans des cœurs comme les nôtres.

— Oui, liberté ! liberté ! s'écrièrent les assistants avec enthousiasme.

Le commandant Delgrès laissa à ces cris le temps de s'éteindre, puis il continua :

— La Convention nationale, au nom de la République française, une et indivisible, par son décret du 16 pluviôse an II, avait donné la liberté aux esclaves des colonies, reconnu l'indépendance de la race noire et son droit imprescriptible, puisqu'il émane de Dieu même, à être traitée comme la race blanche, avec complète abolition des privilèges et. suppression totale du *code noir*. La déloyauté du gouvernement colonial, l'âpreté du planteur blanc, qui considère l'homme de couleur comme sa chose, son bien, son serviteur, son esclave, ont paralysé les effets de ce décret libérateur ; depuis des années nous luttons vainement pour obtenir l'exécution et le respect de la loi ; une nouvelle révolution s'est opérée en France, nous devions espérer du jeune chef que la mère-patrie s'est donné, — le général Bonaparte, — une nouvelle sanction du décret de l'an II ; notre conduite loyale, notre dévouement sans bornes à la République, tout nous laissait espérer qu'il en serait ainsi ; eh bien, il paraît que nous nous trompions, ou, pour mieux dire, que jusqu'ici on nous a trompés et que nous nous bercions d'un faux espoir.

De sourds grondements, présages d'une tempête prochaine, se firent entendre dans les rangs des conjurés attentifs et anxieux de connaître leur sort, car tous ils appartenaient à la race persécutée.

— Je n'affirme rien encore, citoyens, reprit froidement Delgrès, bien que j'aie toute espèce de raisons pour ajouter une confiance entière à la source d'où proviennent ces renseignements. Voici, en deux mots, ce que j'ai appris : L'expédition partie de France : us les ordres du général Richepance est forte de six mille hommes de troupes de débarquement ; elle a, en vue de la Guadeloupe, rencontré la frégate *la Pensée*, à bord de laquelle se trouvait l'ex-capitaine général Lacrosse, cet ennemi acharné de la race noire ; sans doute trompé par lui, Richepance le veut ramener en triomphe dans la colonie, le réinstaller dans son commandement et, obéissant aux ordres exprès du premier consul qui vient de renverser traîtreusement l'autorité du Directoire, abroger de son pouvoir dictatorial le décret sauveur du 16 pluviôse an II, et nous refaire esclaves, lorsque la France et la République nous veulent libres.

— Le général Richepance, pas plus que le premier consul Bonaparte, n'a le droit de nous imposer l'esclavage ! s'écria le capitaine Ignace avec violence. Est-ce donc en s'alliant au traître Lacrosse que le général Richepance prétend nous rendre la justice que depuis si longtemps nous attendons !

— Jamais nous ne consentirons à subir un tel affront ! s'écria à son tour le capitaine Dauphin ; la loi est précise, nous demandons sa loyale exécution.

— Vive la République et meurent les traîtres et les usurpateurs ! répétèrent tous les conjurés d'une seule voix ; plutôt mourir bravement les armes à la main que de subir le joug honteux que des traîtres prétendent nous imposer !

— Telle est aussi ma résolution, dit nettement le commandant Delgrès ; mais ne nous laissons pas emporter par notre juste indignation ; soyons calmes, prudents et surtout patients jusqu'au bout ; gardons-nous d'éveiller les soupçons ; notre silence, si nos ennemis méditent en effet cette épouvantable trahison, les endormira dans une trompeuse sécurité, dont le réveil, si vous me secondez, sera terrible, je vous le jure !

— La liberté ou la mort ! Vive la Convention ! A bas Lacrosse ! hurlèrent les conjurés avec un accent de colère indicible.

— Je saurai faire mon devoir jusqu'au bout, citoyens, et accomplir la mission grande et sainte que je me suis imposée ; mais je vous le répète, soyons prudents. Oh ! ne craignez rien, votre patience ne sera pas mise à une trop longue épreuve ; l'expédition française paraîtra peut-être dans les eaux de l'île de la Guadeloupe, la première proclamation du général en chef nous apprendra, je n'en doute pas, ce que nous aurons à redouter ou à espérer de lui ; déjà quelques rumeurs de cette arrivée prochaine étaient indirectement parvenues jusqu'à moi ; aujourd'hui, ce soir même, elle m'a été confirmée en présence du conseil provisoire par le traître Magloire Pélage ; nous ne devons plus conserver le moindre doute sur la réalité de tte nouvelle. Citoyen Noël Corbet ?

— Mon commandant ?

— Votre principal comptoir est à la Pointe-à-Pitre, n'est-ce pas ?

— Oui, mon commandant.

— Je compte sur vous pour me faire parvenir les renseignements les plus circonstanciés sur l'arrivée et le débarquement des troupes françaises, ainsi que sur les intentions que manifestera le général en chef au sujet de la race noire.

— Si dévoué que soit un émissaire, il peut cependant, pour une cause ou pour une autre, être infidèle ; la mission que vous me faites l'honneur de me confier, mon commandant, est beaucoup trop grave pour que je me repose sur qui que ce soit du soin de son exécution ; moi-même je viendrai vous rendre compte de ce qui se sera passé et de ce que j'aurai vu personnellement.

— Votre pensée est excellente, citoyen Corbet, je vous en remercie en notre nom à tous ; faites donc ainsi que vous me le dites ; je n'ajouterai foi qu'aux renseignements que je tiendrai directement de vous.

— C'est entendu, commandant ; j'espère bientôt vous prouver ce dont je suis capable pour le succès de notre sainte cause.

— Je vous le répète, citoyens, continua le commandant Delgrès, l'heure est solennelle ; il nous faut redoubler de vigilance, de prudence surtout ; ni murmures, ni hésitations ; quelque singuliers que vous paraissent les ordres que vous recevez, obéissez aussitôt, avec la soumission la plus entière et la plus dévouée ; me jurez-vous d'agir ainsi, répondez, citoyens ?

— Nous le jurons ! s'écrièrent-ils avec élan.

— Quand l'heure sera venue, je vous donnerai le signal de la lutte ; alors, puisqu'il le faut, puisqu'on nous l'impose par la plus criante injustice, par la violation de la loi : guerre d'extermination ! d'une extrémité de l'île à l'autre, guerre sans merci, impitoyable ! plus les blancs seront nombreux, plus nous en égorgerons ; ainsi plus grande et plus complète sera notre vengeance !

— Vengeance ! Mort aux blancs !

— J'ai maintenant, reprit Delgrès, toujours sombre, froid et impassible, à vous annoncer une autre nouvelle, plus importante encore, s'il est possible, que celle que déjà je vous ai donnée ; cette nouvelle fera bondir de joie vos cœurs généreux, car si, ce que j'espère, elle se réalise et devient un fait, elle sera pour nous non pas l'assurance, mais la certitude de la liberté, pleine, entière, sans limite ; les hommes de couleur de la Guadeloupe ne seront plus des esclaves affranchis, mais ils formeront un peuple indépendant comme leurs frères de l'île de Saint-Domingue.

L'attention redoubla encore parmi ces hommes rassemblés pour reconquérir le plus précieux de tous les biens : la liberté ! sur les flancs abruptes de ce gouffre horrible, et dont toutes les passions, maintenant en éveil, étaient surexcitées presque jusqu'au délire.

— Prêtez-donc une sérieuse attention à ce que vous allez entendre, reprit le commandant Delgrès

qui semblait grandir et se transfigurer au fur et mesure qu'il dévoilait aux conjurés les combina sons secrètes de la vaste conspiration ourdie p son génie et sa grande ambition. L'Anglete cette ennemie séculaire et acharnée de la Fran nous offre, pour nous aider dans la sainte missi que nous avons entreprise, de l'argent, des arm et des munitions ; une flotte anglaise croisera, sa cependant débarquer un seul homme sur le de la Guadeloupe, autour du groupe de nos île pour éloigner et détruire au besoin les soldats l'usurpateur Bonaparte qui tenteraient de je des secours dans l'île ; les Saintes nous seront re tituées armées et en état de défense comme ell le sont en ce moment ; notre indépendance se reconnue par le gouvernement britannique, et ce à une seule condition qui, pour nous, sera u source inépuisable de richesse et de bien-être, droit pendant soixante ans de traiter, seule toutes les puissances européennes, avec notre go vernement, de l'achat et de l'écoulement de n produits à des prix librement discutés avec no

Cette fois encore, il faut bien le dire, Delgr altérait légèrement la vérité ; il donnait pour fait accompli des prétentions qui n'étaient qu l'état de projet et que l'Angleterre était loin d voir acceptées ; mais il avait, pour agir ainsi, d raisons péremptoires sur lesquelles il est inut d'insister, le lecteur les comprend facilement ; puis d'ailleurs, si Delgrès avait parlé franchem à ses complices, il se serait nui à lui-même : ceu ci n'auraient pas saisi les combinaisons abstrai de sa politique ; il préféra, et il fit bien, les tro per, dans leur intérêt même.

— Vous comprenez, citoyens, continua-il, co bien cette alliance avec l'Angleterre augmentera n forces et nous facilitera la victoire. J'attends so huit jours, au plus tard, la réponse du gouverne ment anglais, réponse définitive, bien entendu nous n'avons donc plus que quelques jours à tienter, ce qui n'est rien ; d'ailleurs, les résolutio ultérieures que nous devons prendre seront for ment subordonnées, ne l'oubliez pas, aux instru tions données au général en chef de l'expédit par le gouvernement français et aux mesures q ce général jugera à propos de prendre lorsqu posera le pied sur le rivage de la Pointe-à-Pitr Attendez-donc mon signal pour agir ; mais, au sitôt que vous l'aurez reçu, réunissez-vous, ma chez résolûment en avant, et, quoi qu'il arriv renversez, sans hésiter, tous les obstacles qu' prétendra vous opposer.

— Les blancs doivent être massacrés jusqu'a dernier, dit le capitaine Ignace avec une énerg féroce.

— Ils périront tous ! répondit un des assistan avec un sourire d'une expression sinistre.

Je saurai faire mon devoir jusqu'au bout, citoyens... (page 63).

—Quel sera le signal? demanda à Delgrès le farouche capitaine.

— Un ordre écrit et signé de ma main qui, en même temps, vous donnera les instructions nécessaires sur les mouvements que vous devrez opérer.

— Par qui cet ordre nous sera-t-il remis?

— Par trois de nos partisans les plus dévoués : les citoyens Noël Corbet, Télémaque et Pierrot.

— Bien; mais il y a une difficulté, commandant, reprit le capitaine Ignace.

— Laquelle?

— Les citoyens Télémaque et Pierrot ont été aujourd'hui à sept heures et demie du soir, arrêtés à l'anse à la Barque.

— Pour motifs sérieux?

— Je ne le crois pas, commandant; on parle d'une rixe avec cet endiablé Chasseur de rats.

— Cet homme est un de nos ennemis les plus redoutables.

— Il s'est fait librement, et sans qu'on puisse en soupçonner les motifs, l'espion des blancs contre nous.

— Il est important de nous en défaire à tout prix.

— Voici, sur ma foi! dit le capitaine Ignace, un ordre beaucoup plus facile à donner qu'à mettre à exécution, j'en sais quelque chose.

— Que voulez-vous dire?

— Pardieu ! une chose connue de tout le monde à la Guadeloupe : cet homme est invulnérable.

Delgrès haussa dédaigneusement les épaules.

— La crainte qu'il a su vous inspirer fait la seule force de votre ennemi ; il est brave, adroit, rusé, et pas autre chose ; cessez de le craindre, vous en aurez bientôt raison.

— Commandant, dix fois j'ai tiré sur lui sans parvenir à le toucher ; dix fois je lui ai tendu des embuscades, toujours il a réussi à s'échapper de mes mains.

— Tout simplement parce que vos mesures étaient mal prises, capitaine ; essayez une fois encore, et cette fois, si vous êtes aussi brave, aussi adroit, aussi rusé que lui, il ne vous échappera pas, soyez-en certain.

— J'essayerai, puisque vous me l'ordonnez, commandant ; mais je vous avoue que je ne compte pas sur le succès ; je sais qu'il possède un puissant talisman.

— Eh bien, prenez-le-lui ou faites-le-lui prendre pendant son sommeil, dit Delgrès avec ironie.

— Bon, je n'avais pas songé à cela ; je sais maintenant comment j'agirai.

— Seulement, faites bien attention que vous ne devez, sous aucun prétexte, paraître dans cette affaire.

— Oh ! commandant, j'ai des hommes exprès pour cela.

— Très-bien, pressez-vous.

— Avant deux jours ce sera fait.

— Le plus tôt sera le mieux.

— A propos des deux hommes, que décidez-vous, commandant ?

— Quels deux hommes ?

— Télémaque et Pierrot.

— Ah ! c'est vrai ; où les a-t-on conduits ?

— A la batterie de la pointe Duché.

— Alors, rien de plus facile ; je suis sûr du commandant de cette batterie, vous lui donnerez l'ordre de ma part, de vous les remettre pour être transférés à la Basse-Terre.

— Très-bien, commandant, et...

— Vous me les enverrez ; mais libres, bien entendu.

— Merci, commandant, ces deux hommes sont braves, dévoués, Télémaque surtout ; j'aurais été fâché qu'il leur arrivât malheur. Quant devrai-je aller les réclamer ?

— Immédiatement après m'avoir quitté ; il ne faut jamais remettre à plus tard ce que l'on peut faire tout de suite ; vous m'avez compris, capitaine ?

— Oui, mon commandant, et je vous obéirai sans perdre une seconde, je vous le promets.

— Citoyens, reprit le commandant Delgrès en s'adressant à tous les conjurés, il est tout près de cinq heures du matin, le jour ne tardera pas à paraître, nous nous sommes bien compris, bien entendus, nos mesures sont toutes prises pour parer aux événements qui pourraient surgir d'un moment à l'autre ; une plus longue séance est donc inutile, séparons-nous et soyons sur nos gardes ; vous savez, citoyen Noël Corbet, que je compte entièrement sur vous ?.

— C'est convenu, commandant.

— Citoyens, je vous dis en revoir et je me retire.

— Nous vous accompagnons, commandant, lui dirent les trois officiers de son bataillon.

— Soit ; partons, citoyens.

Les conjurés étaient occupés à échanger les dernières politesses ; quelques-uns même s'étaient déjà éloignés, lorsque tout à coup de grands cris s'élevèrent à une distance assez rapprochée, deux coups de feu éclatèrent, confondant leurs détonations, suivis presque immédiatement d'un troisième, puis il y eut un profond silence.

— Qu'est-ce que cela signifie ? s'écria le commandant Delgrès avec inquiétude.

— J'ai reconnu le bruit du fusil du Chasseur de rats, répondit le capitaine Ignace dont les sourcils se froncèrent.

— Vous voyez cet homme partout, capitaine ? reprit Delgrès d'un ton de mauvaise humeur.

— C'est que ce démon est toujours là où on l'attend le moins, commandant.

Les cris partaient du sentier qui est sur la droite ; il nous faut suivre ce chemin pour redescendre dans la savane, nous saurons bientôt à quoi nous en tenir sur cette affaire.

— Me permettez-vous de vous accompagner, commandant ?

— Je vous remercie, capitaine, c'est inutile ; les citoyens Jacquiet, Kirwan, Dauphin et moi, nous sommes en nombre suffisant pour faire face à un ennemi quel qu'il soit.

— Vous aurez dans un instant la preuve que je ne me suis pas trompé, commandant, et vous reconnaîtrez que c'est encore quelque diablerie de ce damné Chasseur.

— Allons, allons, au revoir.

Il quitta aussitôt le plateau, suivi des trois officiers.

La descente fut beaucoup plus rapide que n'avait été la montée ; à un tournant du sentier, les quatre hommes remarquèrent une large tache noirâtre sur le sol ; cette tache, humide encore, pouvait être du sang ; ils examinèrent avec soin les environs, mais ils ne découvrirent rien de plus.

Il continuèrent à descendre.

En posant le pied sur la savane, Delgrès trébucha contre une masse flasque et inerte, étendue à l'entrée même du sentier dont elle barrait presque l'accès.

Delgrès se baissa vivement.

Il reconnut avec effroi le corps brisé et horriblement mutilé de sir William's Crockhill ; une balle lui avait fait une blessure ronde et large comme le petit doigt, juste entre les deux sourcils et était sortie par le sommet du crâne.

L'Anglais était mort ; selon toute apparence, il avait été tué raide, foudroyé littéralement ; il tenait encore entre ses mains crispées ses pistolets déchargés.

Il y avait eu combat ; ce n'était donc pas un assassinat, mais une rencontre, peut-être un duel.

Le commandant Delgrès se releva tout pensif.

— Ignace aurait-il raison ? murmura-t-il à part lui ; cet homme serait-il donc notre mauvais génie ?

Et s'adressant à ses compagnons :

— Partons, citoyens, ajouta-t-il.

Les quatre hommes s'éloignèrent à grands pas, sombres, silencieux et en proie à une inquiétude extrême.

La mort de sir William's Crockhill était un malheur réel pour Delgrès et un échec irréparable pour le succès des plans qu'il avait formés.

X

OÙ L'ON VOIT L'ŒIL GRIS CONTINUER SES OPÉRATIONS TÉNÉBREUSES

Notre ami le Chasseur et la charmante compagne dont il avait jugé à propos de s'affubler, cette horrible et vieille sorcière nommée maman Suméra, avaient enfin laissé la Basse-Terre bien loin derrière eux ; pendant un laps de temps assez prolongé, ils continuèrent à marcher côte à côte sans échanger une seule parole.

Dès qu'il se vit complétement en rase campagne, le Chasseur, soit calcul de sa part, soit qu'il eût oublié qu'il n'était pas seul, avait adopté une allure si rapide, que la vieille négresse était presque constamment contrainte de se mettre au trot pour le suivre, et que parfois elle demeurait en arrière malgré elle.

Mais, comme, ainsi que nous l'avons constaté, la digne sorcière était très-peureuse, que l'ombre projetée des arbres affectait les formes les plus fantastiques, que les bruits mystérieux de la nuit lui donnaient des frissons intérieurs, que de plus, sa conscience, bourrelée sans doute de sinistres souvenirs, peuplait les ténèbres de fantômes, elle faisait d'incroyables efforts pour ne pas abandonner son singulier guide, qui de son côté, continuait impassiblement à marcher de son pas gymnastique, gourmandant ses chiens et sondant, à droite et à

gauche, les buissons, avec cet imperturbable sang-froid qui jamais ne l'abandonnait.

La misérable femme était réellement digne de pitié ; elle suait à grosses gouttes, haletait et soufflait comme un phoque, n'avançait plus qu'avec des difficultés extrêmes, et calculait mentalement avec effroi combien de minutes s'écouleraient encore avant le moment où ses forces l'abandonnant complétement, elle se verrait contrainte, malgré elle et à sa grande terreur, à demeurer seule et abandonnée dans le désert.

Elle maudissait, au fond de son cœur, sa fatale pensée de partir en compagnie de ce Chasseur grossier et malhonnête qui n'avait aucune considération pour les femmes et les traitait avec un si dédaigneux mépris ; elle lui adressait mentalement, tout en trottinant à sa suite, la kyrielle interminable des plus terribles malédictions que sa mémoire pouvait lui fournir ; il est évident que si elle eût été seulement la moitié aussi sorcière qu'elle s'en flattait auprès de ses crédules partisans, le Chasseur aurait passé un très-mauvais quart d'heure, et aurait payé fort cher le sang-façon cruel avec lequel il la traitait.

Mais rien n'y faisait ; bon gré, mal gré, il lui fallait prendre son parti du mauvais pas dans lequel elle s'était fourvoyée, et attendre le moment de la vengeance, qui, selon elle, ne tarderait pas à arriver d'un instant à l'autre ; cette seule pensée lui rendait un peu de force et de courage pour supporter le pesant fardeau de la fatigue, dont elle était de plus en plus accablée.

Depuis longtemps déjà les dernières maisons d'un petit bourg situé à une lieue et demie environ de la Basse-Terre, avaient disparu derrière les deux voyageurs, bien loin dans les ténèbres ; ils se trouvaient maintenant au milieu des mornes, éloignés de toute habitation humaine, et suivant un sentier étroit tracé sur les flancs d'une montagne ; déjà le haut piton du Morne-aux-Cabris détachait vigoureusement en relief sa sombre silhouette sur le fond obscur de l'horizon et le ciel pailleté de scintillantes étoiles, à trois ou quatre portées de fusil devant eux ; les rayons gris de perle de la lune leur permettaient de distinguer les différents accidents du paysage abrupt mais grandiose qui les entourait ; maman Suméra caressait intérieurement le doux espoir de voir bientôt se terminer son atroce supplice, et d'atteindre enfin sa cabane enfouie discrètement sous un fouillis odorant de liquidimbars, de grenadiers, d'orangers et de goyaviers, dominés par de hauts tamarins et de majestueux fromagers ; déjà même elle se figurait distinguer à travers le prisme trompeur de l'atmosphère, les bosquets ombreux de sa chère demeure ; un soupir de joie et de soulagement s'échappait de sa poitrine, lorsque tout à coup le Chasseur s'arrêta, fit volte-face, laissa reposer avec bruit la crosse de son fusil sur le sol rocailleux du sentier, et, la regardant d'un air railleur, qui, aux rayons blafards de la lune, sembla réellement diabolique à la vieille négresse, il lui dit à brûle-pourpoint :

— A propos, chère maman Suméra, apprenez-moi donc, s'il vous plaît, quels sont les ingrédients dont vous vous êtes servie pour composer le fameux *Ouenga* qui devait donner à ce gredin d'Ignace la facilité de me tuer comme un pécari ! Je serais bien curieux de le savoir, ce doit être quelque chose de très-extraordinaire.

A cette question singulière, faite ainsi à l'improviste et d'une si bizarre façon, la vieille négresse sentit ses jambes tremblantes se dérober sous elle ; elle s'arrêta effarée et resta la bouche béante, sans pouvoir prononcer un seul mot.

— Vrai ! reprit le Chasseur, vous me rendrez service en me donnant ces renseignements.

— Je ne vous comprend pas, missié, balbutia la vieille.

— Laissez donc, vous comprenez fort bien, au contraire ; voyons, qu'est-ce que cela vous fait de me l'apprendre ? Il faut convenir que vous n'êtes pas complaisante. Vous êtes-vous servie de têtes de crapauds, de langues de scorpions, de graisse de couleuvre battue avec du sang d'iguane, chacun de ces animaux ayant été tué un vendredi à minuit, précisément à l'instant où la lune se lève ? C'est de cette façon que se préparent d'ordinaire ces fameux talismans.

— Mais je vous assure, missié Chasseur, reprit la vieille négresse qui suait et soufflait comme si elle sortait de l'eau, je vous assure que je ne comprends rien à ce que vous me dites ; aussi vrai que je suis une honnête femme !

— Bon ! vous ne voulez pas en convenir ? répondit le Chasseur, toujours froid et railleur ; c'est mal, c'est très-mal ; c'est ainsi que vous m'êtes reconnaissante ? moi, qui ai été si gentil pour vous, qui ai consenti à vous conduire jusqu'ici. Rendez-donc service aux femmes ! C'est à faire regretter d'être aimable ! ajouta-il en haussant les épaules.

L'horrible vieille n'essaya point de protester contre cette prétention d'amabilité, prétention dont elle comprenait, dans son for intérieur, toute la sanglante ironie.

— Je vous proteste, missié, s'écria-t-elle vivement, que je n'ai jamais su composer d'Ouengas, ainsi que vous nommez cette affreuse chose.

— Allons, voilà que vous me prenez pour un imbécile à présent ; comme c'est agréable pour moi ! Avec cela que je ne sais pas pertinemment que vous êtes sorcière.

— Pertinemment ! s'écria la vieille tout effarée, en entendant ce mot qu'elle ne comprit pas.

— Oui, pertinemment, maman Suméra ! reprit le Chasseur en fronçant les sourcils et en frappant avec force la crosse de son fusil contre terre.

— Oh ! ne me faites pas de mal, missié ! dit en joignant humblement les mains la négresse, qui commençait réellement à avoir une peur effroyable ; au nom du bon Dieu, ne me jetez pas un charme.

— Vous avez tort de craindre qu'on vous jette des charmes, la mère ; vrai, cela ne pourrait pas vous nuire, fit-il en ricanant.

— Mon bon missié, est-ce que nous ne continuons pas notre chemin ?

— Un instant, que diable ! vous êtes bien pressée, la mère... Ainsi, c'est bien résolu, vous vous obstinez à ne pas vouloir m'apprendre comment vous avez composé cet Ouenga ?

— Mais je vous jure, missié Chasseur...

— C'est bien, interrompit celui-ci, n'en parlons plus ; je vais vous demander autre chose, mais, cette fois, j'espère que je serai plus heureux et que vous me répondrez.

— Si je le puis, oh ! bien sûr, missié ! mais je voudrais bien être chez moi.

— Bah ! pourquoi faire ? Je trouve que nous sommes très-bien ici ; voyez, nous avons sous nos pieds un précipice de mille mètres ; personne ne peut entendre notre conversation ; que désirez-vous de plus, chère maman Suméra ?

— Rien, bien certainement, missié, mais...

— Mais vous aimeriez mieux vous en aller, hein, la mère ? interrompit-il en ricanant ; malheureusement cela ne se peut pas, et même il est fort possible que vous demeuriez longtemps ici, si vous ne répondez pas catégoriquement aux questions que je me propose de vous adresser ; ainsi prenez garde, je vous donne cet avis en passant, dans votre intérêt.

« Catégoriquement » se joignant à pertinemment, acheva de bouleverser la négresse ; elle prit pour formules infernales les grands mots du Chasseur, — grands mots que, du reste, celui-ci employait avec intention, et elle se mit à trembler de tous ses membres.

— Que désirez-vous savoir, missié Chasseur ? lui demanda-t-elle d'une voix haletante.

— A quelle heure le commandant Delgrès doit-il venir chez vous aujourd'hui ? demanda-t-il brusquement.

— Hein ? s'écria maman Suméra, en faisant un ou deux pas en arrière avec une véritable épouvante.

— Prenez garde de tomber, la mère ; une chute de mille mètres, c'est très-dangereux. Voyons, faut-il que je vous répète ma question ? ajouta-il en fixant sur elle un regard étincelant, en même temps qu'il jouait avec une négligence affectée avec la batterie de son fusil.

— Mais, missié...

— Je vous ai avertie de prendre garde ; vous êtes presque sur le bord du précipice, maman Suméra

Il suffirait d'un mouvement mal calculé de votre part pour y tomber; croyez-moi, vous ferez mieux de me répondre tout de suite, car il faudra toujours que vous en ... iviez là. Voyons, à quelle heure attendez-v. . la visite du commandant Delgrès?

— A trois heures.

— Bien vrai?

— J'en fais serment sur le petit Jésus.

— Bien, bien. Et la demoiselle?

— Quelle damizelle.

— Je ne vous demande pas cela ; je vous dis : la demoiselle, c'est clair, que diable! A quelle heure sera-t-elle chez vous?

— A deux heures.

— Que viendra-t-elle faire dans votre taudis?

— Mon taudis?... fit la vieille avec une velléité de révolte.

— Votre *carbet*, si vous le préférez, cela m'est égal, à moi. Voyons, répondez, ou sinon...

L'horrible mégère était domptée : elle n'essaya pas plus longtemps de soutenir une lutte aussi peu égale contre cet homme qui semblait tout deviner.

— La damizelle désire que je lui fasse un *Mangé-Ramasn* ou un *Caprelatas*, pour apprendre certaines choses importantes qu'elle a intérêt à connaître.

— Bon, vous voyez bien que j'avais raison de dire que vous êtes sorcière, bein, la mère! Vous savez composer les Mangé-Ramassa et les Caprelatas, quoique vous souteniez que vous ignorez ce que c'est qu'un Ouenga ; n'essayez pas de vous disculper, ce serait inutile. Maintenant, écoutez bien ceci; vous commencez à me connaître, je suppose!

— Oh! oui! et pour mon malheur! murmura la négresse d'une voix larmoyante.

— Ne faites pas de grimaces, chère maman Suméra, je vous prie; rien ne m'agace les nerfs comme d'entendre pleurer les crocodiles, c'est plus fort que moi, cela me rend furieux; ainsi supprimez vos larmes il dépend de vous, de vous seule en ce moment, de ne pas être pendue comme sorcière.

— Pendue comme sorcière s'écria la vieille avec épouvante.

— Parfaitement, je n'ai que quelques mots à dire à quelqu'un que je connais, et votre compte sera réglé sous quarante-huit-heures; une potence toute neuve et une corte de latanier feront l'affaire.

— Oh! vous ne voudriez pas faire de mal à une pauvre femme, missié.

— Cela dépend de vous, la mère, je vous le répète, c'est un marché que je vous propose.

— Un marché?

— Mon Dieu, oui, pas autre chose ; écoutez-moi bien. Je consens à vous laisser libre de continuer votre lucratif métier, de composer autant que cela

vous conviendra des *don Pèdre*, des *Macondats*, des *Vaudoux*, des *Quienbois*, des *Mangé-Ramassa*, des *Caprelatas*, et même des *Ouengas*, quoique vous prétendiez ne pas les connaître; je suis un *Papa* très-puissant, instruit de la science des blancs; mes *Grisgris* sont supérieurs aux vôtres.

— C'est vrai! murmura la négresse avec une conviction douloureuse.

— Je vous laisse donc maîtresse de composer vos sortilèges, qui, pour moi, sont sans effet; je vous promets même que vous ne serez jamais inquiétée ni tourmentée pour vos jongleries ; mais tout cela, bien entendu, à une condition.

— A une condition?

— Dame! vous figurez-vous que je vous donnerai ma protection pour rien, par hasard?

— C'est juste, missié Chasseur, dit humblement la vieille négresse, qui, cependant, commençait à se rassurer un peu.

— Cette condition, la voici: vous me servirez au lieu de servir mes ennemis, et vous obéirez sans hésiter à tous les ordres que je vous donnerai, quels que soient ces ordres, sinon...

Il n'acheva pas, mais il tourna la tête d'un air significatif vers le précipice.

— J'obéirai, missié.

— C'est bien, j'y compte. Souvenez-vous que je suis un *Papa* ; que je puis, si je le veux, vous changer à mon gré en pécari ou en lamentin; enfin vous faire souffrir d'horribles tortures, sans compter la potence, et vous me serez fidèle; d'ailleurs, je connaîtrai votre conduite, car je ne vous perdrai pas de vue.

— Oh! je vois bien que vous savez tout, missié, et que vous êtes un *Papa* puissant.

— Conservez cette croyance salutaire, maman Suméra, vous vous en trouverez bien. Maintenant que nous nous entendons, et que, par conséquent, je n'ai plus rien à vous dire, suivez-moi, je vais vous accompagner jusqu'à la porte de votre carbet.

— Est-ce que vous ne me ferez pas l'honneur d'y entrer, missié?

— Pourquoi faire? Ce n'est pas encore l'heure. Delgrès, Ignace et leurs complices sont encore réunis sur le sommet de la Soufrière; ils n'arriveront pas chez vous avant une heure, ils ne pourraient vous aider à m'assassiner.

— Oh! missié! s'écria l'affreuse vieille avec un accent auquel il était impossible de se tromper, je ne vous résisterai pas davantage ; je n'essayerai pas plus longtemps à lutter contre vous; je reconnais que vous êtes un homme puissant auquel rien ne saurait faire obstacle; agissez avec moi comme il vous plaira, je vous obéirai, désormais je suis votre esclave.

— C'est bien, femme, je voulais vous entendre parler ainsi; si je suis satisfait de vos services, je vous récompenserai de façon à vous combler de joie ; je sais aussi faire de l'or. Venez, il est temps de nous remettre en route.

L'abominable mégère s'inclina respectueusement devant celui que, maintenant, elle reconnaissait pour son maître, et elle le suivit.

C'en était fait : le Chasseur était, dès ce moment, tout-puissant sur l'esprit terrifié de cette créature ; cette femme, qui faisait métier de tromper tous venants par ses pratiques prétendues magiques, dont elle connaissait parfaitement l'inefficacité totale, en était cependant arrivée, ainsi que cela se rencontre souvent dans ces natures grossières, a se tromper elle-même et à croire à ces absurdités ; superstitieuse, ignorante, d'une intelligence plus que faible, elle était la première victime de ses mensonges, auxquels elle avait fini par ajouter une foi entière ; aussi, encore plus que les menaces que lui avait adressées le Chasseur, ses prétentions à être un grand sorcier, la connaissance complète qu'il possédait de certains faits, qu'elle croyait ignorés de tous, et de plus la réputation de sorcellerie si solidement établie du Chasseur, l'avaient complétement convaincue de son pouvoir ; il lui aurait donné l'ordre le plus étrange, qu'elle lui eût obéi sans hésiter, avec joie même ; il pouvait donc avoir toute confiance en elle.

Après avoir marché pendant environ trois quarts d'heure encore, les deux voyageurs atteignirent enfin les premiers contre-forts du Morne-aux-Cabris, et ils se trouvèrent au milieu d'une végétation luxuriante dans laquelle ils disparurent presque entièrement.

L'ajoupa de maman Suméra, ou plutôt son carbet, était assez solidement bâti, vaste, bien aéré, d'une apparence extérieure tout à fait réjouissante.

Ce carbet, ombragé par des flots de verdure, était adossé à un énorme rocher, sur les flancs duquel des marches avaient été creusées jusqu'à une petite plate-forme élevée d'une quinzaine de mètres au-dessus de l'habitation ; cette plate-forme, enveloppée d'un fouillis de plantes grimpantes, formait un bosquet touffu de l'aspect le plus pittoresque et servait de lieu de repos, ou plutôt d'observatoire à la sorcière.

L'ajoupa était entouré d'une ceinture de cactus vierges, formant une haie vive impénétrable, que nul n'aurait tenté de franchir impunément ; deux enclos, de peu d'étendue, servaient, le premier de jardin potager à la vieille négresse, dans lequel elle cultivait les quelques légumes nécessaires à sa consommation ; le second était une espèce de corral dans lequel, pendant la nuit, elle renfermait quelques chèvres laitières.

En somme, cette petite habitation, proprette et coquette, avait l'aspect le plus calme, et ne ressemblait en rien à ce qu'on est accoutumé à se figurer l'antre d'une sorcière.

Arrivé à une cinquantaine de pas à peu près l'ajoupa, le Chasseur posa la crosse de son fusil à terre et s'arrêta.

— Vous voici arrivée chez vous, dit-il brusquement à la vieille négresse, au revoir.

— Ne voulez-vous pas vous reposer un instant, missié ? répondit-elle ; mais cette fois sans arrière pensée.

— C'est inutile, la mère, j'ai des affaires réclament impérieusement ma présence autre part, mais, soyez tranquille, vous me reverrez bientôt.

— Quand cela, missié ?

— Vous êtes bien curieuse, maman Suméra, retenez votre langue, s'il vous plaît ; ne savez-vous pas que trop parler nuit ? J'arriverai au moment où vous vous y attendrez le moins. Surtout, n'oubliez pas nos conventions.

— Je me garderai bien de les oublier.

— Cette hideuse chenille d'Ignace et ses dignes acolytes resteront sans doute quelque temps peut-être une heure, peut-être moins ; recevez-les bien, ne leur laissez rien soupçonner ; surtout ayez soin de conserver précieusement dans votre mémoire tout ce qu'ils diront ; vous me comprenez, n'est-ce pas ?

— N'ayez aucune crainte, missié, ma mémoire est bonne, je n'oublierai rien.

— Allons, adieu, la mère ; si je suis content de vous, vous serez contente de moi. À bientôt !

— À bientôt, missié !

Le Chasseur jeta son fusil sous son bras, s'éloigna à grands pas, et ne tarda pas à disparaître au milieu des hautes herbes.

La vieille le suivit des yeux avec intérêt aussi longtemps qu'il lui fut possible de l'apercevoir, puis elle se dirigea lentement et d'un air pensif vers son ajoupa, dans lequel elle entra en murmurant à demi-voix :

— C'est un grand sorcier, un Papa très-puissant ; je me garderai bien de lui désobéir ; il ferait exécuter les menaces terribles qu'il m'a faites.

Bientôt on vit briller une lumière dans l'ajoupa, la nuit était presque écoulée ; au lieu de se coucher, la vieille vaquait aux soins de son ménage, elle attendait des visites de très-bonne heure.

Cependant, ainsi que nous l'avons dit, le Chasseur s'était éloigné de ce pas rapide qui semblait lui être particulier, et avait quelque chose d'automatique tant il était régulier ; après avoir repris le sentier, il traversa plusieurs chemins en diagonale et se dirigea vers la morne de la Soufrière dont il se trouvait éloigné de quelques portées de fusil tout au plus.

La nuit s'achevait ; la brise était piquante, froid glacial dans ces régions élevées ; tout donnait ou paraissait dormir : un calme profond, un silence de mort planait sur le désert. Les grands

ments sourds de la Soufrière semblaient être la respiration haletante de la nature en travail ; seuls ils troublaient de leurs roulements continus l'imposant repos de ce chaos de mornes et de savanes. Les étoiles s'éteignaient les unes après les autres dans les profondeurs insondables du ciel ; un immense brouillard s'élevait de la terre, montait dans les régions supérieures et confondait en masses grisâtres et indécises les accidents du paysage ; à l'extrême limite des flots, de larges bandes nacrées commençaient à nuancer l'horizon de teintes d'opale et faisaient ainsi pressentir le lever prochain du soleil.

Le Chasseur, après avoir gravi, jusqu'à une certaine hauteur, le sentier conduisant au cratère, se décida à faire halte, non pour se reposer, — cet homme était de fer, la fatigue n'avait pas prise sur lui, — mais pour prendre certaines dispositions dont le but était connu de lui seul ; après s'être assuré par un regard furtif que personne n'était aux aguets, il avisa un énorme bloc de rocher derrière lequel il se blottit et qui le déroba complétement à la vue, puis il siffla doucement ses chiens, les fit coucher à ses pieds, et il attendit, immobile comme une statue de bronze posée sur son socle de granit.

Le Chasseur savait, — comment l'avait-il appris? sans doute par un de ses nombreux espions, — que cette nuit-là un certain nombre de noirs conjurés s'étaient donné rendez-vous au sommet de la Soufrière ; et que d'importantes résolutions devaient être prises dans ce sombre conciliabule ; il s'était embusqué afin de reconnaître au passage les chefs des conjurés.

Depuis un temps assez long, le Chasseur se tenait immobile et l'oreille au guet derrière son rocher, lorsque, à un certain moment, ses chiens se mirent à gronder sourdement ; d'un geste il leur imposa silence, puis il se pencha au dehors et redoubla d'attention.

Au bout de quelques instants à peine, il lui sembla entendre un bruit léger, presque indistinct pour toute autre oreille moins fine que la sienne, mais qui, bientôt, se rapprocha, devint de plus en plus fort et prit toutes les allures d'une marche précipitée ; parfois des cailloux se détachaient et roulaient ou bondissaient le long du sentier ; il y avait un froissement continu de branches comme si un marcheur inexpérimenté se faisait un appui des arbrisseaux et des broussailles du chemin pour assurer ses pas.

— C'est singulier, murmura le Chasseur à part lui, le bruit vient d'en bas ; qui peut gravir le morne à cette heure avancée? le conciliabule doit toucher à sa fin maintenant ; quel peut être ce retardataire? un espion? un traître ou un porteur de nouvelles graves? Voilà ce qu'il faut savoir, et,

vive Dieu! je le saurai, n'importe par quel moyen - Attendons.

Cependant le bruit se rapprochait de plus en plus. Bientôt le Chasseur entendit distinctement la respiration haletante d'un homme et certaines exclamations entrecoupées qui lui causèrent une vive surprise et lui donnèrent fort à réfléchir.

Presque aussitôt l'inconnu dépassa le rocher derrière lequel était embusqué le Chasseur ; mais, tout à coup, celui-ci se jeta au milieu du sentier et barra résolûment le passage à l'arrivant, en portant son fusil à l'épaule.

— Que diable faites-vous donc par ici à cette heure, sir William's Crockhill? demanda-t-il à l'arrivant d'une voix railleuse.

— Aôh ! fit l'Anglais en s'arrêtant d'un air désappointé, c'est vous encore !

— Toujours, cher monsieur. Vous avez donc réussi à vous débarrasser de vos ficelles?

— Oui, mais très-difficilement. Et à ce propos, monsieur, ajouta-il d'un ton rogue, je vous ferai observer que vos procédés envers moi n'ont pas été du tout ceux d'un gentleman.

— Vous trouvez, cher sir William's ?

— Aôh ! je trouve, oui, monsieur.

— Vous m'en voyez désespéré ; mais vous ne m'avez pas appris encore par quel hasard j'ai l'avantage de vous rencontrer ainsi au milieu des mornes.

— Cela n'est pas votre affaire et ne vous regarde pas, monsieur, fit l'agent anglais avec hauteur.

— Je vous demande pardon, sir William's Crockhill, cela me regarde beaucoup, au contraire : je vous serai donc très-obligé de vouloir bien m'apprendre ce que vous venez faire ainsi à cette heure au milieu des montagnes.

— Et s'il ne me plaît pas de vous le dire, monsieur. Je n'ai pas, que je sache, de comptes à vous rendre.

— Vous vous trompez, vous en avez de très-sérieux ; si vous vous obstinez à ne pas me répondre, vous me contraindrez, à mon grand regret, à avoir recours à des moyens que je ne voudrais pas employer.

— Je connais les moyens auxquels vous faites allusion, mais je ne vous crains pas ; je vous avertis que je suis armé et que, si vous m'attaquez, je saurai me défendre.

— Vous êtes armé?

— Regardez, dit flegmatiquement l'Anglais en retirant une paire de pistolets de ses poches.

— Bravo ! sir William's Crockhill, voilà qui lève tous mes scrupules, dit gaiment le Chasseur ; alors, ce sera un duel.

— Ce sera ce que vous voudrez, monsieur, mais je vous avertis que si vous ne me livrez point passage, je vous tuerai.

— Si vous le pouvez. Croyez-moi, sir William's Crockhill, retournez paisiblement chez vous, ne m'obligez pas a vous y contraindre.

— Aôh! non, jamais je ne retournerai sur mes pas, monsieur; je ne reculerai point d'une semelle; je passerai sur votre corps, s'il le faut, by God!

— Quelle férocité! s'écria le Français avec un accent railleur. Dites-moi au moins, sir William's, pourquoi vous voulez si obstinément pousser en avant?

— Je ne ferai aucune difficulté pour vous en instruire, monsieur, d'autant plus que ma résolution est irrévocablement prise : je veux aller rendre compte à M. le commandant Delgrès du vol dont vous vous êtes si scandaleusement rendu coupable à mon préjudice.

— Le mot est dur, sir William's Crockhill!

— J'ai dit vol! et je répète le mot, parce qu'il est exact, monsieur. Maintenant, voulez-vous, oui ou non, me livrer passage?

— Vous comprenez, n'est-ce pas, sir William's, que je serais un sot, après ce que vous m'avez fait l'honneur de me dire, si je vous laissais ainsi bénévolement aller me dénoncer au commandant Delgrès, d'autant plus que cela pourrait amener des complications de la plus haute gravité, qu'il faut éviter à tout prix. Écoutez-moi donc, monsieur, je vais vous livrer passage, je compterai jusqu'à soixante, afin de vous laisser une dernière chance de sauver votre vie en changeant de résolution ; si vous persistez dans votre intention première, ce sera tant pis pour vous, cher sir William's Crockhill, je vous tuerai.

— Aôh . je ne crois pas, je me défendrai.

— Cela me fera le plus vif plaisir ; mais, croyez-en ma parole, avant une minute, vous serez mort d'une balle, là, tenez, entre les deux yeux, si vous ne retournez point sur vos pas.

— Vous êtes un vantard, monsieur, je parierais presque que cela ne sera point.

— Malheureusement, monsieur, vous ne pourrez vous en assurer que par le témoignage d'un tiers; mais, brisons-là; passez, sir William's, Dieu veuille que, pendant le temps bien court qui vous reste, vous réfléchissiez; vous n'aurez qu'à jeter vos pistolets.

— Je vous enverrai les balles à la tête, monsieur.

— A votre aise ; vous êtes un tigre d'Hyrcanie. Adieu, sir William's, je compte.

Le Chasseur s'effaça alors pour laisser le passage libre à l'Anglais : celui-ci recommença à gravir rapidement le sentier, espérant peut-être réussir à se mettre hors de portée avant la fin de la minute fatale.

— Eh! sir William's? cria le Chasseur, soixante! Et il le mettait en joue.

— Misérable assassin! hurla l'agent en faisant des enjambées énormes ; au secours !... à l'assassin !... à moi !... au meurtre !...

— Ne criez pas tant, sir William's, et défendez-vous comme un homme, si vous ne voulez pas être tué comme un chien.

L'Anglais comprit la justesse du raisonnement du Chasseur ; il fit brusquement volte-face et déchargea à la fois ses deux pistolets sur son ennemi, dont le bonnet, traversé d'une balle, fut emporté dans le précipice.

— Bien tiré! mal visé! s'écria le Chasseur avec son éternel ricanement. A moi.

Il ajusta une seconde et lâcha la détente.

L'Anglais poussa un horrible cri d'agonie, étendit les bras, pirouetta sur lui-même, tomba comme une masse sur le visage, et roula le long des pentes abruptes du sentier en rebondissant de roche en roche jusqu'à ce qu'il atteignît finalement la savane.

L'Œil Gris s'était précipitamment rejeté de côté, afin d'éviter un choc qui eût été mortel.

— Pauvre diable! murmura-t-il avec tristesse, tout en reprenant son éternel monologue, encore un qui n'espionnera plus ; c'est lui qui l'a voulu, que Dieu ait son âme! Je crois que maintenant je ne ferai pas mal de détaler au plus vite; avant cinq minutes, tous les vagabonds de là-haut seront à mes trousses; ce n'est pas le moment de se faire tuer sottement dans une embuscade comme un lièvre au gîte.

Tout en parlant ainsi avec lui-même, le Chasseur avait rechargé son fusil ; cette précaution prise, il jeta un regard investigateur autour de lui, écouta un instant, et se redressant tout à coup.

— Les voilà! murmura-t-il. Ils n'ont point perdu de temps. En avant!

Il siffla ses chiens, puis il commença à descendre le sentier avec une adresse, une légèreté et surtout une rapidité inimaginables de la part d'un homme de cet âge.

En atteignant la savane, il aperçut le cadavre de l'Anglais ; il se baissa sur lui et l'examina curieusement.

— Juste entre les deux sourcils, murmura-t-il, quel malheur que ce pauvre sir William's ne puisse pas s'assurer par lui-même que j'ai gagné mon pari, cela me mettrait bien dans son esprit. Bah! je le lui avais promis; après tout, ce n'est qu'un Anglais de moins, et celui-là, j'en suis sûr, n'a pas volé ce qui lui est arrivé; c'était un fier drôle!

Après cette singulière oraison funèbre prononcée de cet air moitié figue, moitié raisin, particulier au Chasseur, il laissa retomber le cadavre inerte du malheureux Anglais. Des pas assez rapprochés se faisaient entendre.

Suivi de ses chiens, qui marchaient sur ses talons, il se glissa comme un serpent, au milieu d'un épais buisson.

Prenez garde de tomber, la mère; une chute de mille mètres, c'est très-dangereux (page 68).

Deux ou trois minutes plus tard arrivèrent le commandant Delgrès et ses officiers.

Le Chasseur assista, invisible, à ce qui se passa devant le cadavre.

Puis vinrent, après le départ de leurs chefs, quatre ou cinq autre conjurés qui s'arrêtèrent, eux aussi, pendant quelques minutes devant le corps de l'espion anglais.

— Vous verrez, grommela entre ses dents le Chasseur, que, de tous ces drôles, pas un seul n'aura la pensée charitable d'enterrer ce pauvre diable. Pardieu! ce ne sera pas moi non plus, j'en ai assez de mes relations avec ce gaillard-là!

Sa prédiction se réalisa; tous les noirs et les mulâtres, après avoir curieusement examiné le corps, s'éloignèrent avec indifférence et sans y songer davantage.

Lorsqu'il se fut assuré qu'il se trouvait de nouveau seul dans la savane, le Chasseur sortit de sa cachette.

Il sembla réfléchir un instant, puis haussant les épaules:

— Bah! grommela-t-il, soyons bon.

Il se pencha sur le corps qu'il fouilla, ce que personne n'avait songé à faire.

Il trouva sur sa poitrine dans une poche secrète de son vêtement, un assez volumineux portefeuille dont il s'empara avec un vif mouvement de joie.

—Définitivement, dit-il, Dieu est pour nous! C'est égal, ce drôle m'a trompé; en résumé, c'était un vilain personnage! Si je n'étais pas chrétien, je le laisserais là, pour que sa carcasse soit dévorée par les oiseaux de proie; mais ce ne serait pas convenable, mieux vaut lui donner une sépulture.

Il prit alors le cadavre par les pieds, et le traîna jusqu'à un trou profond dans lequel il le jeta.

— Voilà qui est fait; ouf! il était lourd! Couvrons, le; pauvre diable, je ne veux pas le laisser devenir, après sa mort, la pâture des animaux carnassiers.

Il entassa alors sur le cadavre du malheureux Anglais les pierres et les débris qu'il trouva à sa portée, jusqu'à ce que le trou fût comblé presque jusqu'au tiers.

— Et maintenant, reprit-il avec un soupir de satisfaction, bonsoir! je vais essayer de dormir deux ou trois heures, je l'ai bien gagné.

Il jeta un dernier regard sur le trou, puis il s'enfonça dans un épais taillis où il ne tarda pas à disparaître.

Il se cherchait probablement une chambre à coucher.

XI

COMMENT RENÉE DE LA BRUNERIE ENTRA DANS L'AJOUPA DE MAMAN SUMÉRA ET CE QUI EN ADVINT

Le matin qui suivit cette nuit si remplie d'événements, vers onze heures, l'habitation de la Brunerie était en pleine activité.

Les nègres sous la toute-puissante direction de M. David, le majordome, se livraient, avec cette nonchalance étudiée qui les distingue, à leurs travaux ordinaires; les uns guidaient les cabrouets chargés de cannes fraîchement coupées qu'ils conduisaient à la sucrerie; les autres, allant et venant d'un air affairé, de côté et d'autre, sans pour cela travailler davantage, semblaient très-occupés; à quoi? nul n'aurait su le dire, eux moins que personne; ce qui était certain, c'est qu'ils se donnaient beaucoup de mouvement; pouvait-on exiger davantage? D'autres enfin, au nombre d'une cinquantaine, — mais ceux-là les plus vigoureux et les plus actifs de l'habitation, — armés de pelles et de pioches et placés sous la direction spéciale de M. de la Brunerie, ouvraient des tranchées et creusaient la terre avec ardeur.

Le marquis de la Brunerie, de gros souliers aux pieds, un large chapeau en paille de Panama sur la tête et en veste de toile blanche, tenant à la main une grande feuille de papier à dessin, sur laquelle un plan était tracé à la sepia, faisait creuser sous ses yeux, par ses plus fidèles esclaves, une enceinte bastionnée autour de son habitation, afin de la mettre le plus promptement possible à l'abri d'un coup de main, au cas probable d'une révolte des noirs marrons, plus sérieuse et plus générale que celles qui, jusqu'alors, avaient menacé la colonie.

M. David parut en ce moment, accompagnant une quinzaine de nègres conduisant les nombreux bestiaux de l'habitation dans un vaste enclos provisoire élevé à la hâte non loin du principal corps de logis.

— Ah! ah! vous voilà, commandeur, dit amicalement le planteur en répondant au salut du majordome.

— Oui, monsieur, répondit celui-ci; selon vos ordres je me suis empressé de faire réunir toutes nos bêtes à cornes.

— Ne serait-ce pas dommage? reprit en riant le planteur, que nos magnifiques bœufs à bosses, si élégants et si haut montés sur jambes, que j'ai eu tant de peines à faire venir du Sénégal, soient volés et mangés par des scélérats de marrons?

— Et nos bœufs de Porto-Rico, monsieur, si forts, si trapus, si superbes, vous n'en dites rien?

— Si, commandeur, car j'aime toutes ces nobles bêtes; aussi je ne veux sous aucun prétexte les abandonner; je crois qu'elles seront à leur aise dans le nouvel enclos et qu'elles n'auront rien à redouter des maraudeurs.

— Ces braves animaux seront parfaitement, monsieur; bien qu'ils soient au nombre de plus de deux cents, ce qui est considérable, ils auront un espace suffisant, de l'herbe en abondance, de l'ombre plus qu'il ne leur en faudra, et ils ne courront aucun risque, ce qui est le plus important. Marchez donc, vous autres, ajouta-t-il en s'adressant aux nègres bouviers qui s'étaient arrêtés et écoutaient curieusement cette conversation.

— Venez un peu par ici, monsieur David, dit le planteur; et le prenant par le bras et le conduisant à l'écart: vous êtes un homme sûr pour lequel je ne veux pas avoir de secrets.

— Je vous dois tout, monsieur, répondit le majordome avec émotion.

— Ce n'est pas toujours une raison, mais vous, c'est différent, vous êtes presque de la famille et je sais que vous nous êtes dévoué. Le pays est fort travaillé en ce moment par des drôles de la pire espèce, qui ne se gênent nullement pour nous menacer tout haut, nous autres blancs, d'un massacre général, ainsi que cela a eu lieu à l'île Saint-Domingue; une collision est imminente; la révolte éclatera au moment où l'on y pensera le moins, peut-être à l'arrivée de l'expédition française, qui aujourd'hui ou demain, au plus tard, mouillera en rade de la Pointe-à-Pitre, servira-t-elle de prétexte pour un soulèvement général des noirs...

— Croyez-vous donc, monsieur, que les choses en soient à ce point?

— Nous sommes sur un volcan, et je ne par[

pas, croyez-le bien, de la Soufrière, ajouta-t-il avec
un sourire, en jetant un regard sur le haut piton
du sommet duquel s'élevait, en tourbillonnant vers
le ciel, un épais panache de fumée jaunâtre ; le
conseil provisoire m'a fait avertir du danger qui
nous menace, moi et les autres planteurs, en nous
recommandant de prendre au plus vite nos précautions. Ce matin, avant de se rendre à la Pointe-
à-Pitre, mon parent, le capitaine de Chatenoy,
m'a dessiné ce plan à la hâte ; vous êtes à peu près
ingénieur, vous, monsieur David ?

— Un commandeur doit être bon à tout, monsieur,
répondit en riant le majordome.

— C'est vrai, reprit le planteur sur le même ton.
J'ai fait tracer la ligne par ces noirs, ainsi que vous
le voyez, il ne s'agit plus que de creuser ; chargez-
vous, je vous prie, de faire achever ce travail ; joi-
gnez une centaine d'hommes à ceux qui piochent
déjà, de façon à ce que l'enceinte soit complétement
terminée d'ici au coucher du soleil.

— Ce sera fait, oui, monsieur,

— Bien ; vous connaissez nos noirs mieux que
personne, vous choisirez ceux qui vous paraîtront
les plus fidèles.

— Le choix sera facile, monsieur, je le dis avec
joie, tous vous sont dévoués ; je sais de bonne
source qu'ils ont, à plusieurs reprises, repoussé les
tentatives d'embauchage faites près d'eux, et cela
de manière à décourager ceux qui essayaient de les
entraîner à la révolte.

— Ainsi, vous êtes sûr de nos noirs ?

— Je vous réponds de tous, monsieur.

— Alors tout va bien ; vous leur distribuerez des
armes, cette nuit même nous commencerons à nous
garder militairement ; vous n'accorderez de congé
à aucun noir, afin que les mesures que nous pre-
nons ne soient point ébruitées.

— Oui, monsieur, je songeais en effet à prendre
cette précaution.

— Très-bien. Aussitôt que l'enceinte sera terminée, vous ferez construire sur la terrasse, devant la
maison, des ajoupas dans lesquels les noirs porte-
ront leurs petits ménages et où ils habiteront pendant tout le temps des troubles.

— Cette mesure leur sera très-agréable, monsieur ;
vous savez combien ces pauvres gens tiennent au
peu qu'ils possèdent.

— Et ils ont raison, commandeur ; en somme,
ce sont mes enfants, je dois veiller sur leur bien-
être ; n'est-ce pas à leur travail que je dois ma richesse ?

— Croyez, monsieur, que tous vous seront reconnaissants de ce que vous faites pour eux.

Je désire qu'ils m'en sachent gré ; au résumé,
ma cause est intimement liée à la leur ; en me dé-
fendant, ils se défendent. Je vous laisse libre de
prendre telles dispositions que vous jugerez néces

saires ; je vous donne, en un mot, carte blanche,
et vous nomme commandant de l'habitation, m'en
rapportant entièrement à vous pour tout ce qu'il
faudra faire.

— Je me montrerai digne de votre confiance,
monsieur.

— Je le sais bien, mon ami ; ne vous ai-je pas vu
naître ? Maintenant que tout cela est entendu entre
nous, ajouta-t-il en riant, je me lave les mains de
ce qui arrivera, je ne m'en occupe plus ; cela vous
regarde, c'est votre affaire.

— Allez, allez, monsieur de la Brunerie, répondit sur le même ton le majordome, vous pouvez
être tranquille ; j'accepte avec joie la responsabilité que vous me confiez.

M. de la Brunerie serra chaleureusement la main
de son commandeur, lui remit le papier sur lequel
le plan était tracé et s'éloigna dans la direction de
la terrasse, heureux comme un écolier en vacances.

Au moment où il gravissait d'un pas un peu pesant, les degrés du perron, il aperçut sa fille qui
sortait de la maison et s'avançait, belle et noncha-
lante, à sa rencontre.

— Bonjour, mon enfant, lui dit-il en lui mettant
deux baisers retentissants, deux vrais baisers de
père, sur ses joues de pêche ; avez-vous bien dormi,
chère petite ? Ne vous sentez-vous pas fatiguée ce
matin ?

— Nullement, cher père, répondit-elle en souriant,
j'ai très-bien dormi, je me sens parfaitement reposée.

— Tant mieux, Renée, tant mieux.

— Mon père, reprit la jeune fille, vous plairait-il
de presser un peu le déjeuner ?

— Je ne demande pas mieux, mon enfant, d'autant plus que je suis debout depuis le point du jour.
Avez-vous donc quelque projet pour aujourd'hui,
ma mignonne ?

— Mon Dieu ! cher père, voici très-longtemps
que je dois une visite aux dames de Tillemont ; je
remets de jour en jour à m'acquitter de ce devoir
de convenance ; je crains, si je tardais plus longtemps à la faire, de paraître oublieuse ; vous savez
combien ces dames sont susceptibles, et comme, en
réalité, je suis dans mon tort vis-à-vis d'elles, qui
toujours ont été parfaites pour moi, j'ai formé le
projet de me rendre aujourd'hui, toute affaire cessante, à leur habitation. Cela vous contrarierait-il,
mon père ?

— Moi, mon enfant, pourquoi donc cela ? N'es-tu
pas libre d'aller et de venir à ton gré ? Fais ta visite,
chère fillette.

M. de la Brunerie avait l'habitude assez singulière de commencer toujours n'importe quelle
conversation avec sa fille sans la tutoyer, puis, peu
à peu, son amour paternel l'emportait sur cette
étiquette malencontreuse qu'il s'imposait, et il ne
tardait pas à lui dire : tu, à pleine bouche, ce

qui, parfois, faisait beaucoup rire la folle jeune fille.

— Je vous remercie, mon père, répondit-elle ; je profiterai de votre permission.

— Que parles-tu de permission, ma mignonne ? Tu es parfaitement ta maîtresse, reprit-il vivement. A quelle heure comptes-tu sortir ?

— Vers une heure de l'après-midi, mon père, afin d'être de retour de bonne heure.

— Je ne te cache pas, chère enfant, que dans l'état de bouleversement où se trouve la colonie, je ne voudrais pas te voir prolonger trop tard ta visite aux dames de Tillemont ; tu te souviens de ce qui est arrivé hier ?

— Oh ! ne me parlez pas de cela, mon père, j'en suis encore toute tremblante. A quatre heures, au plus tard, je serai rentrée à l'habitation, je vous le promets.

— Bien ! Mais qui donc nous arrive là-bas ? dit-il en s'interrompant et regardant dans la direction de l'avenue des Palmiers.

— C'est le Chasseur de rats, mon père.

— Comment, tu l'as reconnu à cette distance ? O mes yeux de vingt ans, où êtes-vous ?

— Le Chasseur est très-facile à reconnaître pour les personnes accoutumées à le voir souvent ; regardez avec plus d'attention, mon père ?

— En effet, dit le planteur au bout d'un instant. Ce brave ami ne pouvait mieux choisir son temps pour nous faire une visite.

— N'est-il donc pas toujours certain d'être bien reçu à l'habitation, mon père ?

— Si, ma mignonne, toujours ; d'ailleurs il est ton protégé, et puis nous l'aimons tous.

— Avons-nous tort ?

— Je ne dis pas cela, au contraire ; nous lui avons même de grandes obligations ; mais cependant, il y a des jours où je suis surtout content de le voir.

— Aujourd'hui est un de ces jours-là, n'est-ce pas, mon père ?

— Ma foi, oui, ma chérie ; j'étais fort embarrassé, je te l'avoue, pour te donner un gardien fidèle pendant ta promenade ; le commandeur ne peut s'absenter de l'habitation où il a de la besogne par-dessus la tête ; voilà mon homme trouvé, il prendra une dizaine de noirs bien armés avec lui et je serai tranquille.

— Pourquoi donc une si nombreuse escorte, mon père ?

— Parce que, ma chère enfant, je sais qu'en ce moment les routes sont infestées de vagabonds de la pire espèce ; or, comme je ne veux pas t'exposer à une répétition de l'attaque d'hier au soir, je préfère prendre mes précautions.

— Je ferai ce qu'il vous plaira, mon père.

— Tu es charmante, ma mignonne.

— Tandis que le père et la fille causaient ainsi, le Chasseur s'approchait rapidement ; il marchait le dos un peu voûté, le fusil sur l'épaule et ses six ratiers sur les talons.

Après avoir monté les degrés du perron de la terrasse, il s'avança vers le planteur, qui, de son côté, alla à sa rencontre en compagnie de sa fille.

Le vieillard salua en ôtant son bonnet, puis il dit de sa voix sonore :

— Je vous souhaite le bonjour et une heureuse journée, monsieur de la Brunerie, ainsi qu'à vous, ma chère demoiselle Renée.

— Soyez le bienvenu à la Brunerie, répondit cordialement le planteur ; je suis charmé de vous voir. Vous déjeunez avec nous ; c'est convenu.

— Mais, monsieur...

— Je vous en prie, père, dit la jeune fille de sa voix la plus câline et avec son plus gracieux sourire.

— J'accepte, monsieur, répondit aussitôt le Chasseur en s'inclinant.

— Allons nous mettre à table, je tombe d'inanition. Que savez-vous de nouveau, ce matin ?

— Pas grand'chose, monsieur ; un bâtiment léger doit avoir, au jour, appareillé de la Pointe-à-Pitre pour aller à la recherche de l'escadre française.

— J'ai longtemps examiné la mer et je n'ai rien découvert, répondit le planteur.

— Les bâtiments français doivent louvoyer au vent de Marie-Galante, il est donc impossible de les apercevoir, monsieur.

— Oui, vous avez raison, il en doit être ainsi. A propos, vous savez que ma fille a besoin de vous ?

— Je l'ignorais, monsieur ; mais, aujourd'hui, comme toujours, je suis aux ordres de mademoiselle de la Brunerie.

— Oh ! cela n'est pas autrement grave ; il s'agit tout simplement de l'accompagner à la promenade.

— Je serai heureux de faire ce que désirera mademoiselle ; répondit le vieillard en s'inclinant devant la jeune fille.

— Regardez un peu autour de vous, Chasseur ; est-ce que vous ne remarquez pas certains changements ?

— Pardonnez-moi, monsieur, j'en vois de très-importants, au contraire ; il paraît que vous vous mettez en état de défense ?

— Ah ! ah ! vous avez reconnu cela tout de suite ; au fait, vous êtes peut-être un vieux soldat ?

— Ma vie a été bien longue déjà, monsieur, et les circonstances dans lesquelles je me suis trouvé m'ont obligé à faire de nombreux métiers, répondit le Chasseur évasivement.

— Que pensez-vous de ces précautions, vous qui êtes un homme d'expérience ?

— Je les trouve excellentes, monsieur ; aujourd'hui surtout, dans l'état de trouble où se trouve la colonie, on ne saurait trop se mettre sur ses gardes.

Tout en causant ainsi, ils s'étaient dirigés vers la maison ; ils pénétrèrent dans la galerie où la table était mise.

Chacun prit place.

Le repas fut très-gai et très-cordial ; il dura près d'une heure.

Puis, mademoiselle de la Brunerie se leva et se retira dans son appartement, laissant son père et son compagnon de table sortir sur la terrasse pour fumer un cigare.

Faire une visite à la Guadeloupe, ainsi d'ailleurs que dans les autres Antilles françaises, ce n'est pas une mince affaire.

Les dames créoles jouissant, nous ne dirons pas d'une certaine position, — tous les blancs sont dans les colonies placés sur le même échelon de l'échelle sociale, qu'ils soient riches ou pauvres, — mais possédant une certaine fortune, ne sortent jamais seules de chez elles.

Lorsqu'elle va en visite, une dame créole est à la tête d'un véritable convoi, avec son escadron de servantes sans lequel elle ne sort jamais et qui ne la quitte ni jour, ni nuit.

Ces coutumes étranges, rappelant les grands jours de la féodalité où les domestiques faisaient partie de la famille, ont quelque chose de touchant qui va droit au cœur.

Lorsque Renée de la Brunerie quitta l'habitation, vers une heure et demie, douze ou quinze servantes l'accompagnaient ; une dizaine de noirs bien armés étaient étagés sur les flancs de la cavalcade, dont l'Œil Gris, seul à pied, suivant son habitude, tenait la tête, marchant entre la jeune fille et Flora, sa gentille ménine.

Bientôt la nombreuse troupe eut disparu dans les méandres de la route et se trouva en pleine savane.

Sans rien dire à Renée, qui paraissait assez préoccupée ou pour mieux dire embarrassée, le Chasseur, sous le prétexte plus ou moins plausible de raccourcir le chemin, fit tourner la cavalcade dans un sentier assez étroit et peu fréquenté coupant la savane en ligne courbe.

— Prenez garde de nous égarer, vieux Chasseur ! dit Flora, en riant comme une folle.

— Moi, mamzelle Flora, vous égarer ! Dieu m'en garde ! répondit le vieillard sur le même ton ; vous voulez plaisanter ; ce chemin que nous avons pris nous fait au moins gagner une vingtaine de minutes, si ce n'est plus.

— De quel côté allons-nous donc par là ? demanda Renée en relevant la tête et jetant un regard autour d'elle.

— Chère enfant, répondit aussitôt son guide avec une feinte indifférence, j'ai voulu vous faire couper au court pour atteindre l'habitation de Tillemont ; après le léger détour que nous accom-plissons, nous verrons l'habitation ou, pour mieux dire, le carbet de maman Suméra, devant lequel nous passerons, et un quart d'heure ou vingt minu-tes plus tard nous serons rendus à Tillemont.

— Est-ce que la maman Suméra demeure près d'ici ? demanda vivement la jeune fille.

— Très-près, mon enfant.

— Ah ! fit-elle en baissant la tête.

— Je la connais, moi. maman Suméra, dit Flora d'un petit air mutin.

— Moi aussi, répondit laconiquement le Chas-seur.

— Elle est sorcière, dit bravement la ménine.

— Elle passe pour l'être du moins.

— Elle l'est, reprit nettement la fillette.

— Taisez-vous, folle ; dit sèchement Renée.

— Elle est sorcière, murmura la jeune négresse avec cet entêtement des enfants gâtés auxquels on passe tout.

Renée haussa les épaules d'un air de mauvaise humeur.

— Il y a un moyen de s'en assurer, dit en riant le Chasseur.

— Lequel ? demanda Flora.

— Pardieu ! c'est de le lui demander à elle-même !

— Oh ! je n'oserai jamais, dit Renée en lançant au Chasseur un regard d'une expression singu-lière.

— Pourquoi donc cela ? demanda le vieillard d'un ton indifférent ; rien de plus facile, mon enfant ; maman Suméra vend du lait de chèvre.

— Je l'adore, moi, le lait de chèvre ! s'écria vive-ment la ménine.

— Vous êtes insupportable aujourd'hui, dit Renée avec impatience.

— Parce que j'aime le lait de chèvre, maîtresse ?

— Non, mais parce que vous parlez à tort et à travers comme une tête éventée. Vous disiez donc, père ?

— Arrêtez-vous devant la porte de l'ajoupa, entrez, demandez du lait à maman Suméra et, tout en buvant, si vous tenez à être édifiée sur son compte, eh bien, vous l'interrogerez ; c'est bien simple.

— En effet, mais...

— Tenez, on dirait, Dieu me pardonne, que la vieille a flairé notre piste et qu'elle nous a aperçus ; elle est sur le pas de sa porte, qui nous regarde venir.

— Oui, je la reconnais, c'est bien la sorcière ! s'écria Flora en riant.

La cavalcade ne se trouvait plus qu'à quelques pas de l'ajoupa de la vieille négresse ; celle-ci, ainsi que l'avait annoncé le Chasseur, se tenait debout sur le seuil de sa porte et regardait curieu-sement arriver les voyageurs.

— Bonjour, mamzelle Flora et votre société, répondit poliment la vieille négresse en faisant quelques pas au-devant de la brillante cavalcade; voulez-vous boire une tasse de bon lait de chèvre?

— Je le veux bien, maman Suméra, répondit aussitôt l'espiègle fillette.

— Eh bien! que faites-vous donc, Flora? dit Renée qui ne semblait pas cependant bien courroucée.

— Décidez-vous, ma chère enfant, reprit le Chasseur; il est trop tard maintenant pour hésiter; buvez une tasse de lait, cette femme est vieille et pauvre, l'aumône que vous lui ferez lui profitera.

— Croyez-vous que ce ne sera pas inconvenant de nous arrêter ainsi dans ce carbet, père? demanda-t-elle avec embarras.

— Inconvenant? pourquoi donc cela, ma chère Renée? Toutes les dames de l'île viennent boire du lait chez maman Suméra; c'est un but de promenade.

— Puisqu'il en est ainsi, je m'arrêterai le temps seulement de boire une tasse de lait, mais pas plus longtemps.

— Comme il vous plaira, mon enfant.

Le Chasseur aida Renée à mettre pied à terre, et elle entra dans l'ajoupa d'un air assez peu résolu.

La pauvre enfant était intérieurement toute joyeuse; elle se figurait naïvement qu'elle avait réussi à dérouter les soupçons, tandis que, sans le savoir, elle n'avait fait qu'obéir à la volonté arrêtée d'avance de son guide.

Le Chasseur ne faisait jamais rien sans y avoir longtemps réfléchi; il avait son projet; un soupçon avait germé dans son cœur, ce soupçon, il le voulait éclaircir.

A peine Renée de la Brunerie eut-elle, accompagnée de sa ménine et précédée par maman Suméra marchant respectueusement devant elle, pénétré dans l'ajoupa, que le Chasseur dit quelques mots à voix basse à un des noirs de l'escorte, qui lui répondit par un geste affirmatif; il ordonna à ses chiens de se coucher et de l'attendre, puis il s'éloigna à grands pas et s'enfonça dans les broussailles, au milieu desquelles il fut bientôt caché à tous les yeux.

Après cinq minutes de marche, le Chasseur atteignit la base du rocher contre lequel l'ajoupa était appuyé; il grimpa en s'aidant des pieds et des mains, jusqu'à une vingtaine de mètres le long des parois, s'enfonça dans un épais taillis de goyaviers sauvages poussant à l'aventure sur une étroite plate-forme, tourna une pointe de rocher et se trouva enfin devant une ouverture que d'en bas il était impossible d'apercevoir.

Après avoir écarté avec précaution les broussailles dont était encombrée l'entrée assez large de

cette ouverture, le Chasseur glissa en se courbant dans l'intérieur; mais bientôt la voûte s'éleva, il put redresser sa haute taille et il s'enfonça résolument dans cette espèce de galerie qui s'allongeait devant lui et descendait en pente douce.

Bientôt il se trouva dans une espèce de cave ou plutôt de cellier, encombré de bocaux à sucre vides et de coulfes en latanier, jetées pêle-mêle les unes sur les autres; il traversa cette cave sans s'arrêter, ouvrit une porte fermée seulement au loquet, puis une seconde, et il se trouva dans une pièce assez sombre dont la porte donnait dans les chambres même de l'ajoupa.

Maman Suméra, lorsqu'elle avait bâti son carbet, avait, en femme avisée, creusé ou fait creuser le rocher afin d'agrandir son domaine; mais elle ignorait l'existence du passage souterrain par lequel le Chasseur venait de s'introduire secrètement et à son insu chez elle; sans cela, il est probable qu'elle se serait depuis longtemps empressée de le boucher.

Il avait fallu près d'une demi-heure au Chasseur pour pénétrer jusqu'à l'endroit où il était arrivé et d'où il pouvait entendre tout ce qui se disait dans la chambre à côté, et même voir ce qui s'y passait en appuyant l'œil contre une des fentes nombreuses et assez larges de la porte.

Au moment où le Chasseur se plaçait à son observatoire, Renée se levait:

— Je ne puis demeurer plus longtemps, dit-elle à maman Suméra debout devant elle, il faut que je continue ma promenade; je vous remercie du charme que vous m'avez donné; prenez ces dix douros, si vous m'avez réellement dit la vérité, je n'en resterai pas là; surtout pas un mot à qui que ce soit de ce qui s'est passé entre nous.

— Comptez sur ma discrétion, mamzelle Renée, répondit la vieille négresse en empochant joyeusement l'or qu'elle avait reçu; votre charme est bon, il réussira. Vous ne voulez pas prendre une seconde tasse de lait?

— Non, je vous remercie, je suis déjà restée trop longtemps ici. Adieu.

En parlant ainsi, Renée ordonna d'un geste à Flora d'ouvrir la porte.

La jeune fille obéit; mais au moment où elle posait la main sur la clavette, la porte fut poussée du dehors et s'ouvrit toute grande; la jeune négresse poussa un cri de surprise, presque de frayeur, et recula toute tremblante jusqu'au milieu de la chambre.

Un homme parut.

Cet homme était le commandant Delgrès.

Il fit quelques pas en avant, et, après avoir salué mademoiselle de la Brunerie:

— Enfant, dit-il avec douceur à la jeune négresse, pourquoi cette épouvante en me voyant?

Craignez-vous donc que je veuille vous faire du mal ?

La fillette regarda l'officier avec ses grands yeux de gazelle effarouchée et, sans lui répondre elle alla en tremblant se réfugier derrière sa maîtresse.

Celle-ci, à cette entrée imprévue de l'officier était demeurée immobile, froide et hautaine.

— Je bénis le hasard, reprit Delgrès en s'inclinant de nouveau devant mademoiselle de la Brunerie, qui me procure l'honneur de vous voir, mademoiselle ; cette heureuse rencontre me prouve, à ma grande joie, que vous ne vous ressentez plus de vos terribles émotions de la nuit passée.

— Je suis encore un peu souffrante, monsieur, répondit Renée, voici pourquoi...

— Mille pardons, mademoiselle, interrompit Delgrès avec respect, je n'ai droit à aucune de vos confidences, même la plus légère ou la plus insignifiante.

Tout en parlant, il avait fait à la vieille négresse un signe imperceptible pour tout autre que pour elle.

Maman Sumera ramassa la tasse et ouvrit la porte derrière laquelle le chasseur était embusqué ; celui-ci avait prévu ce mouvement, il s'était vivement retiré de côté ; lorsque la négresse fut entrée en laissant retomber la porte derrière elle, il la saisit à l'improviste en lui posant la main sur la bouche pour l'empêcher de crier, et se penchant à son oreille :

— C'est moi, l'OEil Gris ! lui dit-il rapidement ; pas un mot !

Il était inutile d'en dire davantage ; la vieille négresse était tellement épouvantée de l'apparition de cet homme, sans qu'il lui fût possible de comprendre comment il s'était introduit là, qu'elle avait presque perdu connaissance ; ce fut seulement par signes qu'elle parvint à l'assurer de son silence, et surtout de son entière obéissance.

Tandis que ceci se passait dans la pièce obscure de l'ajoupa, la conversation continuait dans l'autre chambre

— Je suis heureuse, moi aussi, monsieur, répondit avec politesse, mais avec froideur, mademoiselle de la Brunerie, je suis heureuse du hasard qui nous met en présence si fortuitement ; j'en profiterai pour vous remercier une fois encore de votre conduite loyale et de la manière généreuse dont vous êtes venu à mon secours, à un moment où je n'allais plus avoir d'autre refuge que la mort pour échapper aux mains du scélérat qui était sur le point de s'emparer de moi, après avoir tué ou blessé tous mes défenseurs...

— Un vous restait encore, mademoiselle, le plus brave, le plus dévoué de tous.

— Oui, monsieur, et je vous suis reconnaissante au fond du cœur de me l'avoir conservé, car c'est un homme bon et de grand cœur pour lequel j'éprouve la plus sincère et la plus vive affection.

— Mademoiselle...

— Maintenant, monsieur, que je vous ai renouvelé mes remerciements, permettez-moi de prendre congé de vous et de rejoindre mes gens qui m'attendent à quelques pas au dehors.

— Mademoiselle, fit Delgrès, ne daignerez-vous pas m'accorder quelques minutes !...

— Il y a déjà fort longtemps que je suis ici, monsieur ; je regrette, croyez-le bien, de ne pouvoir demeurer davantage, mais il faut absolument que je me retire.

— Permettez-moi, mademoiselle, de vous dire quelques mots seulement.

— Je vous ferai observer, monsieur, fit-elle avec hauteur, que je n'ai l'honneur de vous connaître que très-peu ; que nos relations jusqu'à ce jour, excepté le service que cette nuit vous m'avez rendu, ont été presque nulles.

— C'est vrai, mademoiselle, je le reconnais, et pourtant au risque de vous déplaire, j'insisterai, pour que vous m'accordiez quelques minutes d'entretien.

— Je ne comprends pas, monsieur, ce qu'il peut y avoir de commun entre vous et moi, qui sommes à peu près étrangers l'un à l'autre, et ce que vous pouvez avoir à me dire.

— Mademoiselle, je vous demande humblement ce court entretien, parce que j'ai à vous parler de choses qui, pour moi du moins, sinon pour vous, sont de la plus haute importance.

La jeune patricienne lança au mulâtre, incliné devant elle, un regard devant lequel il baissa le sien avec une certaine confusion ; puis elle s'assit, fit signe à sa ménine de s'accroupir à ses pieds, et redressant fièrement la tête :

— Finissons-en, dit-elle avec une hauteur suprême. Que voulez-vous me dire ? Me voici prête à vous entendre.

XII

DE QUELLE MANIÈRE RENÉE DE LA BRUNERIE CONTRAIGNIT DELGRÈS A LUI AVOUER SON AMOUR

Afin de bien faire comprendre au lecteur la scène qui va suivre, il est indispensable que nous entrions dans certains détails sur la ligne de démarcation infranchissable qui, aux colonies, à l'époque où se passe notre histoire, — peut-être en est-il encore ainsi aujourd'hui, il faut des siècles pour déraciner un préjugé ; plus il est absurde, plus il a des chances de durée, — la ligne infranchissable de démarcation, disons-nous, qui séparait fatalement entre elles les différentes races et les empêchait, non-seulement de se confondre, mais même de se mêler.

Notre ouvrage ayant surtout pour but de faire connaître les mœurs des Antilles françaises au commencement du dix-neuvième siècle, il serait incomplet si nous passions légèrement sur les motifs qui ont amené cette funeste et si regrettable séparation.

Dans les colonies françaises de l'Atlantique, telles que la Martinique et la Guadeloupe, par exemple, la population se résume à trois espèces bien distinctes d'individus : les blancs, les noirs et les mulâtres.

Ces trois espèces sont caractérisées en ces termes par les nègres, grands amateurs d'apophthegmes :

Le blanc, c'est l'enfant de Dieu ; le nègre, c'est l'enfant du diable ; le mulâtre n'a pas de père.

Paroles qui se réduisent à cette vérité :

Les blancs forment une race d'élite, les noirs une race inférieure ; mais les mulâtres sont un produit bâtard des deux premières, ils n'ont pas d'aïeux de leur espèce, et ne peuvent point se reproduire sans s'effacer.

En effet, les mulâtres sont toujours fils d'un blanc et d'une négresse, et non pas fils d'un nègre et d'une blanche.

Ceci est un trait caractéristique de la femme française des colonies, trait qui mérite d'être noté ; jamais on n'a cité et jamais, nous en avons la conviction, on ne citera une blanche créole qui se soit alliée à un nègre.

Et cela pour cent raisons, dont chacune est péremptoire ; nous en noterons ici quelques-unes, uniquement pour les Européens, car si notre livre parvient aux colonies, les dames créoles trouveront monstrueux la nécessité même d'une explication sur un tel sujet, et nous sommes complètement de leur avis : aux Antilles.

Jamais un nègre n'a été pour une blanche des colonies qu'un Africain fort laid, assez grossier, médiocrement propre et d'une odeur passablement suffocante.

La race juive, qui s'est toujours conservée pure, est physiquement douée, comme on sait, d'un montant assez prononcé ; mais ce montant se trouve porté chez le nègre à un degré de développement tel, qu'il constitue pour les blancs une infirmité naturelle.

Il est impossible de passer près d'un nègre, même à dix pas, sans être saisi par son odeur ; une odeur chaude, musquée, nauséabonde, odeur congéniale et permanente, à laquelle tous les bains du monde ne font rien.

Et puis, quoi qu'il fasse, le nègre est toujours fort mal dégrossi ; ses pieds sont monstrueux et ridicules, le sauvage d'Afrique vit toujours en lui ; il n'a ni père connu, ni famille, ni ami ; sa religion est pleine d'enfantillages : enfin le nègre ne possède pas les proportions qui constituent la beauté physique, ou le charme moral, aux yeux des blancs ; il est ridicule ou effrayant ; il fait rire, ou il fait trembler ; l'alliance d'une blanche et d'un nègre n'est donc pas une chose qui se puisse supposer ; peut-être cela changera-t-il plus tard, nous en doutons.

A l'époque où se passe notre histoire, les choses étaient ainsi ; les nègres n'étaient nullement blessés de cette exclusion que les femmes blanches leur faisaient subir ; ils l'acceptaient et la trouvaient juste ; l'alliance d'une blanche avec un nègre était considérée par eux comme une dégradation monstrueuse de la part de la femme.

Nous ferons observer que nous ne parlons ici que des colonies françaises ; dans les colonies anglaises, il existe certaines différences dans les mœurs, différences peu sensibles, il est vrai, mais dont nous n'avons pas à nous occuper.

L'esclavage est un fait nuisible en même temps qu'il est inique ; nous sommes avec l'économie politique, avec la philosophie, avec la morale pour le répudier et le proscrire ; nous reconnaissons même que l'esclave a le droit de reconquérir la liberté par tous les moyens en son pouvoir, mais nous n'admettons pas, — parce que cela est contraire à la vérité, — qu'on fasse des négresses, des jeunes filles gémissant d'avoir été ravies aux tendres serments de leurs bien-aimés du désert, pour être livrées aux mains détestées d'un maître barbare ; cela est complètement faux ; ceux qui le disent sont de mauvaise foi, ou ne savent rien des colonies françaises.

Ainsi, affirmer, par exemple, que les planteurs ont tout pouvoir sur les femmes esclaves est un mensonge.

Les négresses ne comprennent pas la différence qui existe entre les titres d'épouse et de maîtresse ; on leur proposerait de choisir entre eux qu'elles ne le sauraient pas ; sans être dévergondées, elles considèrent comme revenant de droit aux hommes blancs, ou noirs, sous le toit desquels elles vivent.

Une négresse africaine est à qui veut la prendre, une négresse créole à qui elle veut bien se donner, ou, pour être plus vrai, se vendre.

Ce n'est ni le fouet, ni l'esprit, ni la beauté qui domptent les belles esclaves, c'est l'or ; toute aventure discrète, mystérieuse est impossible avec les négresses ; si elles consentent à être aimées argent comptant, elles veulent avant tout qu'on le sache.

Tous les croisements de race proviennent donc d'unions clandestines, d'amours plus ou moins

Et puis, quoi qu'il fasse, le nègre est toujours fort mal dégrossi (page 80).

cachés entre blancs et noires, mais, nous le répétons, jamais entre blanches et noirs; de plus les blancs n'épousent jamais les négresses, ce qui se comprend facilement, aux colonies surtout, où toutes les femmes de couleur, ou du moins la plus grande partie aujourd'hui, ont jadis été esclaves.

La race des mulâtres est donc originairement formée d'enfants naturels et considérée comme extra-morale et extra-légale. Si grande que soit leur intelligence, ils ne peuvent, aux colonies, effacer cette tache, stigmate indélébile qui les rejette au dehors de la société organisée dans laquelle on leur a refusé une place assignée, se fondant sur ce que leurs enfants eux-mêmes ne leur ressemblent pas et ne sont point de leur couleur; produits par un caprice de la nature, ils sont seuls et demeurent seuls.

Heureusement, ceci n'est qu'un préjugé destiné à s'effacer.

Dans les colonies françaises, où toutes les familles blanches sont considérables, très-distinguées généralement par leur éducation, mais imbues de préjugés étroits à l'endroit des hommes de couleur, les mulâtres sont impitoyablement repoussés; en un mot, ces malheureux, si vastes que soient leurs capacités personnelles, si grandes que soient leurs qualités, sont, par une fatalité contre laquelle ils essayeraient vainement de se débattre, en butte au mépris des blancs et à la haine des noirs; ces pau-

vres parias de la société coloniale ont tellement
conscience de leur infériorité, qu'ils se courbent
humblement; et, à quelque degré d'honneur, de
considération ou de fortune qu'ils appartiennent,
ils demeurent toujours en dehors des autres classes
privilégiées, blanches ou noires, sans tenter jamais
de franchir la ligne de démarcation qui les en
sépare.

Et maintenant nous fermerons cette longue parenthèse, et nous reprendrons notre récit où nous
l'avons laissé, en revenant à l'ajoupa de maman
Suméra, où le commandant Delgrès et mademoiselle Renée de la Brunerie se trouvaient en présence.

Il y eut un silence assez long.

Le mulâtre, que, malgré son grade supérieur, la
hautaine jeune fille n'avait pas autorisé à prendre
un siége, se tenait debout devant elle, le chapeau
à la main.

Bien qu'il conservât les apparences les plus respectueuses et presque les plus humbles en face
Renée de la Brunerie, cependant un observateur
aurait compris, en voyant ses sourcils froncés, les
tressaillements nerveux des muscles de sa face,
qu'une tempête terrible grondait sourdement dans
le cœur de cet homme, et qu'il lui fallait une
puissance de volonté immense, pour refouler ainsi
le sentiment de sa dignité outragée.

— J'attends, monsieur, dit enfin la jeune fille
d'une voix brève en lui jetant un regard presque
dédaigneux.

Au son de cette voix, le mulâtre tressaillit.

Il redressa sa haute taille, rejeta sa tête en arrière
par un mouvement plein de noblesse, une expression de volonté énergique et de résolution implacable éclata sur son visage subitement transfiguré;
mais ce ne fut qu'un éclair; presque aussitôt un
sourire douloureux plissa les commissures de ses
lèvres, un soupir ressemblant à un sanglot s'échappa
de sa poitrine haletante, et se courbant respectueusement devant la jeune fille:

— Vous êtes bien cruelle, mademoiselle, dit-il
d'une voix douce, presque plaintive, pour un
homme qui jamais ne vous a offensée, ni par ses
paroles, ni par ses actions, ni même par ses regards.

— Moi, monsieur! fit-elle avec surprise, j'ai été
cruelle envers vous? Veuillez, je vous prie, m'expliquer ce que vous entendez par ces paroles que
je ne puis et ne veux comprendre.

— Mademoiselle...

— Monsieur, interrompit-elle avec impatience,
vous avez exigé cet entretien auquel, moi, je ne
voulais pas consentir; vaincue par vos obsessions
j'ai cédé, de guerre lasse, à votre volonté. Eh bien,
maintenant, c'est moi qui exige, c'est moi qui
ordonne; parlez! je le veux.

— Madame, vous êtes reine et...

— Pas de grands mots, de la franchise; dites-moi,
une fois pour toutes, ce que vous prétendez avoir
à m'apprendre.

— Oui, répondit Delgrès avec amertume; finissons-en, n'est-ce pas, madame?

— Oui, certes, monsieur, finissons-en, car tout
ceci me fatigue. Que peut-il y avoir de commun, s'il
vous plaît, entre le commandant Delgrès et mademoiselle Renée de la Brunerie? Est-ce le service
que par hasard vous m'avez rendu, qui suffit pour
établir cette communauté à laquelle vous prétendez?
Je vous ai remercié, plus peut-être que je ne devais
le faire; cela ne suffit-il pas? Parlez, monsieur, je
suis riche; combien vous dois-je encore?

Ces paroles de mademoiselle de la Brunerie
étaient cruelles : rien dans l'attitude de la jeune fille
n'en diminuait le côté pénible.

— Oh! mademoiselle! un tel outrage à moi!...
s'écria Delgrès les dents serrées par les efforts qu'il
faisait pour se contenir.

— De quel outrage parlez-vous, monsieur? reprit-
elle ironiquement; toute peine mérite salaire, toute
bonne action, récompense; on paye comme on
peut; mais cette récompense, ajouta-t-elle en
scandant ses mots, ne doit, dans aucun cas, dépasser la valeur du service rendu. Faites vite, monsieur,
parlez; qu'avez-vous à me demander?

— Rien, mademoiselle, répondit sèchement Delgrès; vous êtes libre de vous retirer.

La jeune fille fit un mouvement pour se lever,
mais, après une courte hésitation, elle reprit son
siége et, regardant fixement le mulâtre avec une
expression de dédain, de hauteur et de pitié impossible à rendre :

— Écoutez-moi, monsieur, lui dit-elle, car si vous
renoncez à parler, j'ai, moi, maintenant à vous
entretenir; puisque nous voici face à face et que
vous l'avez voulu, vous connaîtrez ma pensée tout
entière.

— Je vous écoute avec le plus profond respect,
mademoiselle, répondit l'officier en s'inclinant.

— Il serait à souhaiter, monsieur, que vos paroles fussent moins alambiquées, vos manières moins
respectueuses en apparence et que vos actes le fussent davantage en réalité.

— Je ne vous comprends pas, mademoiselle.

— Vous allez me comprendre, monsieur, je m'ex-
pliquerai franchement, loyalement; je tiens à ce
que vous saisissiez bien le sens de mes paroles, car
cette fois est la dernière sans doute que nous nous
rencontrerons face à face.

— Peut-être, mademoiselle, répondit Delgrès
d'une voix sourde.

— Il en sera ce qu'il plaira à Dieu monsieur; mais
jamais, par le fait de ma volonté, vous ne vous
retrouverez comme aujourd'hui devant moi.

Renée de la Brunerie s'accouda négligemment

sur l'angle de la table près de laquelle elle était assise, se pencha légèrement de côté, tourna, en la relevant, la tête de trois quarts, et, les yeux demi-clos, la bouche dédaigneuse :

— Monsieur le commandant Delgrès, il ne convient pas, je le sais, aux femmes de s'occuper de politique; vous me permettrez cependant, fit-elle avec une certaine amertume, de vous en dire un mot, mais un seul. Il a plu, un jour, à la Convention nationale, emportée par la fièvre de liberté qui l'enivrait, de décréter l'émancipation des noirs, mesure dont il ne me saurait convenir de discuter avec vous l'opportunité; mais en décrétant la liberté des esclaves, la Convention nationale n'a pas, que je sache, ordonné en même temps l'esclavage des blancs, et livré ceux-ci en pâture aux caprices ou aux folles prétentions qui pourraient incontinent germer dans le cerveau exalté de certains des nouveaux affranchis...

— Madame !...

— Laissez-moi parler, monsieur. vous me répondrez après si bon vous semble. Les esclaves une fois libres, justice entière plus qu'entière, leur a été faite; par suite d'un engouement qui n'a point produit les résultats qu'on en attendait, on a rendu accessibles aux nouveaux affranchis les plus hauts emplois civils, les grades militaires les plus élevés, dans les colonies et en Europe; en Europe, qu'est-il advenu de cela? je l'ignore mais dans les colonies le coup a été terrible. Après s'être emparés de presque toutes les positions administratives ou militaires, les noirs, loin de reconnaître les bienfaits dont on les comblait, ont prétendu être, à leur tour, les seuls maîtres, et prouver leur reconnaissance à ceux qui les avaient faits hommes et libres en organisant contre eux la révolte, le pillage et le massacre; en un mot, leur cerveau, trop faible pour ce nouveau breuvage, s'est grisé; quelques-uns, plus audacieux que les autres, enorgueillis outre mesure par les changements presque subits opérés comme par miracle dans leur position, ont oublié leur origine.

— Madame ! s'écria le commandant d'une voix tremblante.

— Je ne cite aucun nom, monsieur, reprit-elle avec dédain, je parle en général ; je reprends : peu s'en est fallu même qu'ils ne se figurassent qu'ils avaient changé de couleur en devenant libres, et qu'ils étaient tout à coup devenus aussi blancs que leurs anciens maîtres; ils ont poussé si loin cette illusion qu'ils ont osé lever les yeux sur les filles de ceux dont ils avaient été les esclaves; qu'ils les ont convoitées et qu'ils n'ont pas craint de prétendre s'allier avec elles. Ces prétentions sont aussi criminelles que ridicules, monsieur; les noirs seront toujours noirs, quelle que soit la teinte plus ou moins foncée de leur visage ; cette

dernière ligne de démarcation qui les sépare des blancs, jamais ils ne réussiront à la franchir; les dames créoles ont trop le respect d'elles-mêmes, elles savent trop ce qu'elles doivent à elles et à leurs familles, pour céder aux protestations ou aux menaces de vengeance, que ces étranges séducteurs emploient tour à tour pour les convaincre.

— Madame, en quoi ces paroles cruelles peuvent-elle s'adresser à moi ?

— Ah ! fit mademoiselle de la Brunerie avec un rire nerveux; vous avez donc compris enfin que ces derniers mots étaient à votre adresse, monsieur? Eh bien, soit ; c'est de vous que je parle : me croyez-vous donc aveugle? Supposez-vous que je n'ai pas remarqué vos tortueuses manœuvres ; l'acharnement que vous mettez à me suivre en tous lieux et à vous trouver sur mon passage? Vous m'aimez, monsieur, je le sais depuis longtemps. Osez me démentir?

— Eh bien ! non, madame, je ne vous démentirai pas ; oui, je vous aime.

— Enfin, vous vous démasquez? Vous l'avouez donc ?

— Pourquoi le nierais-je puisque cela est vrai, et que vous me contraignez à vous le dire? répondit Delgrès en se redressant et, pour la première fois, fixant sur la jeune fille un regard dont elle fut contrainte de détourner le sien.

— Monsieur, vous m'insultez ! s'écria-t-elle frémissante d'orgueil et de honte.

— Non, madame, je vous réponds ; vous-même m'y avez invité. Exigez-vous que je me taise? soit, je ne prononcerai plus un mot; mais vous, qui m'avez abreuvé de tant d'outrages immérités, vous qui vous êtes montrée impitoyable pour la race malheureuse à laquelle j'appartiens, me refuserez-vous le droit de la défendre?

— Non, monsieur, parlez : je suis vraiment curieuse d'entendre cette justification.

— Je n'ai pas à me justifier, madame, puisque je ne suis pas coupable. Nous sommes des affranchis, esclaves et fils d'esclaves, c'est vrai; mais qu'est-ce que cela prouve? Que nous appartenons, non pas à une race inférieure, ainsi que vous le prétendez, mais à une race malheureuse, opprimée, déshéritée entre toutes. Quel crime avons-nous commis qui nous rende passibles d'un châtiment si terrible? Nous sommes noirs et vous êtes blancs; vous êtes forts et nous sommes faibles: vous êtes civilisés et nous sommes sauvages. Cela constitue-t-il un droit? Mais l'histoire de l'esclavage traverse toutes les périodes de l'histoire du genre humain depuis son commencement jusqu'à ce jour. Chez les anciens comme au moyen âge, il y a eu des esclaves et ces esclaves étaient des blancs ; les blancs se sont relevés de cette dure condition, pourquoi n'aurions-nous pas le droit de suivre leur exemple et de les imiter? La parole du Christ, cette parole sublime prononcée il y a dix-huit siècles déjà : « Il n'y aura plus ni premier, ni dernier ; désormais vous serez tous égaux, » demeurera-t-elle donc éternellement une lettre morte? En réclamant la liberté universelle, le Christ n'a-t-il donc point parlé pour nous comme pour vous? Ne sommes-nous donc pas, comme vous, issus de la souche commune? Adam n'est-il pas notre aïeul comme il est le vôtre? Oh! madame, ne creusons pas cette ornière où il y a du sang et de la boue! Le hasard vous a fait naître blancs, le temps vous a fait libres ; jetés par les caprices de ce même hasard dans des pays où les conditions d'existence se trouvaient tellement précaires que la vie y devenait impossible, à moins d'une lutte de toutes les heures, de toutes les secondes, qui tenait votre esprit sans cesse en éveil, faisait fermenter votre cerveau et vous inoculait, pour ainsi dire, par la nécessité de vivre, l'obligation de la civilisation et du progrès, vous êtes devenus puissants ; et alors, nous, placés dans des conditions plus douces, sous un ciel plus clément qui nous laissait paisiblement vivre tels que Dieu nous avaient créés, vous êtes venus, vous nous avez séduits, trompés, vaincus ; vous nous avez achetés comme des bêtes de somme, et, nous considérant comme des animaux à peine plus intelligents que ceux de vos forêts, vous nous avez refusé une âme et vous nous avez assimilés aux brutes!

— Monsieur, ces déclamations théâtrales, qui sans doute produiraient beaucoup d'effet dans un club égalitaire, sont, il me semble, hors de saison, et n'ont rien à voir ici.

— Il vous semble mal, madame ; ce ne sont pas des déclamations, mais des faits irrécusables ; le serpent sur la queue duquel on marche se redresse et se venge ; l'homme que l'on outrage a le droit de se défendre ; car, bien que vous en disiez, madame, nous sommes des hommes, braves, forts, intelligents, autant et peut-être plus que la majorité de vous autres blancs, troupeau servile qui obéit sans murmures aux caprices les plus exagérés d'une espèce de fétiche inviolable qui transmet à ses descendants sa puissance ; nous, au contraire, malgré l'abrutissement dans lequel on a voulu nous plonger, nous avons grandi, nous avons senti, dans l'esclavage, au contact de votre civilisation, notre intelligence se développer ; quand a sonné enfin l'heure de la liberté, elle nous a trouvés prêts ; nous avons amplement prouvé depuis dix ans ce dont nous sommes capables ; et cela si si vrai, madame, que vous vous êtes épouvantés du reveil terrible de ce betail humain que vous supposiez complétement *idiotisé* ; et aujourd'hui vous tremblez, vous avez peur de nous, vous voulez nous replonger dans cet esclavage

dont l'initiative d'une Assemblée généreuse nous a fait sortir.

— Oh! monsieur, pouvez-vous ajouter foi à de tels mensonges? La haine vous aveugle-t-elle à ce point?

— Je suis certain de ce que j'avance, madame ; mais nous mourrons tous avant de consentir à nous courber de nouveau sous le joug infamant qu'on prétend nous imposer! Mais, pardon, madame, je me perds dans des considérations qui n'ont rien à faire ici ; je reviens à ce qui me regarde, ou plutôt regarde la malheureuse race à laquelle j'appartiens : abolition de l'esclavage signifie liberté pleine, entière, sans limites autres que celles posées par les lois ; droits et devoirs égaux devant Dieu et devant les hommes. Si vous nous avez reconnus aptes à remplir des emplois honorables, à occuper des grades militaires importants, si devant les tribunaux une justice égale nous est accordée, pourquoi commettrions-nous un crime en voulant nous assimiler complétement à vous? en essayant de fondre notre race dans la vôtre? en un mot, en prenant pour épouses les femmes dont les pères s'allient depuis des siècles à nous? Pourquoi, enfin, n'aurions-nous pas droit au mariage légal, lorsque depuis si longtemps on nous a imposé la honte cachée ?

— Monsieur!...

— Oh! ne vous récriez point, madame, je ne vous insulte pas, Dieu m'en garde! je constate un fait ; j'ai élevé dans mon cœur un autel dont vous êtes la divinité respectueusement adorée ; je reconnais le premier l'impossibilité de ce rêve que, malgré moi, hélas! mon cœur caresse follement. Le préjugé, à défaut de la justice, élève entre nous une infranchissable barrière ; nous ne sommes à vos yeux que de misérables esclaves à peine affranchis, et vous ne songez pas, dans votre implacable orgueil, que ces esclaves, c'est vous qui les avez faits contre toutes lois divines et humaines ; vous nous haïssez, nous que vous avez civilisés, et si nous nous redressons, si nous osons protester, vous nous jetez comme un outrage notre couleur à la face. Oh! madame! ajouta Delgrès d'une voix qui d'abord fière et presque menaçante, s'attendrissait de plus en plus, vous êtes jeune, vous êtes bonne, vous êtes belle, oh! radieusement belle! je vous en supplie, vous la fille de nos bourreaux, soyez clémente, plaignez-nous, ne nous méprisez pas !

Et, au fur et à mesure qu'il parlait, il s'inclinait devant cette jeune fille, fière et imposante comme une reine, et lorsqu'il se tut, il se trouva un genou en terre devant elle.

Il se passa alors une chose étrange ; les traits si rigidement contractés de mademoiselle de la Brunerie se détendirent peu à peu, son visage, dont l'expression était si fière et si hautaine, s'adoucit graduellement, prit presque à son insu une expression de douceur et de bonté touchante, et deux perles se posèrent, tremblotantes, à l'extrémité de ses longs cils ; elle se pencha vers cet homme si humblement agenouillé devant elle, et lui tendit la main.

— Relevez-vous, monsieur, lui dit-elle d'une voix suave et pure comme un soupir de harpe éolienne.

— Madame, répondit avec émotion le mulâtre en touchant presque craintivement cette main, vous avez eu pitié de moi, soyez bénie ! Ces deux larmes que vous avez laissé couler sont tombées sur mon cœur comme un baume divin, je suis heureux ; vous avez compris tout ce qu'il y a de respect, d'admiration et de dévouement pour vous dans l'âme de ce pauvre mulâtre, qui, croyez-le bien, saura, quoi qu'il arrive, demeurer digne de vous et de lui. Vous êtes un ange, et les anges, on les prie, on les invoque à l'égal du Dieu qui les a donnés aux hommes pour apprendre à souffrir et à se vaincre. Oubliez, je vous en conjure, tout ce que j'ai osé vous dire, quand, dans un moment de folie, mon cœur débordait malgré moi, et ne voyez plus en moi, à l'avenir, que le plus humble, le plus dévoué et le plus respectueux de vos esclaves.

— Monsieur, je me suis montrée bien injuste, bien cruelle peut-être envers vous qui m'avez rendu de si éminents services, répondit Renée avec un sourire ; mais j'en suis heureuse, maintenant que cette cruauté m'a permis de vous juger tel que vous devez l'être, et de reconnaître tout ce qu'il y a de véritable grandeur dans votre âme généreuse et réellement noble. Tout nous sépare, rien ne pourra jamais nous réunir ; mais soyez-en convaincu, à défaut d'autre sentiment, vous avez mon estime tout entière.

— Je vous remercie mille fois, madame, pour ces touchantes paroles. Votre estime, c'est plus que dans mes rêves j'aurais jamais osé espérer. Oh ! je le savais bien, moi, que vous êtes aussi bonne et aussi pitoyable que vous êtes belle ?

En ce moment la porte du fond s'ouvrit brusquement, et l'Œil Gris entra résolûment dans la chambre.

Les deux acteurs de cette scène, surpris de cette apparition imprévue, tressaillirent imperceptiblement ; mais tous deux ils bénirent, dans leur for intérieur, cette interruption providentielle ; leur position en face l'un de l'autre commençait, ils ne pouvaient se le dissimuler, à devenir très-difficile.

— Commandant Delgrès, dit le nouvel arrivant, je vous présente mes hommages ; mademoiselle de la Brunerie, il se fait tard, il est temps de partir.

— Déjà ! s'écria vivement la jeune fille sans songer probablement a ce qu'elle disait.

— Déjà est charmant ! reprit en riant le Chasseur. Voilà, sans reproche, mademoiselle, plus de deux heures que vous êtes ici ; vous avez eu le temps, Dieu me pardonne, de boire le lait de toutes les chèvres de maman Suméra.

— Oh ! mon Dieu, il est si tard ! Viens, petite, répondit mademoiselle de la Brunerie, en s'adressant à sa ménine toujours accroupie à ses pieds ; lève-toi, fillette, et partons.

Le chasseur se tourna alors vers le commandant Delgrès, immobile au milieu de la pièce.

— Commandant, lui dit-il, jusqu'à présent nous n'avons eu qu'une très-faible sympathie l'un pour l'autre.

— C'est vrai, répondit en souriant légèrement le mulâtre.

— Voulez-vous me permettre de serrer votre main ?

— Avec plaisir, monsieur, quoique je ne comprenne pas d'où vous vient cet intérêt que vous me témoignez subitement.

— Que voulez-vous, commandant, dit le Chasseur avec une charmante bonhomie, je suis un homme singulier, moi ; j'éprouve ainsi de temps en temps le besoin de serrer la main d'un homme de cœur, cela me change un peu des affreux gredins auxquels je suis souvent forcé de faire bonne mine. Voilà pourquoi, bien que nous ne soyons pas complétement de la même opinion sur certaines choses, je demande à serrer votre main loyale.

— La voilà, monsieur, dit le commandant ; soyez certain que c'est avec plaisir que je vous la donne.

— Eh bien, ma foi, commandant, vous me croirez si vous voulez, c'est réellement avec joie que je vous présente la mienne.

— Père, je vous attends, dit alors la jeune fille.

— Je suis à vos ordres, chère enfant.

Renée de la Brunerie s'adressa alors au mulâtre :

— Commandant, lui dit-elle avec un bon sourire, je me retire ; peut-être ne nous reverrons-nous jamais. Cependant croyez que je conserverai toujours un excellent souvenir de cette entrevue. Adieu.

— Adieu, madame, soyez heureuse, c'est le plus ardent de mes vœux, répondit Delgrès en saluant la jeune fille. Soyez convaincue que, de près ou de loin, sur un signe de vous, je donnerai avec joie ma vie pour vous éviter non pas un chagrin, mais seulement un ennui.

Après s'être une seconde fois incliné, le commandant Delgrès sortit précipitamment de l'ajoupa.

— Cet homme se fera tuer peut-être avant huit jours, murmura le Chasseur avec un accent de tristesse ; son cœur est trop grand, et son intelligence trop vaste, pour les misérables qui l'entourent et ne sauraient le comprendre.

Dix minutes plus tard, la cavalcade se remettait en marche.

— Nous retournons à l'habitation, n'est-ce pas, chère enfant? dit le Chasseur à la jeune fille.

— Pourquoi cela? demanda Renée.

— Dame! parce qu'il est trois heures et demie et que nous n'avons plus rien à faire, il me semble, ajouta-t-il avec intention.

La jeune fille sourit et le menaça du doigt.

— Rentrons, puisque vous le voulez, répondit-elle.

— O femmes! murmura le vieux philosophe à part lui, dans le cœur de la plus sage et de la plus pure il y a toujours place pour le mensonge!

Et, se remettant à la tête de la cavalcade, il reprit tout pensif le chemin de l'habitation de la Brunerie.

Quant à Renee, elle rêvait.

A quoi?

Qui saurait deviner ce qui se passe dans le cœur d'une femme ou plutôt d'une jeune fille, surtout quand cette jeune fille a dix sept ans et que pour la première fois elle sent les palpitations mystérieuses de son cœur?

XIII

OU LE COMMANDANT DELGRÈS SE PROCLAME CHEF SUPRÊME DES NÈGRES DE LA GUADELOUPE

Le général Magloire Pélage avait été mal informé par l'aide de camp qui lui avait donné les détails de la prise du fort de la Victoire par le capitaine Paul de Chatenoy.

Il avait donc, malgré lui, commis une erreur lorsque, en rendant au général Richepance compte de l'occupation de cette forteresse, il lui avait dit que le capitaine Ignace, commandant la garnison, s'était échappe par une poterne dérobée avec tout son monde, tandis que le capitaine de Chatenoy entrait dans la place à la tête de ses soldats.

Voici comment les choses s'étaient passées: il est important de bien faire connaître les détails de cette action pour l'intelligence des faits qui vont suivre.

Le capitaine Paul de Chatenoy, d'après l'ordre qu'il avait reçu du général Magloire Pélage, avait pris le commandement de deux compagnies de grenadiers et s'était rendu immédiatement au fort de la Victoire.

A peine était-il arrivé sur les glacis du fort que plusieurs personnes étaient accourues pour lui annoncer que les postes etaient tous releves déjà; que les soldats qui précédemment les occupaient, après avoir été désarmes et déshabillés, c'est-à-dire contraints à quitter leur uniforme, etaient sortis du fort et avaient été aussitôt conduits au rivage et embarqués à bord des frégates.

Tout d'abord, ces rapports semblèrent au capitaine exagérés et contradictoires; de plus, une certaine agitation tumultueuse, qu'il crut apercevoir dans le fort et dont il lui fut impossible de déterminer la cause, commença à éveiller ses soupçons: il allait ordonner à ses soldats de s'avancer contre le fort à la baïonnette, lorsque le capitaine Ignace parut à l'improviste et accourut vers lui.

Le capitaine Ignace avait les traits bouleversés; il affectait un profond désespoir.

Nous constaterons tout d'abord que l'officier noir, au lieu d'obéir aux ordres du commandant Delgrès et de se retirer sans coup férir, inquiet de la modération de son chef et voulant le contraindre à entamer le plus tôt possible les hostilités, afin de le compromettre sans retour aux yeux du général commandant en chef de l'expédition, s'était tracé un plan dont la démarche qu'il tentait en ce moment était le prologue.

— Capitaine! demanda-t-il brusquement au capitaine de Chatenoy, où en sommes-nous?

— Nous en sommes au comble de nos vœux, répondit franchement le capitaine; tout s'est passé à notre entière satisfaction; blancs et hommes de couleur, nous sommes tous maintenant militaires et Français, nous ne devons plus connaître que l'obéissance envers nos supérieurs.

— L'obéissance? murmura Ignace avec doute.

— Soyez certain, capitaine, qu'on vous rendra justice, se hâta d'ajouter le jeune officier français.

— Oui, répliqua le capitaine Ignace avec une feinte indignation, mais, en attendant, les troupes coloniales sont mécontentes; pendant le débarquement d'aujourd'hui leurs officiers ont été en butte au mépris général des officiers et des soldats européens; on a affecté de nous laisser à l'écart.

— C'est vrai, mais une éclatante réparation leur a été faite par le général en chef, en la personne du général Magloire Pélage.

— Pélage est un traitre et un lâche! s'écria le capitaine Ignace avec violence.

— Que signifient ces paroles, capitaine? demanda M. de Chatenoy avec une certaine vivacité.

— On chasse les troupes coloniales des forts et des casernes sans motifs plausibles et de la manière la plus honteuse, reprit le capitaine Ignace sans répondre à la question qui lui était adressée; les compagnies prétendent qu'elles n'évacueront point leur poste.

— Qu'osez-vous me dire? s'écria le capitaine; les compagnies ne sont donc pas sorties du fort?

— Non, elles ne sont pas sorties; elles sont résolues à ne point sortir.

— On m'a donc trompé en m'assurant qu'elles avaient été relevées?

— J'ignore ce qu'on vous a annoncé, monsieur; quant à moi, je vous dis ce qui est.

— Prenez garde, monsieur! répondit sèchement M. de Chatenoy.

— Que puis-je faire dans cette circonstance difficile, capitaine? Je suis seul contre tous.

— Vous mentez, monsieur!

— Capitaine!

— Je l'ai dit et je le répète.

— Monsieur, je ne souffrirai pas une telle injure! s'écria le mulâtre avec fureur.

— Vous la souffrirez, monsieur, répondit l'officier français; car c'est vous, vous seul, et non vos soldats, qui en ce moment méditez une trahison.

— Moi!

— Oui, vous! Je vous croyais de l'honneur, vous militaire et Français; je vous croyais attaché à votre femme et à vos enfants, vous, père de famille.

— Monsieur! s'écria le mulâtre avec un trouble intérieur.

— Songez à vos serments! songez à votre patrie! continua énergiquement le capitaine; songez à ce que vous avez de plus cher au monde.

— Serais-je donc venu vous parler ainsi que je l'ai fait, capitaine? répondit le mulâtre; si je n'étais pas un soldat brave et honnête.

— Pas d'ambages, monsieur, reprit sévèrement le capitaine; faites votre devoir sans plus hésiter. Mais brisons-là; retirez-vous, monsieur, bientôt je serai sur vos pas.

— Soit! répondit le capitaine Ignace avec ressentiment, je me retire, mais je décline la responsabilité de ce qui va se passer.

— Je l'accepte, moi, monsieur, répondit le capitaine de Chatenoy avec un méprisant dédain.

Le capitaine Ignace fit un léger salut que M. de Chatenoy ne lui rendit pas, et il rentra à pas précipités dans la place.

Le jeune officier comprit que le commandant du fort de la Victoire n'avait voulu que l'amuser par de fausses protestations de dévouement, tandis que ses complices se préparaient à la résistance; il ne voulut pas laisser à la révolte le temps de s'organiser, et il se résolut à agir immédiatement avec une grande vigueur; en conséquence, il appela autour de lui tous ses officiers, les mit en quelques mots au courant (de ce qui s'était passé entre le capitaine Ignace et lui, se mit à leur tête, fit battre la charge, croiser la baïonnette, pénétra brusquement et à l'improviste dans la forteresse et surprit la garnison, qui, sans essayer une défense désormais impossible, chercha son salut dans la fuite et évacua le fort dans le plus grand désordre, suivie de ses officiers.

Le capitaine de Chatenoy ne jugea pas prudent, à cause de l'heure avancée, de poursuivre les fuyards; il se contenta de faire occuper tous les postes et d'assurer ainsi la prise de possession de la forteresse.

Cependant, ces faits si simples, commentés par la malveillance, dénaturés par l'envie et la haine implacable des officiers venus de l'Île de la Dominique sur la frégate la Pensée, et qui entouraient constamment le général en chef, lui furent présentés sous un jour si odieux: la culpabilité apparente, la trahison soi-disant évidente du général Magloire Pélage, furent si bien établies, que Richepance, malgré ce qui s'était passé entre lui et cet officier, ignorant encore sur quel terrain brûlant il posait le pied, redoutant surtout pour ses troupes cette trahison dont on faisait sans cesse miroiter à ses yeux le fantôme menaçant, se résolut à prendre une mesure que, du reste, il ne tarda pas à regretter amèrement, et qui produisit le plus mauvais effet sur les habitants de la Pointe-à-Pitre, tous honnêtes et franchement dévoués au gouvernement français.

Par l'ordre du général en chef, deux officiers et vingt-cinq soldats se rendirent à la maison habitée par le général Magloire Pélage. Ils lui annoncèrent qu'il devait, jusqu'à nouvel ordre, demeurer prisonnier chez lui, où ils étaient chargés de le garder à vue.

Le général Magloire Pélage ne manifesta ni surprise, ni indignation, à cette étrange nouvelle; un sourire triste erra sur ses lèvres, et de cette voix calme qui lui était habituelle:

— J'obéis, citoyens, dit-il; le général en chef croit avoir des motifs pour prendre cette mesure sévère envers moi, que sa volonté soit faite; je vous prends à témoin de mon entière et parfaite soumission à ses ordres.

Les deux officiers allaient se retirer et laisser le général seul, lorsqu'on amena devant eux une mulâtresse disant se nommer maman Mélie et demandant avec insistance à être introduite auprès du général Pélage.

Quel motif vous amène? lui demanda le général après l'avoir examinée pendant une seconde avec une sérieuse attention.

Cette femme voulait sans doute, par une preuve non équivoque de dévouement, réparer la faute que quelques jours auparavant elle avait commise à l'anse à la Barque, faute dont, on s'en souvient, l'Œil Gris l'avait si rudement châtiée; elle ne se laissa pas intimider par les regards qui pesaient sur elle; après un salut fait à la ronde, elle se hâta de répondre:

— Missié général, dit-elle avec un nouveau salut, cette nuit, obligée à faire un petit voyage pour les affaires de mon commerce, je me trouvais près de la Rivière Salée et je me préparais à la traverser, lorsque tout à coup, je me suis trouvée presque en présence, au moment où j'y pensais le

moins, ce qui m'a fait une grande peur, de mis-
siès Ignace, Palème, Massoteau, Cadou, et encore
plusieurs autres officiers des troupes coloniales.

— Vous êtes certaine de ce que vous me dites?
s'écria vivement le général Pélage; vous connaissez
donc les personnes dont vous parlez!

— Je les connais beaucoup, oui, missié général;
je suis bien sûre de ce que je vous annonce.

— Très-bien! continuez.

— Ces officiers n'étaient pas seuls, ils avaient
avec eux plus de deux cents soldats des troupes
coloniales; tous étaient armés de sabres, fusils et
baïonnettes; ils paraissaient très-pressés; ils ont
gagné presque en courant le canton du *Petit-Canal;*
heureusement pour moi, j'étais cachée, ils ne
m'ont pas vue, mais je les voyais bien, moi.

— Ah! fit le général sans écouter les dernières
observations de la mulâtresse. Et après? ajouta-t-il
en fronçant les sourcils.

— En arrivant au canton du Petit-Canal, ils se
sont embarqués dans des pirogues qui se trouvaient là.

— Dans quel but? Le savez-vous?

— Dame! missié général, ce ne peut être que
dans celui de se rendre à la Basse-Terre; je crois
même le leur avoir entendu dire, mais je n'en suis
pas certaine et je n'oserais point l'affirmer.

— C'est vrai, murmura le général d'un air rê-
veur. Hélas! qu'arrivera-t-il de tout cela? Dieu
veuille que mes tristes prévisions ne se réalisent
pas! Citoyens, ajouta-t-il en s'adressant aux officiers,
vous avez entendu les paroles de cette femme, vous
comprenez combien l'avis qu'elle me donne est
important? Me permettez-vous de me rendre avec
elle auprès du général en chef?

Les deux officiers se consultèrent du regard,
puis l'un d'eux répondit :

— Mon général, vous connaissez la consigne
sévère qui nous a été donnée, nous permettez-vous
de vous accompagner?

— Soit! dit-il doucement. Allons citoyens.

Ils sortirent.

Depuis près de trois heures le général en chef
était enfermé avec un chasseur, porteur, disait-on,
de nouvelles de la plus haute importance; sa porte
était défendue, nul ne pouvait pénétrer jusqu'à
lui.

Le général Pélage reprit tristement le chemin de
sa demeure; il allait y rentrer lorsqu'il rencontra le
capitaine de Chatenoy, son aide de camp, qui en
sortait et venait au-devant de lui; le général fut
heureux de le voir; il le chargea de reconduire
maman Mélie auprès du général en chef, et il
ajouta certaines observations sur la gravité des
nouvelles données par la mulâtresse; en appuyant
sur la nécessité de l'interroger sans retard. Le capitaine promit au général de s'acquitter de la mis-

sion qu'il lui confiait et il s'éloigna en emmenant
la mulâtresse.

Au reste, deux heures plus tard, le général Richepance vint en personne lever, à la tête de tout
son état-major, les arrêts du brave officier, en lui
exprimant tous ses regrets de s'être laissé aller à
prendre une mesure qu'il regrettait sincèrement.

Cette fois, la réconciliation fut définitive entre
les deux généraux: les ennemis de Pélage ne réussirent plus, malgré tout ce qu'ils tentèrent dans
l'ombre, à altérer la confiance de Richepance dans
la loyauté de Pélage, et sa réputation ne souffrit
plus aucune atteinte.

Malheureusement, cette faiblesse passagère du
général Richepance, et plusieurs autres imprudences que, sur les insinuations des officiers venus
de la Dominique, il fut amené à commettre, et
qui ne purent être réparées à temps, produisirent,
il faut en convenir, les fruits les plus amers.

La plus sérieuse et en même temps la plus grave
de ces imprudences, fut l'occupation brutale des
forts par les troupes françaises, au détriment des
troupes coloniales, dont on était très-satisfait, les
rigueurs dont on usa maladroitement envers
les officiers de ces troupes, qui tous, pour la plupart, avaient donné des preuves réelles de dévouement pendant les troubles.

Un certain officier, dont nous ne voulons pas
mettre le nom dans un ouvrage comme celui-ci,
officier un peu trop dévoué peut-être à l'ex-capitaine général Lacrosse, prit ou feignit de prendre
pour une armée commandée par le mulâtre Ignace
le faible détachement laissé par le capitaine de
Chatenoy pour la sécurité du fort, après le départ
des noirs. Sur cette vision fantastique, cet officier,
trompant la religion du général en chef, obtint
d'abord l'arrestation provisoire du général Pélage,
puis l'ordre de pénétrer la baïonnette en avant
dans la forteresse et de renverser tout ce qui s'op-
poserait à son passage.

Les hommes de garde, ainsi attaqués à l'improviste, n'eurent le temps de fuir et de se pré-
cipiter du fort dans la campagne voisine, sur les
traces des soldats du capitaine Ignace, qu'ils allèrent rejoindre.

Ils répandirent l'alarme partout et firent croire
à leurs camarades qu'on voulait les traiter en
ennemis.

C'était de cette inqualifiable échauffourée que le
capitaine de Chatenoy venait se plaindre amèrement au général en chef, lorsqu'il rencontra le général Pélage, qu'il avait tenu, comme c'était son
devoir, à avertir d'abord.

Grâce au récit impartial du capitaine, les choses
s'éclaircirent; une justice éclatante fut rendue au
général Pélage; le malencontreux officier fut hor-
teusement cassé, mais le mal était irréparable.

La guerre civile avec toutes les horreurs... (page 89).

Il devait avoir des conséquences désastreuses.

Avec le caractère emporté, versatile des créoles et des mulâtres, il ne pouvait en être autrement.

La désertion que causa cette affaire parmi les troupes coloniales engendra bientôt la révolte, qui amena la guerre civile avec toutes les horreurs qu'elle entraîne avec elle : les massacres, les incendies et la ruine des plus riches plantations.

On aurait facilement prévenu tant de désastres, si certains officiers nouvellement débarqués s'étaient abstenus de traiter aussi outrageusement qu'ils le firent les soldats noirs; peut-être serait-on parvenu à les prévenir encore, malgré ces insultes faites si cruellement à dessein, si en même temps qu'une partie des troupes de l'expédition française débarquait à la Pointe-à-Pitre, une autre partie eût mis pied à terre à la Basse-Terre.

Les mécontents, tenus ainsi en respect, n'au-

raient pas eu le temps de se rallier dans cette dernière ville; de s'y mettre en défense, et d'y causer tout le mal qu'ils y firent.

Nous n'émettons pas ici une opinion qui nous soit complétement personnelle, mais elle fut alors hautement affirmée par les hommes les plus compétents qui furent témoins ou acteurs dans cette déplorable insurrection, et particulièrement par le général Gobert dans son rapport officiel au ministre de la marine.

Si nous ne l'avons déjà dit, nous l'affirmons en toute sincérité, le fond historique des faits que nous rapportons est absolument exact.

Aussitôt après avoir levé les arrêts du général Pélage, Richepance convoqua un conseil de guerre afin d'arrêter le plan des opérations de la campagne qui allait s'ouvrir d'un instant à l'autre contre les rebelles qu'on ne voyait pas encore, mais dont l'influence se faisait déjà sourdement sentir, et dont il était surtout urgent de prévenir, autant que cela serait possible, les mouvements, et essayer de neutraliser les efforts en manœuvrant contre eux avec rapidité et vigueur.

Il fut convenu dans ce conseil que les généraux Sériziat et Dumoutier resteraient à la Pointe-à-Pitre avec les troupes indispensables pour garder les passages de la rivière Salée et maintenir le bon ordre dans la Grande-Terre.

Le général Richepance avait donné au général Sériziat l'ordre de quitter l'île de Marie-Galante et de le rejoindre à la Pointe-à-Pitre, ordre auquel le général Sériziat s'était hâté d'obéir.

Six cents hommes de la quinzième demi-brigade, guidés par l'Œil Gris, partirent par la voie de terre, avec mission d'occuper fortement les *Trois-Rivières*, petit bourg situé à trois lieues de la Basse-Terre et qui est, pour ainsi dire, un poste avancé de cette ville ; les deux bataillons de la soixante-sixième demi brigade, présentant un effectif de quinze cents hommes, furent embarqués sur les frégates, afin d'être dirigés par mer sur la Basse-Terre.

Malheureusement, l'entrée du port de la Pointe est tellement étroite, le chenal si mauvais, que les bâtiments sont contraints d'attendre le calme pour se faire touer au dehors par leurs canots, manœuvre fort longue et passablement difficile.

On fut contraint de transborder ces deux bataillons des frégates sur les vaisseaux mouillés en face du Gozier, manœuvre qui causa une perte de temps considérable ; pour comble de malheurs, les vents contraires obligèrent les vaisseaux à louvoyer ; de sorte que l'expédition mit trois longs jours pour se rendre de la Pointe-à-Pitre à la Basse-Terre ; trajet qui, en temps ordinaire, s'exécute en quelques heures seulement.

Nous laisserons, quant à présent, les vaisseaux bouliner et louvoyer bord sur bord, et, usant de notre privilége de romancier, nous nous rendrons à la Basse-Terre et nous assisterons aux faits qui se passaient dans cette ville, tandis que l'expédition dirigée contre elle était empêchée et retenue au large, au grand déplaisir du général Richepance et de ses soldats.

Pendant que le général en chef se préparait à prendre une vigoureuse offensive, l'aspect de la Basse-Terre avait complétement changé.

Cette ville, essentiellement commerçante, si calme, si tranquille d'ordinaire, était en proie à une agitation sourde qui croissaient d'heure en heure, sans que rien de positif fût cependant venu justifier encore l'appréhension générale ; des rumeurs de mauvais augure circulaient dans la population ; on ne savait rien, et pourtant on s'attendait à un conflit prochain, à une catastrophe terrible.

On se préparait à quoi ? Nul n'aurait su le di
Mais la terreur planait sur la ville ; les habita
étaient tristes et sombres comme s'ils eus
pressenti qu'ils étaient à la veille de grands
sinistres événements.

On s'abordait avec crainte dans les rues ; or
réunissait sur les places ; tous les regards
fixaient avec anxiété sur la mer ; chacun com
niquait ses appréhensions d'une voix basse
étranglée, la pâleur au front, la doute et le dé
poir au cœur.

Les habitants avaient tout à redouter des hom
de couleur ; la conduite de ceux-ci commença
devenir peu rassurante, s'accentuait de plus
plus contre les blancs, dont le nombre était
sidérable dans la ville, et menaçait, dans un av
prochain, de tourner complètement à la rév
désirée.

Les yeux se tournaient surtout avec
deux hommes : Delgrès, commandant de l'ar
dissement, et Gédéon, commandant de la pl
qui tenaient en ce moment entre leurs mai
sort de la population tout entière.

Que feraient ces deux hommes ? Resteraie
fidèles à leurs devoirs militaires, ou bien
aient-ils aux ordres du général en chef en p
mettant l'insurrection ?

Telles étaient les questions que chacun s
ait et auxquelles personne n'osait répondre
mement en négativement.

Les commandants Delgrès et Gédéon ét
calmes, froids, réservés ; ils ne laissaient éch
aucun mot qui pût les compromettre, et ne
naient, ostensiblement du moins, aucune m
inquiétante.

La situation se compliquait de plus en pl
prenait les proportions menaçantes d'un prob
insoluble.

Le 17 floréal, un noir fugitif du fort de la
toire arriva, vers trois heures de l'après-
d'un air effaré, dans la ville.

Cet homme paraissait en proie à une terreur
il répandait sur son passage les bruits les plus
tres : à l'entendre, la Grande-Terre tout entièr
à feu et à sang ; elle brûlait comme une ardente
naise ; les Français débarqués à la Pointe-à
massacraient la race noire et tous les gens d
leur, avec des raffinements de barbarie
vantables.

Le commandant Delgrès ordonna d'arrêt
homme ; il le fit immédiatement mettre au
comme colporteur de fausses nouvelles et d
des impostures qui pouvaient causer la pl
rible explosion parmi le peuple.

Cette mesure du commandant fut bien ac
de la population qu'elle rassure sur les inte

Mais celui-ci attendait, comme un tig

guette, l'homme qui s'était chargé d'être son émissaire, et dans lequel seul, il avait promis d'avoir confiance.

Son attente ne fut pas longue.

Le lendemain, vers huit heures du matin, au moment où il achevait de déjeuner avec le commandant Gédéon, un homme fut introduit dans la salle où les deux officiers causaient tout en fumant leur cigare.

Cet homme était Noël Corbet.

— Enfin, c'est vous ! s'écria Delgrès en se levant et s'élançant à sa rencontre.

— C'est moi, oui, commandant, répondit Noël Corbet d'une voix sourde.

— M'apportez-vous des nouvelles?

— Oui, et de terribles !

Les deux officiers remarquèrent alors que Noël Corbet se soutenait à peine et qu'il semblait accablé de fatigue et de besoin ; ils le firent asseoir à table entre eux et ils le contraignirent à prendre quelques aliments pour réparer ses forces.

— Maintenant, dit le créole au bout de quelques minutes, me voici prêt à vous répondre : interrogez-moi, que voulez-vous savoir?

— Tout! s'écrièrent à la fois les deux officiers.

— Ne nous cachez rien, mon cher Corbet, ajouta le commandant Delgrès; il est important que vous nous mettiez complétement au courant de ce qui se passe, afin que nous puissions prendre, sans perdre une seconde, les précautions urgentes que nécessitent ou plutôt que nécessiteront les circonstances dans lesquelles nous nous trouvons placés.

— Puisqu'il en est ainsi, écoutez-moi, citoyens, vous allez tout savoir, dit Noël Corbet avec amertume ; puis vous agirez selon que votre loyauté et votre conscience vous l'ordonneront.

Alors cet homme rapporta à peu près dans les mêmes termes mais avec plus de mesure, les mensonges racontés la veille par le pauvre diable que le commandant Delgrès fait arrêter.

Noël Corbet, tout à la haine qui lui mordait le cœur, suivait avec anxiété sur les traits de ses auditeurs les diverses émotions qui s'y reflétaient tour à tour comme sur un miroir, au fur et à mesure qu'il avançait dans son récit.

Le commandant Delgrès était ébranlé, mais il hésitait encore; tant d'atrocités lui semblaient impossibles. Noël Corbet lui présenta alors, comme dernier et irréfutable argument, un exemplaire de la proclamation du général Richepance, proclamation dans laquelle celui-ci prenait seulement le titre de général en chef et non celui de *capitaine général*.

La vue de ce document acheva de persuader le commandant Delgrès; convaincu que son implacable ennemi Lacrosse avait repris le gouvernement de la Guadeloupe, sachant qu'il avait tout à redouter de lui, il n'hésita plus.

Chaudement appuyé par Gédéon et Noël Corbet, ses deux séides, poussé au désespoir par la haine qu'il nourrissait contre Lacrosse, le commandant Delgrès expédia, séance tenante, des émissaires dans tous les cantons environnants, avec ordre de faire rentrer à la Basse-Terre tous les détachements en garnison et de soulever les nègres cultivateurs.

Un très-grand nombre de ces derniers accoururent aussitôt; ils n'attendaient qu'un signal.

Ceux, en très-petit nombre qui essayèrent de résister ou montrèrent de l'hésitation furent par la force contraints de marcher.

La ville se remplit de cette multitude.

Le même jour, vers dix heures du soir, arrivèrent Ignace, Palème, Cadou et les autres officiers coloniaux; Massoteau seul manquait, il avait péri pendant le trajet du *Petit-Canal* au *Lamentin*, sans qu'on ait jamais su de quelle façon.

Ces officiers étaient suivis de cent cinquante à deux cents soldats qu'ils avaient entraînés dans leur fuite, de plus, ils poussaient devant eux, la baïonnette dans les reins, tous les nègres que, pendant leur route, ils avaient réussi à arracher à leurs ateliers.

L'apparition subite de ces hordes sauvages, leurs vociférations, leurs hurlements, plongèrent la ville dans la plus grande épouvante et le plus effroyable désordre.

Tout le monde fuyait.

Les femmes, échevelées, éperdues, tenant leurs enfants dans les bras ou les traînant à leur suite, couraient çà et là à moitié folles de terreur et sans savoir où se réfugier.

Heureusement, plusieurs bâtiments de commerce se trouvaient en rade : ils recueillirent à leurs bords un grand nombre de fugitifs; d'autres s'embarquèrent dans de frêles pirogues, avec leurs effets les plus précieux, et se sauvèrent dans les îles voisines.

C'était un deuil général ; la Basse-Terre ressemblait à une ville prise d'assaut et mise à sac ; on n'entendait de toutes parts que des prières, des sanglots et des lamentions ; les blancs croyaient toucher à leur dernière heure.

Le commandant Delgrès, à la vue de ce tumulte immense, de ce trouble général, de cette fuite désespérée et de l'horrible effroi que causait aux habitants cette multitude hurlante de nègres, se laissa emporter plus loin, peut-être, qu'il n'aurait voulu; il se fit une idée erronée de sa puissance et des forces dont il disposait; il se persuada que l'heure de la délivrance qu'il rêvait depuis si longtemps allait enfin sonner pour la race noire.

Alors, se croyant en état de ne plus rien ménager, il leva résolûment le masque, proclama hautement l'insurrection et s'en déclara le chef; il

Par son ordre, les troupes de ligne et les gardes nationaux sédentaires se réunirent au Champ de Mars; il les passa en revue, et pour tout discours il ne leur dit que ces quelques mots qui, du reste, avaient une signification terrible et renfermaient sa pensée tout entière:

— Mes amis, on en veut à notre liberté; sachons la défendre en gens de cœur; préférons la mort à l'esclavage.

Des applaudissements frénétiques lui répondirent.

Le commandant Delgrès, adressant ensuite la parole au petit nombre d'Européens mêlés à ces troupes en qualité de soldats ou de gardes nationaux, leur dit avec toutes les apparences de la franchise et de la loyauté:

— Quant à vous, citoyens, je n'exige pas que vous combattiez avec nous contre vos frères qui peut-être se trouvent dans les rangs de la division française, ce serait vous imposer un devoir trop cruel, déposez vos armes, je vous permets de vous retirer ensuite où bon vous semblera, sans crainte d'être inquiétés.

Son discours aux autres gardes nationaux fut à peu près le même; il affecta surtout de leur témoigner une grande considération, mais, dans son for intérieur, il n'avait pas la moindre confiance en eux.

En effet pour la plupart bien qu'il fussent hommes de couleur, c'étaient des pères de famille et des négociants se souciant peu d'abandonner leurs foyers pour combattre les troupes françaises à propos d'une liberté et d'une indépendance qui leur étaient déjà acquises, et risquer ainsi non-seulement de perdre ce qu'ils possédaient, mais encore d'être tués pour défendre une cause à laquelle il n'avaient plus aucun intérêt.

Puis le défilé commença, aux acclamations des nègres dont le tafia augmentait l'enthousiame dans des proportions réellement effrayantes pour la sûreté générale.

Trompés par l'air de franchise et de bonhomie du commandant Delgrès quelques soldats européens et gardes nationaux eurent la simplicité d'ajouter foi à ses paroles; ils se rendirent au fort Saint-Charles, où étaient leurs casernes, pour y déposer leurs armes, prendre leurs sacs et se retirer chez eux, mais il furent aussitôt arrêtés et mis au cachot sans autre forme de procès.

Les autres soldats européens, mieux avisés ou moins confiants gagnèrent en bon ordre les hauteurs de la ville en compagnie d'un grand nombre de gardes nationaux créoles; ils se jetèrent dans les mornes, et plus tard ils réussirent à rejoindre l'armée française.

Quant aux gardes nationaux que des motifs importants contraignaient à ne pas s'éloigner de la ville, ils furent désarmés brutalement, maltraités de la façon la plus odieuse; la garde nationale se trouva ainsi définitivement licenciée.

Après avoir opéré ce désarmement, les révoltés, car on peut désormais leur donner ce nom, suivirent le commandant Delgrès, et se renfermèrent avec lui dans le fort Saint-Charles où il se préparèrent à la plus vigoureuse résistance.

La ville demeura alors à peu près déserte; il n'y resta que les hommes résolus à se défendre avec courage en attendant des secours.

Le commissaire du gouvernement et les membres de l'agence municipale se mirent à leur tête.

Ils furent alors constamment occupés à résister aux nègres qui sortaient par bandes nombreuses du fort Saint-Charles pour piller, voler, assassiner et même brûler les maisons, dont certaines, par leur position, pouvaient être plus tard un embarras pour la forteresse.

Puis ils expédièrent députés sur députés au général en chef, pour le prier de hâter sa marche, en même temps qu'ils suppliaient Delgrès d'épargner une ville dont il avait eu le commandement, et l'engageaient à faire sa soumission au gouvernement français.

Mais ces sollicitations furent vaines; les révoltés étaient résolus à vaincre ou à mourir.

Telles étaient les dispositions des nègres rebelles et tel était l'état fort triste auquel la ville de la Basse-Terre était réduite, lorsque le 20 floréal, au lever du soleil, les vigies signalèrent enfin plusieurs vaisseaux français louvoyant péniblement pour se rapprocher de la côte.

Un immense cri de joie s'éleva aussitôt de la ville, cri auquel répondirent immédiatement les vociférations des noirs renfermés dans le fort Saint-Charles et embusqués dans toutes les batteries de la côte.

La lutte allait commencer.

Les noirs se préparèrent bravement à jouer la partie suprême qui devait décider de leur sort!

XIV

DANS LEQUEL LES NOIRS PROUVENT AU GÉNÉRAL
RICHEPANCE QUE TOUTES LES RÉCEPTIONS
NE SE RESSEMBLENT PAS

Pendant toute la matinée, les vaisseaux français continuèrent à louvoyer bord sur bord, sans parvenir à s'élever beaucoup au vent.

Pourtant vers midi la brise fraîchit et en même temps elle devint largue; les navires qui avaient un peu dépassé la Basse-Terre laissèrent arriver, mirent le cap sur la côte, et bientôt toute la petite escadre française se trouva à longue portée de canon de la ville.

Le général Richepance était en mer depuis le 17 floréal ; il ignorait complétement les événements terribles accomplis à la Basse-Terre pendant ces trois jours ; aucun des députés que l'agence municipale lui avait adressés n'avait pu naturellement parvenir jusqu'à lui, de sorte qu'il croyait que tout était dans l'état habituel et que le calme n'avait pas été troublé dans la ville.

Dans cette conviction, le général allait donner l'ordre du débarquement, lorsque tout à coup, sans provocation aucune, l'escadre reçut une décharge de toutes les batteries de la côte depuis la pointe du Vieux-Fort jusqu'à la batterie des Capucins.

A cette rude réception, à laquelle il était si loin de s'attendre, le général Richepance comprit, mais trop tard, à quels hommes il avait affaire, et tous les malheurs qui allaient fondre sur la colonie, comme une suite infaillible de ce qui s'était passé à la Pointe-à-Pitre.

Il regretta vivement les préventions qui d'abord avaient dirigé sa conduite, et combien était injuste la méfiance que les perfides envoyés de la Dominique lui avaient inspirée contre certains hommes qui, eux, l'avaient au contraire loyalement averti de l'état dans lequel se trouvaient les choses à la Guadeloupe.

Les premiers coups de canons avaient été tirés par les noirs ; ils commençaient résolûment la guerre civile.

Le général Richepance ne pouvait se décider à en venir, lui, à la guerre ouverte contre des hommes qu'il considérait comme égarés, et pour lesquels il éprouvait une immense pitié dans son cœur.

Avant de se résoudre à repousser la force par la force, il voulut tenter encore la conciliation et épuiser tous les moyens pour empêcher l'effusion du sang.

Il fit donc écrire par le général Magloire Pélage, embarqué sur le vaisseau le Fougueux, au chef des révoltés, une lettre dans laquelle il faisait un dernier appel à l'honneur de Delgrès, lui promettant un pardon entier et un oubli sincère pour ce qui venait de se passer, s'il mettait immédiatement bas les armes, tout en l'avertissant que, s'il s'obstinait dans sa rébellion, le général en chef serait implacable et lui infligerait un châtiment terrible.

Cette lettre fut portée à terre par deux officiers : le capitaine de Chatenoy, aide de camp du général Pélage, et un aspirant de marine nommé Losach, attaché particulièrement à la personne du général en chef.

Les deux officiers se dirigèrent résolûment vers le fort Saint-Charles, et, arrivés à portée de voix,

ils demandèrent à parler au commandant Delgrès.

La réponse à cette demande se fit attendre assez longtemps ; enfin un officier et quelques soldats sortirent par une poterne et s'avancèrent vers les parlementaires.

Le capitaine de Chatenoy se borna à réitérer sa demande, sans entrer dans aucun détail sur la mission dont il s'était chargé ; alors on les introduisit dans la forteresse avec toutes les précautions usitées en temps de guerre, et on les conduisit dans une salle assez vaste, où ils trouvèrent Delgrès au milieu de plusieurs de ses principaux officiers.

— Que venez-vous chercher ici? demanda-t-il d'une voix brusque aux parlementaires.

Et sans attendre leur réponse, il s'avança vers eux et, croisant les bras sur sa poitrine, il ajouta, en les examinant pendant quelques secondes d'un air sombre :

— M'avez-vous entendu ? Faudra-t-il que je vous répète ma question ? Parlez ! mais parlez donc !

Les deux officiers comprirent que cet homme jouait un rôle, sans pouvoir cependant soupçonner quel était le but qu'il se proposait en agissant ainsi ; mais comme ils étaient résolus à accomplir leur mission jusqu'au bout, quelles qu'en dussent être pour eux les conséquences, ils ne furent nullement intimidés par ces façons presques brutales.

— Commandant, répondit froidement le capitaine de Chatenoy, cet officier et moi, nous sommes chargés de vous remettre la lettre que voici, et qui vous est écrite par le général Magloire Pélage ; elle vous instruira des dispositions conciliantes et pacifiques du commandant en chef à votre égard, et des principes de modération de l'armée (1).

Delgrès aveuglé par la colère, ou peut-être voulant fermer à ses officiers toute voie de salut autre que celle dans laquelle ils s'étaient engagés avec lui, n'avait pas daigné écouter ce que lui avait dit le capitaine.

Il lui arracha la lettre des mains, la déchira sans même l'ouvrir et lui en jeta les morceaux au visage.

— Ton maître trahit notre cause ! s'écria-t-il avec fureur. Si nous le tenions entre nos mains, nous le traiterions comme il le mérite, mais toi et ton compagnon, vous payerez pour lui.

— Prenez garde à ce que vous allez faire? nous sommes des parlementaires, répondit le capitaine avec calme.

(1) Tous les faits rapportés dans le chapitre précédent et dans celui-ci sont rigoureusement historiques.

Nous citons textuellement les paroles des divers interlocuteurs.

Voir *Mémoire pour le général Pélage*, tome I⁈, page 274 et suivantes, et les rapports du général Richepance aux ministres de la guerre et de la marine, 309 et 310, tome II, pièces justificatives.

G. AIMARD.

Le mulâtre sourit avec dédain; il haussa les épaules et s'adressant à quelques-uns de ses officiers :

— Désarmez ces traîtres et assurez-vous de leurs personnes, dit-il d'une voix rude.

Cet ordre fut immédiatement exécuté.

Les deux officiers victimes de ce guet-apens et de ce mépris insolent des lois de la guerre, dédaignèrent d'essayer la plus légère résistance.

Il y eut alors quelques minutes d'anxiété terrible.

Delgrès marchait avec agitation de long en large, sombre, muet, mais profondément préoccupé ; on voyait se refléter tour à tour sur ses traits contractés les mauvaises passions qui agitaient son âme.

Que ferait-il de ces deux hommes qu'il retenait prisonniers au mépris du droit des gens? Les mettrait-il à mort? Les rendrait-il à la liberté.

Il hésitait.

Les noirs tremblaient.

Seuls, de tous les hommes réunis dans cette vaste salle, les deux officiers français, dont cependant la situation était si critique, demeuraient calmes, le sourire sur les lèvres.

Tout à coup, Delgrès arrêta sa promenade et s'approchant du capitaine de Chatenoy :

— Où est Pélage? lui demanda-t-il d'une voix étouffée.

— Si vous vous fussiez donné la peine de lire la lettre que je vous ai remise, lui répondit froidement et nettement le capitaine, vous auriez vu qu'il est à bord de l'un des vaisseaux de l'escadre, très-considéré du général en chef et de tous les officiers de l'armée.

— Tu m'en imposes! s'écria brutalement Delgrès; je suis instruit qu'on l'a arrêté à la Pointe-à-Pitre, et qu'il est maintenant aux fers.

— Vous vous trompez, citoyen, reprit le capitaine, le général Pélage est, je vous le répète, à bord du vaisseau le Fougueux; c'est lui qui nous envoie vers vous, avec le consentement du général en chef.

— Cela serait-il vrai? fit Delgrès, en le regardant fixement comme pour lire sa pensée au fond de son cœur.

— Je vous répète, citoyen, qu'on vous a trompé; que le général Pélage est libre; que non-seulement sa liberté n'a jamais été menacée, mais encore qu'il a conservé son commandement, et qu'il se trouve au milieu de nous; je vous donne ma parole d'honneur que tout ce que je vous annonce est de la plus rigoureuse exactitude.

— Je joins ma parole à celle du capitaine de Chatenoy, ajouta l'aspirant de marine, le citoyen Losach.

— Soit, dit alors Delgrès, dont, à cette déclaration si nette et si franche, la mauvaise humeur n'avait fait qu'augmenter, si Pélage est libre, ainsi que vous le prétendez, c'est évidemment à cause de sa trahison envers nous; voilà pourquoi il n'a point essuyé les traitements odieux qu'on a fait subir à nos frères d'armes de la Pointe-à-Pitre; on les a désarmés, déshabillés, battus et mis aux fers à bord des frégates, où ils se trouvent encore prisonniers; devaient-ils s'attendre à ces outrages, reprit-il avec animation, après avoir accueilli les Français avec tant de cris d'allégresse? Il faut que Pélage soit bien lâche pour s'être prêté à toutes ces scènes d'horreur!

— Les faits que vous nous citez sont faux, citoyen, répondit le capitaine; rien de tel ne s'est passé; aucun officier, aucun soldat n'ont été traités de la façon odieuse que vous avez dite.

À ces paroles, Ignace, Palème, Cadou et les autres chefs de la révolte l'interrompirent brusquement en lui soutenant qu'il mentait; qu'ils étaient d'autant plus certains de ce qui s'était passé à la Pointe-à-Pitre, qu'ils avaient été contraints eux-mêmes de fuir pour éviter le sort de leurs malheureux compagnons d'armes.

— D'ailleurs! ajouta Ignace avec colère, rien de tout cela ne saurait nous surprendre; nous devions nous attendre à être traités plus cruellement encore; la présence à la tête de l'expédition de l'ennemi le plus acharné des hommes de couleur, suffit pour nous expliquer clairement la conduite injuste du général en chef.

— De qui voulez-vous parler, citoyen? Je ne vous comprends pas, répondit le capitaine.

— Je veux parler de Lacrosse, le brigand pillard, l'assassin de nos frères! s'écria Ignace.

— Oui! oui! Lacrosse est un monstre! un assassin! répétèrent tous les officiers.

— Vous vous trompez encore cette fois, citoyens, Lacrosse n'est pas à la tête de l'expédition; nous n'avons eu aucun rapport avec lui, répondit le capitaine, dont le calme ne se démentit pas un seul instant pendant cette entrevue orageuse, l'ex-capitaine général ne se trouve pas sur l'escadre, en un mot, il n'a pas quitté la Dominique.

— C'est faux!... c'est faux!... s'écrièrent les révoltés avec des cris de rage, nous savons le contraire.

Ce fut en vain que les deux officiers essayèrent de les détromper, ils n'y purent réussir; ces hommes, résolus non-seulement à ne pas se laisser convaincre mais encore à persévérer dans la ligne de conduite dans laquelle ils s'étaient engagés, ne voulurent rien entendre.

Delgrès mit brusquement fin à l'entrevue.

— Vous êtes des traîtres et des imposteurs; vous serez traités comme tels, dit-il aux deux officiers.

— Vous avez la force en main, répondit froidement le capitaine ; vous violez en nos personnes les lois sacrées de la guerre, faites ce qui vous plaira; notre sang, si vous osez le verser, retombera sur vos têtes coupables.

— Emparez-vous de ces traîtres! s'écria Delgrès avec colère, qu'on les jette au cachot et qu'ils soient enfermés séparément.

Une dizaine d'hommes se ruèrent sur les parlementaires et les entraînèrent hors de la salle.

— Je vous plains, dit le capitaine avec un accent de pitié, qui, malgré lui, fit tressaillir Delgrès et amena un nuage sur son front.

Le chef des révoltés était intérieurement honteux de s'être laissé emporter à donner cet ordre que maintenant il n'osait plus rétracter.

Les deux officiers se laissèrent emmener sans essayer une résistance inutile.

Quatre des matelots de la chaloupe qui les avait amenés subirent le sort des parlementaires; les autres, plus heureux, réussirent à s'échapper et regagnèrent leur bord.

Cependant le général Richepance, après avoir attendu deux longues heures, ne voyant pas revenir les deux officiers, comprit qu'ils avaient été retenus prisonniers par les noirs du fort Saint-Charles; alors, sans plus tarder, il donna l'ordre du débarquement des troupes.

Le point choisi fut la rivière *Duplessis*.

Cette rivière prend sa source au delà de la montagne *Bel-Air*, s'augmente pendant son cours de plusieurs ruisseaux, et, par une pente rapide, se rend à la mer.

Elle coule entre deux hautes falaises, à travers beaucoup de pierres et de rochers qui en rendent le gué assez difficile, quoiqu'il n'ait pas plus de douze mètres dans sa plus grande largeur.

La plage, depuis la rivière des *Pères* jusqu'à la rivière *Duplessis*, est très-unie; située sous le vent de la ville, la mer y est toujours calme; aussi, dans toutes les attaques tentées contre la Basse-Terre, l'ennemi a-t-il constamment choisi ce point pour opérer un débarquement.

Le général en chef ne pouvait pas hésiter à le prendre.

Le capitaine de frégate *Lacaille* s'avança assez près de terre pour s'embosser et battre avantageusement la batterie des noirs, tandis que la chaloupe canonnière *le Marengo*, sous les ordres du commandant *Mathé*, était chargée de protéger le débarquement en venant s'embosser à l'embouchure de la rivière Duplessis.

Alors les troupes, commandées par les généraux Gobert et Magloire Pélage, descendirent dans les embarcations; les bâtiments commencèrent le bombardement, et les troupes s'avancèrent sous une grêle de balles et de boulets.

Littéralement couverts de feu par les batteries et la mousqueterie des noirs, accourus des forts et de la ville, les soldats parvinrent, en subissant des pertes cruelles, à atteindre le rivage et à prendre pied sur la rivière Duplessis.

Aussitôt à terre, après avoir pris à peine le temps de former leurs rangs, les troupes républicaines s'élancèrent au pas de course et se ruèrent sur les noirs; ceux-ci, non moins déterminés, leur disputèrent bravement le terrain.

Le combat fut acharné, mais l'élan était donné; les troupes, avec une vigueur irrésistible, traversèrent à gué et tout en combattant la rivière Duplessis, se prirent corps à corps avec les noirs, et presque pas à pas, tant la résistance était terrible, ils réussirent à se rendre maîtres du rivage, à s'y établir solidement et à refouler les rebelles jusque derrière la rivière des Pères.

La rage avec laquelle les noirs luttaient contre les troupes françaises était incroyable; ils combattaient avec un acharnement sans égal, se faisaient tuer avec une audace réellement terrifiante, et ne cédaient le terrain que pied à pied, lorsqu'ils perdaient l'espoir de s'y maintenir plus longtemps.

Ce combat, glorieux pour les deux partis et qui apprit aux Français quels rudes ennemis ils avaient devant eux, coûta beaucoup de sang; les pertes furent graves des deux côtés. Le succès fut en grande partie dû à la résolution et au courage héroïque du général Pélage; il électrisait les soldats et les entraînait à sa suite à travers tous les obstacles.

Les troupes campèrent sur le champ de bataille si chèrement conquis.

Les noirs battus étonnés de l'ardeur avec laquelle les troupes avaient gravi les mornes, s'étaient retirés dans une position formidable, défendue par des lignes flanquées de redoutes, garnies d'artillerie et farcies de combattants; devant ces lignes s'étendait la rivière des Pères, sur l'autre rive de laquelle les Français s'étaient établis.

La rivière des Pères est formée par la réunion de la rivière *Saint-Claude* et de la rivière *Noire*, son lit est assez large et tout rempli de grosses roches; cependant elle est guéable en plusieurs endroits; presque au confluent des deux rivières, elle est traversée par un pont de pierres construit en 1788.

Les lignes des révoltés s'étendaient à droite et à gauche devant ce pont.

Au point du jour, le général Richepance prit le commandement en personne, et, à la tête des grenadiers de l'armée, il traversa résolûment le pont et marcha au pas de charge contre les retranchements; l'assaut fut donné.

Malgré une résistance désespérée, les noirs furent contraints d'éteindre leur feu et d'abandonner leurs lignes; elles furent forcées de front, tandis que le général Gobert, à la tête de deux bataillons de la 66e demi-brigade, passa à gué la rivière deux cents pas plus bas, presque à son embouchure, tourna les lignes, emporta d'assaut, après un combat acharné, la batterie des *Irois* et entra rapidement dans la ville de la Basse-Terre, qu'il occupa jusqu'à la rivière aux *Herbes*.

La position si formidable défendue par les noirs avaient été occupée en dix minutes par le général Richepance.

Une partie des fuyards se jeta pêle-mêle dans le fort Saint-Charles ; les autres gagnèrent les mornes sur la gauche de l'armée.

Le général Richepance les poursuivit l'épée dans les reins, sur le fort, vers le *Gaillon* et le pont de *Nozières*, pont en bois que l'on est parvenu à jeter entre deux montagnes très-rapprochées, sur la rivière Noire.

Du milieu de ce pont, on domine un gouffre d'une profondeur effrayante ; le torrent de la rivière Noire a rongé les deux montagnes taillées à pic et roule avec un fracas horrible ses eaux à travers un chaos de roches monstrueuses.

Cette position, d'une importance énorme pour la sûreté de la Basse-Terre et qui la fait communiquer avec le quartier du *Parc* et le *Matouba*, était pour le général Richepance un point stratégique de la plus grande valeur ; il fit établir une tête de pont et laissa un nombreux détachement pour défendre le passage.

L'arrivée si prompte du général Gobert dans la ville fut un véritable bonheur pour les habitants ; il était grand temps que les troupes françaises entrassent dans la Basse-Terre ; les habitants étaient littéralement aux abois ; les blancs et les propriétaires de couleur restés fidèles aux Français étaient menacés de pillage et de massacre par les noirs rebelles.

Pendant que les Français livraient aux révoltés les divers combats rapportés plus haut, les habitants avaient dû se barricader dans leurs maisons pour s'y défendre du mieux qu'ils le pourraient en attendant leurs libérateurs.

Les services rendus pendant ces malheureux événements par M. *Bernier*, commissaire du gouvernement, et les membres de la municipalité sont au-dessus de tout éloge ; cent fois ils risquèrent courageusement d'être mis en pièces par les nègres ivres et rendus furieux, pour empêcher des malheureux surpris par ces misérables d'être massacrés.

Lorsque le général Richepance entra à la Basse-Terre, il se rendit directement au siége des séances de la commission municipale, afin de témoigner à chacun de ses membres la satisfaction que lui faisait éprouver la courageuse initiative qu'ils avaient prise à l'heure du danger, et la conduite généreuse qu'ils n'avaient cessé de tenir.

En effet, c'était à leur énergie seule que la ville devait d'avoir échappé au pillage dont les noirs la menaçaient.

Le général exigea que ces braves citoyens continuassent à veiller sur les intérêts de leur cité et séance tenante, il les confirma dans leurs fonctions.

Il ne pouvait faire un plus bel éloge de leur patriotisme.

Dès que le calme ou du moins la sécurité été, tant bien que mal, rétabli à la Basse-Terre, Richepance, ne voulant pas laisser aux noirs le temps de se relever de la rude défaite qu'il leur avait infligée, prit immédiatement toutes les mesures nécessaires afin de resserrer les révoltés dans le fort Saint-Charles.

Il ne fallait pas songer à entamer des négociations avec les rebelles ; ils avaient péremptoirement déclaré que tous les parlementaires qu'on leur adresserait seraient considérés comme espions et pendus, sans autre forme de procès.

On tenta d'enlever la forteresse par un coup de main ; les insurgés étaient sur leurs gardes, toute surprise fut reconnue impossible.

Les noirs firent plusieurs sorties vigoureuses repoussées à la vérité, mais, naturellement, elles amenèrent une suite de combats acharnés et d'escarmouches qui causèrent des pertes sérieuses ; le général en chef, dans une de ces escarmouches, eut même un cheval tué sous lui, à la tête des colonnes qu'il conduisait bravement à l'assaut.

La situation se compliquait ; on était contraint à faire en règle le siége de la place.

Disons en deux mots ce que c'était que le fort Saint-Charles, fort qui, aujourd'hui, entre parenthèse, se nomme le fort Richepance et dans l'intérieur duquel ce brave général est inhumé.

En 1647, le gouverneur-propriétaire Houël pour se garantir des surprises des sauvages, construit une maison carrée appelée *Donjon*, dont il fit, en 1649, une étoile à huit pointes, en élevant devant chaque face des angles saillants qui furent les commencements du fort Saint-Charles ; en 1674, ce donjon fut enveloppé d'un fossé et d'un parapet avec des angles saillants et rentrants qu'on prolongea jusqu'à une hauteur éloignée de deux cents pas, où l'on établit un cavalier avec embrasures. La face regardant la ville avait trente-trois mètres, et celle du côté du donjon seulement dix-huit. En 1702, le Père Labat y ajouta une demi-lune et quelques petits ouvrages.

En 1703, au moment où on se vit forcé d'abandonner le fort aux Anglais, on fit sauter le donjon.

Au lieu d'abattre ce fort pour en construire un nouveau, sur un meilleur plan et sur un emplacement plus convenable, on préféra, en 1760, ajouter aux anciennes fortifications deux bastions du côté de la mer, avec un chemin couvert tout autour du glacis ; des traverses contre les enfilades de la marine ; deux places d'armes rentrantes avec un réduit à chacune, et derrière, de

La sucrerie et tous les autres ateliers (page 100).

tenailles, des caponnières et des poternes de communication avec le corps de la place, deux redoutes, l'une sur la prolongation de la capitale de l'une des deux places d'armes, et l'autre à l'extrémité du retranchement que l'on construisit et le long de la rivière des *Gaïons*, défendue par un second retranchement établi sur le bord opposé de la rivière; des fossés larges et profonds, une citerne, un magasin à poudre, des casernes et des casemates susceptibles de mettre à couvert un tiers de la garnison.

Telle est, ou du moins telle était à cette époque, cette forteresse qui s'élève sur la partie gauche de la ville qu'elle est chargée de défendre, et dont le général en chef devait, avant tout, s'emparer.

L'entreprise, sans être d'une impossibilité notoire, était cependant ardue et hérissée de difficultés, surtout pour une armée manquant de pièces de siège.

Le seul avantage réel que possédaient les assiégeants était dans la situation du fort; bien que muni de défenses redoutables, il avait la tête très faible, puisque tous les environs le dominent et peuvent être solidement occupés.

D'ailleurs, le général Richepance n'était pas homme à reculer devant des difficultés plus grandes encore que celles que présentait cette opération, surtout en face de noirs révoltés qu'il s'agissait de réduire à l'obéissance.

Il résolut donc de commencer sérieusement le siége du fort Saint-Charles; mais, avant que d'entamer les opérations il voulut prendre toutes les précautions qui dépendaient de lui, afin d'éviter, non pas un insuccès, Richepance n'avait pas le moindre doute à cet égard, mais une attente trop longue qui, par une apparente immobilité, amoindrirait le prestige de l'armée française et augmenterait ainsi l'audace des noirs répandus dans l'intérieur de l'île.

Le général en chef envoya l'ordre au général Sériziat, resté, ainsi que nous l'avons dit, à la Grande-Terre, de rassembler ce qu'il pourrait de troupes dans cette partie de l'île, où il ne laisserait que ce qui serait strictement nécessaire pour maintenir la tranquilité dans le pays, de traverser la rivière *Salée* et de venir en toute hâte. avec les soldats dont il disposerait, se joindre au bataillon de la 15ᵉ demi-brigade, qui précédemment était venu par terre du *Petit-Bourg* aux *Trois-Rivières*, puis de faire sa jonction avec l'armée par le *Palmiste* et le *Val-Canard*.

Jusqu'à ce que ces ordres fussent exécutés, on ne pouvait rien entreprendre de sérieux contre le fort Saint-Charles.

Le général Sériziat, dont le nom s'est déjà présenté plusieurs fois sous notre plume, avait été nommé par le gouvernement français pour remplacer le général Bethancourt; embarqué sur la corvette *la Diligente*, ce bâtiment, sur le point d'atterrir à la Basse-Terre, avait été rejoint par des croiseurs anglais; ceux-ci trompèrent le général sur les événements politiques accomplis dans l'île et l'engagèrent à se détourner de sa route et à se rendre à la Dominique.

Là, tout fut mis en œuvre, toutes les insinuations mensongères furent employées par l'ex-capitaine général Lacrosse, pour surprendre la religion du général Sériziat et l'attirer à son parti.

Ces manœuvres échouèrent devant la résolution arrêtée par le général de ne pas demeurer sur une terre naguère encore notre ennemie, et, d'un moment à l'autre, pouvant le redevenir; de plus, désireux de se mettre bien au fait des événements et surtout ne voulant pas tromper la confiance que le gouvernement français avait mise en lui, le général se sépara assez froidement de Lacrosse, et se retira à Marie-Galante pour y attendre une occasion propice de passer à la Guadeloupe.

Cette occasion, l'arrivée de l'expédition française commandée par le général Richepance la lui offrit enfin; le 17 floréal, il débarqua à la Pointe-à-Pitre et se présenta au général en chef; celui-ci, le connaissant de longue date, savait ce dont il était capable, et lui confia aussitôt un commandement important.

Le général Sériziat était un officier d'une grande énergie, d'une audace remarquable; il devait être pour Richepance, et il fut en effet un auxiliaire précieux pendant le siege du fort Saint-Charles.

Aussitôt que l'ordre du commandant en chef lui avait été remis par le Chasseur de rats, qui servait d'éclaireur à l'armée et avait précédemment guidé les six cents hommes de la 15ᵉ demi-brigade, il s'était mis en marche après avoir, autant que possible, placé la Grande-Terre à l'abri d'un coup de main de la part des révoltés.

Le général Pélage fut averti par le général Gobert de la marche de cette division, afin qu'il lui

portât secours au besoin, s'il le pouvait, sans compromettre les troupes dont il disposait.

Le général Sériziat, parfaitement éclairé par son guide, qu'il avait pris pour batteur d'estrade, s'avançait rapidement.

Il rencontra aux Trois-Rivières le troisième bataillon de la 15ᵉ demi-brigade; avec ce renfort, il culbuta au pas de course tous les partis insurgés qui gardaient les défilés et essayèrent vainement de lui barrer le passage; le 25 floréal, à midi, il couronna les hauteurs du Palmiste, d'où il marcha presque aussitôt sur la maison *Houël*, où les noirs s'étaient solidement retranchés avec deux pièces de dix-huit; il se précipita dessus à la baïonnette et les fit résolûment attaquer corps à corps.

La mêlée fut terrible; mais les noirs, surpris par la charge audacieuse des Français, et dont le plus grand nombre avait succombé, s'enfuirent avec épouvante en jetant leurs armes, abandonnant leurs canons, et coururent se réfugier à l'habitation *Legraël*,

Le général, sans les laisser respirer, les délogea de cette position, en fit un carnage horrible et vint s'établir un peu au-dessus de la Basse-Terre, où il occupa les habitations Legraël, *Desillet*, Duchateau et *Ducharmoy*.

Ce fut ainsi que s'opéra la jonction du général Sériziat avec la division Gobert.

Par l'arrivée du général Sériziat, qui, avec le bataillon expéditionnaire et celui de la 15ᵉ demi-brigade, gardait toute la ligne, entre la rivière des Pères et celle des Galions, Richepance se trouva en mesure de commencer les opérations contre le fort Saint-Charles; opérations qu'il voulait mener avec la plus grande rapidité possible.

Pendant que le général Gobert, avec les deux bataillons de la 66ᵉ demi-brigade, se chargeait de repousser les sorties qui devenaient de plus en plus rares, le commandant en chef donna l'ordre à l'amiral de faire mettre à terre la grosse artillerie des vaisseaux.

Cette opération très-difficile, s'exécuta assez promptement et dans de bonnes conditions; de sorte que bientôt tout cet équipage de siège improvisé se trouva à terre.

Mais alors surgirent d'innombrables difficultés pour mettre en mouvement ces énormes engins; on n'avait ni chevaux ni bœufs; enfin les moyens de transports manquaient complètement; il fallut donc traîner à force de bras dans des montagnes très-escarpées, et passer de l'autre côté de mornes presque infranchissables, des pièces d'un poids immense avec des fatigues inconcevables.

Les soldats ne se rebutèrent pas, ils accomplirent des miracles, et à force de travail, de patience et surtout de courage, ils réussirent à amener devant la place trente pièces d'artillerie de très-fort calibre et tout le parc nécessaire.

Pour suppléer aux bras qui manquaient, on fit aider dans toutes les corvées les soldats par les matelots des vaisseaux et frégates, organisés en compagnies d'ouvriers.

Débarquer les munitions et les canons; transporter les uns, porter et placer les autres; creuser la tranchée et la défendre en même temps, car il avait été impossible de se procurer des pionniers, tels furent les travaux de tous les jours et de toutes les nuits des soldats et des matelots.

Jamais, jusqu'alors, armée détachée pour une expédition lointaine n'avait essuyé autant de fatigues.

Plus tard, nos soldats, pendant les grandes guerres du premier Empire et les quatre expéditions de Crimée, du Mexique, de Chine et du Japon, faites pendant le second Empire, devaient en voir bien d'autres; mais peut-être aucune armée n'a supporté les fatigues et les souffrances à aucune époque avec autant de courage, d'abnégation et de dévouement que les troupes républicaines du général Richepance.

Malheureusement, bientôt l'excès de ces fatigues, joint aux excessives chaleurs, engendra des maladies qui causèrent de grands ravages.

Ce fut alors que, sur les instances réitérées du général Pélage, qui, en cette circonstance, rendit un immense service à l'armée, le commandant en chef se décida à lui laisser choisir, parmi les noirs prisonniers sur la flotte, six cents hommes sur lesquels il pouvait hardiment compter; ces six cents hommes furent incorporés dans les bataillons français et fiers de la confiance que leur témoignait le général, ils rivalisèrent avec leurs nouveaux camarades de courage et de fidélité.

Cette mesure fut très-utile et épargna beaucoup de sang aux soldats.

Ce fait pourra paraître extraordinaire et dit assez ce qu'étaient les hommes que Delgrès avait rêvé de rendre à la liberté, mais il est parfaitement exact.

La liberté, hélas! ne suffit pas, il faut encore donner à la créature humaine le sentiment de sa dignité et de ses devoirs. Malheureusement, à cette époque l'immense majorité des hommes de couleur ne possédait ni l'une ni l'autre de ces deux qualités.

Enfin, pendant la nuit du 24 au 25 floréal, le général Richepance ouvrit la tranchée devant le fort Saint-Charles et le siège commença sérieusement.

Il ne devait pas durer longtemps.

XV

OU L'ŒIL GRIS, COMME TOUJOURS, ARRIVE AU BON MOMENT A L'HABITATION DE LA BRUNERIE

Nous avons expliqué, pour la parfaite intelligence des faits qui vont suivre, les mouvements opérés par les troupes de l'expédition française, depuis leur débarquement à la Pointe-à-Pitre; nous devions d'autant plus appuyer sur ces détails que cette expédition, dont l'importance était réelle, eut à cette époque un immense retentissement non-seulement en Europe, mais encore en Amérique, à cause des échecs sérieux subis par nos troupes à l'île de Saint-Domingue, échecs qui avaient, cela est facile à comprendre, gravement compromis le prestige de nos armes dans le nouveau monde, où sur tout le littoral de l'Atlantique les regards étaient anxieusement fixés sur nous.

En France, les détails de cette magnifique expédition sont aujourd'hui presque complètement ignorés; elle fut, à l'époque où elle eut lieu, considérée à peu près comme une promenade militaire.

Et cela devait être ainsi; il n'y avait là aucun parent du premier Consul, mais simplement un de ces généraux fils de leurs œuvres, et qui, par son génie et ses talents, était de la grande famille des Hoche, des Moreau, des Marceau, des Kléber, des Pichegru, des Joubert et de tant d'autres héroïques figures de nos magnifiques épopées républicaines!

Comme eux, il était condamné à disparaître pour faire place à l'homme dont l'action absorbante commençait déjà à se faire sentir, et bientôt devait tout résumer en lui, ce qui arriva.

Richepance disparut; on étouffa par un silence calculé le bruit de cette glorieuse campagne, en réalité la plus amère critique de celle du général Leclerc, et tout fut dit; elle fut comme si elle n'avait pas été.

Cela fut poussé si loin, les précautions furent si bien prises, que c'est à peine si les historiens en font mention, pour en dire quelques mots, comme à regret et avec une honte pudique.

Cependant, si la lutte fut courte, elle fut acharnée, implacable; l'héroïsme fut grand des deux parts; les noirs surent toujours se tenir à la hauteur des blancs; s'ils succombèrent, ce fut de la façon la plus glorieuse, en arrachant un cri d'admiration à leurs ennemis eux-mêmes, émerveillés de tant de courage, d'audace et de dévouement à une cause qu'ils avaient embrassée avec enthousiasme en se croyant trompés et trahis : la défense du droit et de la liberté.

Le lecteur décidera si nous avons eu tort ou raison de sortir de son injuste obscurité cette magnifique page de notre histoire.

Nous abandonnerons, quant à présent, l'armée française rassemblée devant le fort Saint-Charles, dont elle fait le siège, et nous retournerons à l'habitation de la Brunerie, auprès de deux de nos principaux personnages que nous avons été contraint de négliger trop longtemps : nous voulons parler de mademoiselle de la Brunerie et de son père.

Cette habitation grandiose qui, lorsque pour la première fois nous y avons introduit le lecteur, respirait un calme si parfait, une tranquillité si complète, avait, en quelques jours à peine, subi une métamorphose telle qu'elle était maintenant complétement méconnaissable.

Ce n'était plus une habitation, c'était un camp retranché ou plutôt une place forte.

Tous les travaux de la plantation avaient cessé; le village des nègres était abandonné, les cases détruites; les arbres immenses qui enveloppaient l'habitation d'un splendide rideau de verdure et dont les chaudes teintes et la vigoureuse végétation reposaient si doucement l'œil, mais qui auraient pu offrir un abri à l'ennemi en cas d'attaque, avaient été impitoyablement sciés à deux pieds du sol; leurs troncs monstrueux avaient servi à construire des barricades énormes en avant de la majestueuse allée de palmiers, qui seule, à l'instante prière de mademoiselle de la Brunerie, avait été conservée; ces barricades, ingénieusement disposées en gradins, qui se commandaient toutes et qu'il aurait fallu enlever les unes après les autres, se reliaient entre elles par des chemins couverts, et communiquaient avec le corps de la place, par le feu de laquelle elles étaient abritées.

La sucrerie et tous les autres ateliers avaient, eux aussi, été démolis; les matériaux enlevés avaient servi à renforcer les retranchements établis tout autour de la maison principale, qu'un fossé profond de six mètres et large de dix entourait de tous les côtés.

Les chemins conduisant à la plantation avaient été coupés de telle sorte qu'ils étaient devenus de véritables casse-cou, dans lesquels un homme seul ne parvenait à passer qu'avec des difficultés extrêmes.

Sur le toit à l'italienne du principal corps de logis, large terrasse du haut de laquelle on dominait un panorama immense et d'où la vue s'étendait maintenant sans obstacle jusqu'à la Basse-Terre, une vigie avait été installée à demeure, vigie chargée de signaler les mouvements les plus légers et en apparence les plus inoffensifs qui s'opéraient dans la campagne environnante.

L'armement de l'habitation avait été complété par le commandant en chef de l'expédition française, qui avait généreusement prêté un certain nombre de pierriers et d'espingoles à M. de la Brunerie; le général Richepance ne s'en était pas tenu là; il avait, de plus, envoyé à l'habitation, attention qui avait fait beaucoup de jaloux, un détachement de vingt-cinq grenadiers de la 15ᵉ demi-brigade, commandés par un jeune sous-lieutenant nommé Alexandre Dubourg, dont la famille était originaire de la Guadeloupe, bien que depuis une soixantaine d'années, à la suite d'événements que nous ignorons, elle se fût retirée en Normandie, aux environs d'Evreux.

Ce jeune homme, âgé de vingt-deux ans au plus, d'une taille svelte et bien prise, aux traits intelligents, au regard franc et droit, aux formes aimables et polies, était très-aimé du général Richepance qui l'avait vu, en plusieurs circonstances, combattre comme un lion et s'élancer avec un courage héroïque au plus épais de la mêlée; ce courage indomptable avec des traits doux et des manières timides et un peu gênées, des yeux bruns, voilés de longs cils qu'il baissait pudiquement à la moindre plaisanterie un peu crue, avaient fait surnommer le lieutenant Dubourg la *Demoiselle*, par ses rudes compagnons qui l'aimaient beaucoup et prenaient un malin plaisir à le taquiner et à le faire rougir comme une jeune fille.

Nous n'avons pas besoin d'ajouter que ce jeune officier avait été reçu de la façon la plus charmante par le planteur, qui tout de suite l'avait pris en amitié.

Plusieurs planteurs, voisins de M. de la Brunerie, et dont les habitations étaient ou dans des positions difficiles à défendre ou presque abandonnées par leurs noirs fuyant les ateliers pour se joindre aux insurgés, étaient venus, avec quelques serviteurs restés fidèles, et emportant avec eux ce qu'ils possédaient de plus précieux, demander à M. de la Brunerie cette hospitalité qui ne se refuse jamais dans les colonies, et se réfugier sous son toit.

Le planteur avait accueilli les bras ouverts et le sourire sur les lèvres tous ceux, quels qu'ils fussent, amis, indifférents ou même ennemis déclarés ou cachés, tous ceux, disons-nous, qui étaient venus se réfugier sous la garde de sa demeure si bien fortifiée.

De sorte que l'habitation regorgeait de monde, et que la garnison, placée sous le commandement suprême du brave majordome David, ayant sous ses ordres immédiats le jeune lieutenant, se montait à près de cinq cents noirs dévoués, prêts à se faire tuer sans reculer d'un pouce pour défendre leurs maîtres et eux-mêmes; ils savaient qu'après leur refus péremptoire de se joindre à l'insurrection, si les révoltés l'emportaient, leur procès était fait à l'avance et qu'ils seraient immédiatement massacrés; aussi faisaient-ils bonne garde aux retranchements et ne laissaient-ils pénétrer qu'à bon escient dans l'habitation les personnes qui se présentaient.

Il était dix heures du matin, la cloche du déjeuner achevait de sonner, vingt ou trente personnes, toutes de pure race blanche, entrèrent dans la galerie par plusieurs portes différentes et prirent place autour d'une table somptueusement servie.

Tandis qu'un nombre à peu près égal, ou du moins de très-peu inférieur, d'hommes et de femmes d'un teint presque aussi blanc pour la plupart, mais qui, de même que quelques-uns de leurs compagnons d'une nuance beaucoup plus foncée, portaient le stigmate de la race noire, s'asseyaient autour d'une table non moins somptueusement servie.

Nous devons prévenir le lecteur que cette séparation si nettement établie entre les deux races, n'avait et ne pouvait rien avoir de choquant, ni pour les uns ni pour les autres des convives.

M. de la Brunerie n'avait même pas eu un seul instant la pensée d'établir entre ses hôtes une différence quelconque; nous croyons même que si M. de la Brunerie avait essayé de les réunir à la même table, peut-être les blancs y auraient-ils consenti sans trop de difficultés, mais certainement les noirs ou soi-disant tels, quelle que fût du reste leur position de fortune, s'y seraient formellement opposés par *respect*, —nous soulignons le mot avec intention, — pour les blancs.

Et qu'on ne crie pas au mensonge et à l'invraisemblance; cela était réel, admis, accepté et, de plus, passé dans les mœurs; peut-être en est-il encore de même aujourd'hui. Il nous serait facile de citer cent preuves à l'appui de ce que nous avançons; nous nous contenterons d'une seule.

Cet ouvrage étant surtout une étude vraie et consciencieuse des mœurs créoles, il doit nous être permis, lorsque nous présentons un fait qui, par son étrangeté, peut être révoqué en doute, de joindre des preuves irrécusables à l'appui de notre dire.

Le fait est *postérieur* de près de quarante ans à l'histoire qui forme le fond de notre roman; c'est exprès que nous le choisissons parmi tant d'autres pour notre citation; or, les mœurs avaient bien changé de 1802 à 1838. Eh bien, écoutez.

Tout le monde a connu à la Guadeloupe l'homme dont nous allons parler; tout le monde l'aimait et le considérait comme il méritait de l'être à cause de ses vertus.

Il y a à la Guadeloupe des hommes de couleur en possession non-seulement d'une grande aisance, mais même d'une immense fortune; cela se comprend d'autant mieux qu'en général le commerce est presque entièrement passé entre les mains de la race mixte, depuis déjà fort longtemps. Parmi ces hommes de couleur se trouve, ou plutôt se

trouvait, car nous ignorons s'il existe encore, ce qui serait, du reste, assez extraordinaire, un certain *Amé Noël;* cet homme avait été esclave; dès qu'il fut affranchi, doué d'une large intelligence, d'une faculté énorme de travail, honnête, probe, et surtout très-entreprenant en affaires, il parvint en quelques années à devenir un des plus riches propriétaires de la Guadeloupe. Amé Noël devint amoureux d'une esclave *Capresse* nommée *Delphine;* il l'acheta, lui donna la liberté et l'épousa.

Peut-être on supposera que cet homme, arrivé à une haute position de fortune, était jaloux des autres propriétaires de race blanche dont il était certain, quoi qu'il fît, d'être toujours séparé à cause de la couleur de sa peau. Nullement; Amé Noël était un homme très-sensé; il l'avait montré, par une conduite sage et laborieuse, ce que les affranchis peuvent devenir avec du travail; il vivait loin de la société des autres mulâtres restés paresseux, vaniteux et pauvres; et il avait toujours cherché à s'élever par ses sentiments et ses relations.

Le jour de son mariage, notez bien ceci, plus de quarante propriétaires notables, tous de race blanche, assistaient à son repas de noce; quelques-uns étaient ses obligés, plusieurs ses amis, tous ses bons voisins; et lui, le marié, lui, le maître de la maison, le possesseur d'une fortune immense, honnêtement acquise par son travail et son intelligence, crut devoir donner à ses convives cette marque solennelle de déférence qu'aucun d'eux n'aurait, certes, demandée, et qu'aucun ne put l'empêcher d'exécuter, de ne point se mettre à table avec eux.

Amé Noël, ce mulâtre opulent, aimé et respecté de tous, déclara à haute voix aux convives réunis et invités par lui à sa noce, qu'il aurait cru manquer au respect qu'il leur devait s'il s'était assis avec eux; et, en effet, il passa les trois ou quatre heures que dure un grand repas créole, à surveiller le service; service fabuleux, pantagruélique, où les moutons entiers furent servis comme des alouettes; service sans rival dans le présent et qui ne se compare dans le passé qu'au festin de Trimalcion, ce splendide affranchi de Pétrone; et il ne consentit à dîner lui-même que lorsque ses convives blancs se furent enfin levés de table.

Etait-ce de l'humilité? Etait-ce de l'orgueil?

Nous nous abstenons de tout commentaire, et nous reprendrons maintenant notre histoire que nous n'interromprons plus.

Ainsi que nous l'avons dit, les convives s'étaient assis à deux tables différentes; la première était présidée par le maître de la maison, la seconde par M. David, son commandeur ou majordome, les deux titres lui étaient indifféremment donnés.

Le service, le même pour les deux tables, bien entendu, commença aussitôt, avec cette étiquette rigoureuse et de ce confortable de bon goût qui ne se rencontrent réellement que dans nos colonies françaises.

Malgré les circonstances fâcheuses dans lesquelles se trouvait le pays, le repas fut loin d'être triste; il y avait là de charmantes femmes, et, partout où il se rencontre des femmes, elles ont le talent, ou pour mieux dire le privilége d'égayer tout ce qui les entoure.

On parla beaucoup politique, sujet très-intéressant pour toutes les personnes présentes; on célébra surtout et on porta aux nues les exploits de l'armée française qui, en quelques jours à peine, avait réussi à enfermer les plus dangereux insurgés dans le fort Saint-Charles où ils se trouvaient maintenant assiégés.

— Delgrès est un misérable indigne de pardon, dit avec amertume un planteur nommé Rigaudin, qui avait appris que, deux jours auparavant, les révoltés avaient brûlé une de ses habitations, située dans le quartier du Parc. A propos, citoyen de la Brunerie, n'avez-vous pas une plantation de ces côtés-là?

— Oui, certes, répondit le planteur; l'habitation d'Anglemont, que j'ai achetée, il y a une douzaine d'années, à la mort du dernier descendant de cette noble famille; elle se trouve dans le Matouba.

— C'est cela même, reprit le citoyen Rigaudin; ne craignez-vous pas que les brigands ne s'en emparent, la brûlent, ou, tout au moins, la mettent au pillage?

— Non, mon cher voisin, je ne crains pas cela, je crains quelque chose de bien plus terrible.

— Quoi donc? demandèrent plusieurs personnes avec curiosité.

— Mon Dieu, je ne sais si je dois vous dire cela, citoyens; c'est une pensée qui m'est venue, pensée ridicule à la vérité, mais elle me tourmente et m'obsède, quels que soient mes efforts pour la chasser.

— Parlez! parlez! s'écria-t-on de toutes parts.

— Je consens à parler, répondit M. de la Brunerie, puisque vous le désirez, mes chers voisins et amis, quoique je sois certain que vous rirez de mes appréhensions, car elles ne s'appuient sur aucune raison plausible; vous savez tous, comme moi, que le Matouba, situé dans une position ravissante, sur la déclivité de hautes montagnes, communiquant facilement de tous côtés avec les mornes les plus infranchissables qui, de tout temps, ont servi de refuges aux *Marrons*, le Matouba, dis-je, à cause même de cette position exceptionnelle, a, chaque fois que notre île s'est vue attaquée par un ennemi quelconque, été choisi comme lieu de refuge pour ceux d'entre nous qui voulaient échapper au pillage ou à la mort.

— Certes, assez de retranchements y ont été élevés dont les ruines jonchent aujourd'hui le sol et sont encore visibles; c'est en effet, de temps immé-

morial, le refuge de prédilection de tous ceux qui, à tort ou à raison, croient avoir quelque chose à redouter, répondit le citoyen Rigaudin; mais je ne vois pas encore où vous voulez en venir, cher citoyen de la Brunerie.

— Attendez, attendez, j'y arrive. Bien que le quartier du Matouba soit le plus petit de tous ceux de l'île et qu'il ne renferme que quelques plantations, il en compte cependant deux très-importantes.

— Pardieu! l'habitation Vermond et la vôtre.

— C'est cela même. Vous savez aussi, sans doute, que la construction de ces deux habitations remonte aux premiers temps de l'occupation de l'île, alors que les colons étaient exposés aux attaques incessantes des Caraïbes; qu'elles sont situées dans des positions de défense admirables et que plusieurs fois même elles ont résisté avec avantage à des coups de main dirigés contre elles; l'habitation d'Anglemont, surtout, est une véritable forteresse.

— C'est vrai, dirent plusieurs convives.

— Eh bien, reprit M. de la Brunerie, supposez, ce qui arrivera infailliblement et avant peu, je l'espère, que le général Richepance s'empare du fort Saint-Charles.

— Avant huit jours il y entrera, dit le lieutenant Dubourg avec une conviction polie.

— Vous avez parfaitement raison, monsieur Dubourg, répondit le planteur; alors les noirs échappés du fort...

— Le général en chef ne les laissera pas échapper, monsieur, interrompit l'officier.

— J'admets qu'il y en ait qui s'échappent.

— Admettons-le, monsieur, répondit poliment l'officier en s'inclinant, admettons-le, soit, pour vous être agréable, bien que je sois convaincu du contraire.

— Je ne demande pas mieux pour ma part, reprit en souriant le planteur; mais permettez-moi de suivre ma supposition, je vous prie. Ces noirs échappés n'ont qu'une pensée, se réfugier dans les mornes; ils se jettent dans le Matouba où ils s'emparent de l'habitation Vermont et surtout de la mienne plus vaste, mieux située et beaucoup plus complètement fortifiée que l'autre; ils s'y établissent solidement, massacrent mes malheureux noirs et y soutiennent, s'il le faut, un nouveau siège.

— Cela pourrait très-bien arriver ainsi que vous dites, mon cher voisin, fit M. Rigaudin; ce serait une grande perte pour vous; toutes vos caféières et vos sucreries seraient ravagées et perdues, la maison elle-même serait peut-être incendiée, elle aussi.

— Cette perte d'argent me touche peu, si considérable qu'elle soit, croyez-le, mon cher voisin.

— Eh! eh! je sais que vous êtes riche, mais...

— Non, vous dis-je, cela m'est presque indifférent, reprit le planteur avec une légère impatience.

— Mais alors, qu'est-ce qui vous inquiète?

— Mes pauvres noirs dont j'ai laissé là-bas une centaine et qui, au cas où ce que je redoute arriverait, seraient impitoyablement massacrés par les révoltés.

— Mon cher voisin, dit un autre planteur, croyez-vous donc que ces drôles n'ont pas, depuis longtemps déjà, fait cause commune avec les rebelles?

— Non, monsieur des Dorides, répondit M. de la Brunerie avec une certaine animation, je connais mes noirs, je suis sûr d'eux, ils me sont dévoués.

— Je le veux bien, reprit M. des Dorides d'un air de doute; mais, à votre place, mon cher voisin, je n'aurais pas grande confiance, la race noire est foncièrement ingrate.

— Pardonnez-moi de ne pas partager votre opinion, monsieur; j'ai toujours, au contraire, trouvé les noirs dévoués et reconnaissants; mais, ajouta-t-il en jetant un regard sur la table voisine, je crois que le moment est assez mal choisi pour traiter un pareil sujet.

— C'est juste, vous avez raison, monsieur.

— Pardon, monsieur de la Brunerie, dit alors le jeune lieutenant en passant les doigts dans sa fine moustache brune pour cacher la rougeur qui, malgré lui, envahissait son visage, me permettez-vous de vous adresser une simple question?

— Comment donc, lieutenant, mais avec le plus grand plaisir, répondit en souriant le planteur.

— Cette habitation d'Anglemont, reprit le jeune homme de plus en plus décontenancé parce que tous les regards se fixaient sur lui avec curiosité, cette plantation dont vous parlez, monsieur, est-elle éloignée d'ici?

— Oh! mon Dieu, non, mon cher lieutement: deux lieues tout au plus.

— C'est une promenade alors. Voulez-vous me permettre, monsieur, continua-t-il de sa voix douce, de prendre avec moi une dizaine de mes grenadiers? Je vous promets qu'avant la nuit close tous vos pauvres noirs seront ici; je ne vous demande qu'un guide sûr.

— Vous feriez cela, monsieur? s'écria Renée de la Brunerie avec admiration.

— Pourquoi non, mademoiselle? répondit simplement le jeune officier, puisque je trouverais ainsi le moyen d'être agréable à monsieur votre père et à vous, en même temps que je sauverais la vie, peut-être à une centaine de mes semblables.

— Vos semblables! s'écria M. des Dorides avec dédain.

— Ne sont-ils pas des hommes, monsieur? répondit froidement l'officier. Que signifie la couleur, je vous prie?

— C'est une question de nuance, dit en ricanant M. Rigaudin.

— Une plaisanterie n'est pas une réponse, monsieur, dit sèchement et nettement le jeune homme. Tous les hommes sont frères.

— En France, peut-être, monsieur, et encore comme Caïn est celui d'Abel; mais dans les colonies ce n'est plus cela, reprit M. des Dorides d'une voix railleuse.

— Messieurs, dit vivement mademoiselle de la Brunerie, vous oubliez...

— En effet, pardonnez-moi, mademoiselle, dit M. des Dorides.

— Lieutenant, reprit M. Rigaudin en s'adressant au jeune officier, notre honorable hôte et ami vous a dit, il y a un instant, que deux lieues seulement séparent la Brunerie d'Anglemont, mais il a oublié d'ajouter que ces deux lieues, on doit les faire par des chemins infranchissables pour tout autre que pour un pied créole.

— J'ignore, monsieur, comment les créoles ont le pied fait, repartit le jeune homme avec une légère teinte d'ironie, mais je puis vous affirmer que partout où les Français posent le leur, ils passent; avec votre permission, je renouvelle, plus sérieusement encore que je ne l'ai fait la première fois, mon offre à M. de la Brunerie.

— Bien dit, monsieur! s'écria Renée avec un charmant sourire, mon père acceptera, j'en suis sûre, avec reconnaissance, le service que vous offrez si gracieusement de lui rendre.

— Je ne dis encore ni oui ni non, répondit le planteur; mais quelle que soit la résolution que je prenne, je vous remercie sincèrement de votre offre, mon cher lieutenant.

En ce moment un son de trompe se fit entendre.

Aussitôt toutes les conversations cessèrent et une expression d'effroi se peignit sur la plupart des visages.

— Rassurez-vous, messieurs et chers voisins, dit gaiement M. de la Brunerie, la sentinelle ne nous annonce sans doute, par ce signal, que l'arrivée d'une visite, probablement un ami, ou tout au moins une connaissance; d'ailleurs avant cinq minutes nous saurons à quoi nous en tenir à ce sujet; restez donc à table, je vous prie.

En parlant ainsi, le planteur se leva, mouvement qui fut bientôt imité par l'officier français et M. David, le commandeur, puis trois amis quittèrent la galerie; seulement le planteur et l'officier demeurèrent sur la terrasse, tandis que le commandeur, lui, montait sur le toit de la maison.

M. de la Brunerie avait fait donner à la vigie, placée sur le haut de la maison, une trompe dont elle avait ordre de sonner chaque fois qu'elle apercevait un mouvement insolite dans la campagne, ou quand un étranger se dirigeait vers l'habitation.

Cette façon d'avertir était à la fois simple et commode.

Le planteur, muni d'une excellente longue-vue marine, commença à explorer minutieusement et avec la plus sérieuse attention la campagne dans toutes les directions.

— Eh bien! monsieur, lui demanda l'officier après avoir attendu quelques instants, avez-vous découvert quelque chose?

— Rien du tout, répondit M. de la Brunerie d'un ton de mauvaise humeur; l'imbécile perché là-haut nous a donné une fausse alerte, il aura eu la berlue; j'ai beau regarder avec le plus grand soin, je n'aperçois rien absolument.

— Parce que vous ne regardez pas où il faut, monsieur, dit avec déférence le commandeur en paraissant un peu à l'improviste entre les deux hommes.

— Que voulez-vous dire, mon cher David?

— Ne seriez-vous pas d'avis, monsieur, d'aller en nous promenant jusqu'aux barricades? répondit le commandeur avec un geste significatif.

— Soit, reprit aussitôt le planteur; d'ailleurs nous y serons beaucoup plus à notre aise pour causer.

— C'est cela même, monsieur.

— Oui, allons jusqu'aux barricades, ajouta l'officier avec un sourire, cette petite promenade après déjeuner ne peut que nous faire du bien.

— Elle facilitera notre digestion, ajouta le planteur sur le même ton.

Les trois hommes descendirent les degrés de la terrasse, sortirent des retranchements, non sans que le commandeur eût dit d'abord quelques mots à voix basse à un nègre de confiance qui s'était approché de lui; puis, après avoir traversé l'emplacement maintenant désert du village des noirs, ils s'engagèrent à grands pas dans l'allée des palmiers.

— Qu'avez-vous donc, mon cher David? demanda alors le planteur; depuis un instant, mon ami, je vous trouve tout confit en mystères.

— Hâtons-nous, s'il vous plaît, monsieur, répondit laconiquement le commandeur en prenant un pas si relevé que ses compagnons avaient grand'peine à le suivre.

— Ah çà! il y a donc quelque chose? s'écria M. de la Brunerie qui, connaissant l'homme auquel il avait affaire, commençait à s'inquiéter sérieusement.

— Oui, monsieur, répondit cette fois nettement le commandeur, et une chose très-grave: avant vingt minutes nous serons attaqués.

— Attaqués! s'écrièrent les deux hommes avec surprise.

— Mais je n'ai rien aperçu, ajouta le planteur.

— La chose en est simple, monsieur; vous savez combien les nègres sont rusés?

— Le fait est que ce sont des diables incarnés, doués d'une finesse réellement infernale.

— Eh bien, monsieur, les hommes qui nous veulent surprendre s'approchent de nous en rampant sur le sol comme des serpents, glissant au milieu des hautes herbes et des broussailles avec une adresse de sauvages; il a fallu toute la sagacité de l'homme placé en vigie pour les apercevoir; je ne les voyais pas moi-même, c'est lui qui me les a montrés; ils sortent du taillis des Agoutis où, probablement, ils ont réussi à s'introduire pendant la nuit, et dans lequel ils se sont tenus blottis comme des lièvres au gîte, jusqu'à présent; la distance entre le taillis et nos retranchements, c'est-à-dire nos barricades, est assez grande, à la vérité, mais cependant, si nous n'avions pas été si promptement avertis, nous risquions fort d'être surpris par leur attaque au moment où notre sécurité devait être la plus complète.

— Diable! c'est sérieux alors, dit le planteur en fronçant les sourcils. Ces taillis forment, sur la déclivité des mornes, à notre droite et notre gauche, un rideau de feuillage et de broussailles terrible pour notre sécurité; malheureusement ils sont placés dans une zone trop éloignée pour que nous ayons pu les détruire sans danger pour nos hommes.

— Ce qui, du reste, aurait été presque impossible, monsieur. La vigie a cru aussi remarquer une certaine agitation dans le morne au sable du côté de Matouba, mais notre brave veilleur n'ose rien affirmer encore.

— Ce qu'il a vu est déjà assez joli; il ne nous manquerait plus que cela d'être attaqués des deux côtés à la fois; nous nous trouverions, sur ma parole, dans une agréable situation! Au diable révoltés et les révoltés! Ces drôles ne pouvaient donc pas se tenir tranquilles!

Le jeune officier ne put s'empêcher de sourire en entendant cette singulière boutade.

— C'est que c'est vrai, cela! reprit le planteur avec une colère en partie affectée; moi qui ne demande qu'à vivre en paix avec tout le monde, me voici obligé d'être soldat sur mes vieux jours, de faire aussi gaillardement le coup de fusil que j'étais payé pour cela! Il y a de quoi devenir enragé, n'est-ce pas, mon cher David?

— Hum? fit celui-ci en hochant la tête, façon de répondre qui lui était habituelle quand il voulait rien dire, et qui, en effet, n'était pas compromettante.

— Rassurez-vous, monsieur, dit le jeune officier, notre position est excellente: nous sommes avertis, nous avons le temps de prendre les mesures nécessaires; de plus, arrivés à portée de fusil, les nôtres s'ils ne veulent pas être tirés comme à la cible, seront contraints de se lever; toutes les chances

L'homme à la tête crépue, coiffée d'un képi galonné (page 112).

donc en notre faveur et nous devons bannir toute inquiétude.

— Mon cher lieutenant, je vous remercie de ces encouragements que vous croyez devoir me donner ; mais vous ne connaissez pas les nègres : lorsqu'ils ont senti la poudre, que la vue du sang les a enivrés, ce sont de véritables bêtes féroces ; ils ne songent qu'au meurtre, au pillage et à l'incendie.

— Nous recevrons, je l'espère, ces misérables de façon à leur faire passer pour toujours l'envie de revenir s'attaquer à nous, dit l'officier avec une énergie bien éloignée de sa timidité ordinaire.

Au moment où le sous-lieutenant achevait de prononcer ces paroles, les trois hommes atteignirent les barricades.

L'alerte était déjà donnée par les sentinelles, chacun était à son poste et prêt à se défendre.

Cette vue rendit un peu de courage au planteur.

L'officier appela aussitôt le sergent-major qui commandait le détachement sous ses ordres.

Ce sergent était un Breton à mine sournoise, trapu et large d'épaules, âgé d'une quarantaine d'années et ressemblant à un chouan comme une goutte de vin ressemble à une autre ; il se nommait Ivon Kerbroek, dit l'*Aimable*, sans doute par antiphrase, car c'était l'être le plus bourru et le plus désagréable qu'on puisse imaginer ; toujours grondant et grognant, il était fort redouté des soldats qui le craignaient comme le feu ; pour une seule personne il se déridait et devenait d'une douceur qui formait un contraste singulier avec son humeur ordinaire ; cette personne était son lieutenant, pour lequel il avait un dévouement sans bornes et qui, d'un mot, lui aurait fait accomplir des miracles.

Il accourut à l'appel de l'officier, et, bien qu'il l'écoutât avec respect, cependant il se frottait joyeusement les mains en recevant ses ordres très-minutieusement donnés.

— A la bonne heure, mon lieutenant, dit-il lorsque l'officier cessa de parler, au moins comme cela nous allons un peu rire !

Tous deux, sans ajouter un mot de plus, s'éloignèrent alors de compagnie.

Tout à coup, a un signal donné, les noirs, que maintenant on apercevait très-distinctement, se levèrent tous à la fois, et ils s'élancèrent en courant sur les barricades en brandissant leurs armes et poussant des hurlements féroces.

Ils furent accueillis par une fusillade bien nourrie à laquelle ils dédaignèrent de répondre; les assaillants étaient au moins deux cents; ils continuèrent leur course; leur élan était si terrible que presque aussitôt on les aperçut au sommet des barricades, qu'ils couronnèrent sur un front de plus de soixante pieds.

Il y eut alors une lutte acharnée, corps à corps, entre les assaillants et les assaillis; les noirs se maintenaient sur les barricades qu'ils ne parvenaient pas encore à franchir, à la vérité, mais dans lesquelles ils ne tarderaient pas sans doute à sauter, car ils combattaient avec une frénésie aveugle qui semblait devoir être irrésistible.

La position devenait critique; soudain on entendit battre la charge, et les vingt-cinq grenadiers français qui s'étaient glissés inaperçus hors des barricades, s'élancèrent bravement à la baïonnette, leur officier en tête, sur les assaillants qu'ils prirent à revers au cri de « Vive la République! »

C'était là, pendant la bataille, que le jeune lieutenant était réellement beau: les lèvres serrées, le front pâle, l'œil étincelant, ses longs cheveux bruns flottant en désordre sur ses épaules, il brandissait son sabre au-dessus de sa tête et entraînait à sa suite ses soldats électrisés par tant de valeur, au plus épais des ra... s ennemis.

Les révoltés, surpris par cette attaque imprévue, hésitèrent, les défenseurs de la plantation redoublèrent d'efforts; M. de la Brunerie et le commandeur se multipliaient, des secours leur arrivaient au pas de course de l'habitation.

On n'entendait que le crépitement sec et continu de la fusillade, mêlé aux hurlements de colère et de douleur des combattants, à la charge battue sans relâche par les tambours, et aux cris répétés de: Vive la République!

Les révoltés faiblissaient.

Tout à coup, une centaine de noirs bondirent comme des tigres hors des taillis du morne au sable et s'élancèrent en avant avec d'effroyables clameurs.

Les révoltés crurent qu'un secours leur arrivait; ils répondirent aussitôt par des cris de joie et voulurent se joindre à cette troupe; mais soudain, les nouveaux venus s'arrêtèrent, abaissèrent leurs armes, et une épouvantable décharge passa comme un vent de mort sur les revoltés auxquels elle causa des pertes horribles, puis les arrivants s'élancèrent à la baïonnette,

— L'Œil Gris! s'écrièrent les créoles avec enthousiasme.

C'était, en effet, le Chasseur.

Les révoltés, pris entre deux feux, déjà entamés et presque démoralisés par la vigoureuse attaque des Français, renoncèrent à une lutte désormais impossible.

Fous de rage et d'épouvante, désespérés de rencontrer parmi leurs congénères des ennemis implacables, la plupart jetèrent leurs armes et s'enfuirent dans toutes les directions, poursuivis l'épée dans les reins par les soldats du lieutenant et les noirs du Chasseur.

La surprise était manquée, pour cette fois du moins.

XVI

PEU INTÉRESSANT EN APPARENCE, MAIS QUI LAISSE PRESSENTIR DE GRAVES ÉVÉNEMENTS.

Cependant, tout n'était pas fini encore.

Les créoles demeurés derrière les barricades que le commandeur n'avait pas voulu leur laisser franchir au cas où l'ennemi aurait tenté un retour offensif, ce qui, à la vérité, n'était pas probable, assistèrent alors à un effroyable spectacle; à un horrible chasse à l'homme.

Nous l'avons dit plusieurs fois déjà, la guerre noire ne ressemblait à aucune autre; elle se faisait avec d'épouvantables raffinements de barbarie autant de la part des noirs que de celle des blancs; seulement pour être juste, nous constaterons que les noirs avait donné l'exemple de cette férocité, les blancs ne les imitaient que poussés à bout par tant de cruautés et par représailles, ce qui, cependant, à aucun point de vue humanitaire, ne saurait être et n'était pas une cause suffisante.

Ce qui se passa après l'attaque infructueuse des nègres révoltés, contre les barricades de la Brunerie, est une preuve de plus de la vérité de notre dire.

Les grenadiers français, commandés par le sous-lieutenant Alexandre Dubourg, et les nègres créoles amenés par le Chasseur de rats et l'ayant à leur tête, bondissaient à travers les broussailles, débusquant les révoltés et les massacrant impitoyablement.

Du reste, ceux-ci, tout en fuyant, continuaient à combattre et ne demandaient pas plus quartier qu'ils ne l'accordaient à ceux de leurs ennemis qui tombaient entre leurs mains.

Par un mouvement tournant, habilement exécuté, le Chasseur et l'officier avaient réussi à envelopper complètement les révoltés et à former un demi-cercle autour d'eux; tout en les refoulant, par un pression lente mais irrésistible, vers un immense rocher placé, monolithe gigantesque et grandiose, sur l'extrême bord d'un précipice, ou bien plutôt d'un gouffre d'une profondeur insondable.

Les rebelles, pris comme dans un énorme réseau de fer dont il leur était impossible de rompre les mailles, s'étaient de nouveau réunis en un seul groupe ; et tandis que quelques-uns d'entre eux se faisaient bravement tuer pour arrêter l'ennemi pendant quelques minutes ; les autres avaient couronné la plate-forme du rocher où ils essayaient de se retrancher afin de vendre chèrement leur vie.

Toute retraite leur était coupée, ils le savaient ; leur existence n'était donc plus pour eux qu'une question de minutes ; mais, plutôt que de tomber vivants aux mains de leurs ennemis, ils voulaient, pendant ces dix ou quinze minutes, accomplir des prodiges d'audace et de bravoure, et combattre jusqu'au dernier souffle sans demander grâce ; d'ailleurs, ils étaient encore à peu près cent cinquante, les munitions ne leur manquaient pas ; ne combattant plus pour vaincre mais pour se venger, se souciant peu de mourir pourvu que leurs funérailles fussent belles, ils étaient certains, avec leur bravoure de fauves aux abois que leur mort coûterait cher à leurs ennemis ; cette satisfaction leur suffisait ; au moins ils ne succomberaient pas sans vengeance.

— Nous ne pouvons cependant pas massacrer ainsi froidement ces pauvres gens égarés! dit le lieutenant dont le sabre avait sa lame rougie jusqu'à la poignée ; ce serait folie à eux d'essayer de lutter davantage.

— Ils y sont cependant bien résolus, monsieur, répondit froidement L'Œil Gris.

— C'est possible, mais je suis officier français, je sais à quoi ce titre m'oblige ; il est de mon devoir de leur offrir quartier.

— Et vous allez le faire?

— Pardieu! en doutez-vous, monsieur ?

— Non pas, lieutenant, seulement, croyez-moi, prenez vos précautions ; ils pourraient fort bien vous tuer ; vous savez qu'ils n'ont aucun respect pour les parlementaires?

— Je le sais, monsieur ; mais s'ils me tuent, eh bien, je serai mort en faisant mon devoir, répondit doucement le jeune homme.

Le rude Chasseur fut, malgré lui, saisi d'admiration à cette noble réponse si simplement faite.

— Vous avez raison, monsieur, reprit-il en s'inclinant avec déférence ; agissez donc comme votre honneur de soldat vous l'ordonne ; je vous jure que si ces misérables vous tuent, vous serez vengé!

— J'y compte et je vous remercie. Votre main, monsieur, répondit en souriant le jeune homme.

Après avoir vigoureusement serré la main calleuse et loyale du Chasseur, le lieutenant attacha son mou-

choir à la pointe de son sabre, fit battre un rappel de tambour, puis il s'avança froidement, jusqu'à portée de pistolet du rocher, en élevant au-dessus de sa tête le drapeau parlementaire qu'il avait improvisé avec son mouchoir de fine batiste.

De part et d'autre la fusillade avait cessé.

Les révoltés profitaient activement, bien qu'ils n'en comprissent pas les motifs, de cette trêve qui leur était accordée, pour se barricader le mieux possible et augmenter ainsi leurs moyens de défense.

— Que demandez-vous ? cria une voix menaçante du haut des rochers lorsque le lieutenant s'arrêta.

Braves gens, dit-il d'une voix claire et fermement accentuée, je viens vous offrir la vie sauve; vous vous êtes battus en gens de cœur, mais toute résistance est maintenant impossible ; rendez-vous ; vous feriez inutilement couler un sang précieux. Je vous jure sur mes épaulettes et mon honneur de soldat, que si vous jetez vos armes, aucune violence ne sera commise contre vous, et que vous serez considérés comme prisonniers de guerre.

— Nous savons quelle confiance nous devons avoir dans la parole des Français! répondit avec amertume le noir qui déjà avait parlé.

— On vous a indignement trompé, répondit avec énergie le fier jeune homme.

— C'est possible. Si nous consentons à mettre bas le armes, serons-nous libres de nous retirer où cela nous plaira ?

— Je ne puis vous faire cette promesse. Je vous ai dit que vous seriez retenus prisonniers de guerre et traités avec humanité ; je ne puis m'engager à autre chose.

— Nous connaissons l'humanité française; retirez-vous ou sinon!... ajouta le noir d'une voix menaçante.

— Je ne me retirerai pas avant d'avoir une réponse positive.

— Vous voulez une réponse?

— Oui.

— Eh bien, la voilà!... Feu, vous autres!

Au même instant une décharge épouvantable éclata ; le jeune homme disparut complètemen. au milieu de la fumée produite par l'explosion.

Mais lorsque cette fumée eut été presque aussitôt dissipée dans l'espace par le vent, on revit le jeune officier, froid, calme, brandissant fièrement son épée au-dessus de sa tête ; il n'avait pas reculé d'un pouce.

— En avant! vive la République! cria-t-il à ses soldats d'une voix stridente.

— Vive la République! répétèrent les grenadiers et les noirs créoles.

Et ils s'élancèrent en courant sur les pentes abruptes du rocher.

En moins de temps qu'il n'en faut pour l'écrire, ils avaient renversé tous les obstacles accumulés par les insurgés, et s'étaient pris corps à corps avec eux.

Ce qui se passa alors fut affreux, inouï, horrible, échappe à toute description.

Les combattants se mêlèrent, s'enchevêtrèrent, pour ainsi dire, les uns dans les autres, et formèrent un pêle-mêle effroyable sur cette plate-forme étroite, à peine assez grande pour les contenir tous.

Bientôt ils disparurent complètement dans d'épais nuages de fumée ; et de ce tohu-bohu, de ce chaos épouvantable, s'élevaient par intervalles des clameurs étranges, des hurlements de bêtes féroces, des cris stridents de rage et de douleur, des rugissements de tigres aux abois, mêlés au crépitement sinistre des balles.

Les crosses de fusil se levaient et s'abaissaient comme des massues ; les sabres et les baïonnettes lançaient des lueurs sombres, des étincelles rougeâtres, et les spectateurs des barricades voyaient avec épouvante la plate-forme se vider peu à peu ; la masse des combattants diminuait dans des proportions effrayantes.

Tout à coup on entendit un cri horrible formé de cent autres cris ; une masse sombre tomba en se tordant dans le gouffre béant.

Puis, plus rien : un silence de mort !

Après un instant, le nuage de vapeurs qui voilait la plate-forme se dissipa enfin, fouetté par le vent ; alors on aperçut les Français et les nègres créoles réunis en un seul groupe.

Tous les révoltés avaient disparu, impitoyablement précipités dans le gouffre.

De plus de deux cents nègres qui avaient assailli les barricades, pas un seul n'avait survécu !

— Vive la République ! crièrent les vainqueurs réunis sur la plate-forme en brandissant avec enthousiasme leurs armes au-dessus de leurs têtes.

Nous nous hâtons de constater que la République n'avait rien à faire dans cette horrible bataille, pas plus que dans les atrocités qui, plus tard, furent commises pendant cette guerre si courte mais si sanglante ; le premier Consul, Bonaparte, en abrogeant, contre tous droits, le décret si humain de la Convention nationale et en condamnant de nouveau à l'esclavage des hommes faits libres depuis dix ans, est seul responsable devant l'histoire des conséquences fatales de cette décision cynique.

Aux cris de victoire poussés par les soldats, de chaleureuses acclamations répondirent des barricades où, hommes, femmes et enfants, tous les commensaux de l'habitation étaient accourus.

— Quels hommes ! quelle guerre ! murmura douloureusement le planteur en poussant un profond soupir. Hélas ! comment tout cela finira-t-il ?

Les grenadiers français et les nègres du Chasseur de rats descendirent alors de la plate-forme et se dirigèrent vers la plantation.

Les vainqueurs avaient fait des pertes cruelles : de cent vingt-cinq hommes qu'ils étaient avant le combat, il n'en restait debout que quatre-vingts, tout au plus, dont beaucoup étaient blessés et ne se soutenaient qu'avec peine.

Les Français seuls avaient perdu, tués et blessés, quatorze hommes, plus de la moitié de leur effectif.

Par un miracle incompréhensible, le jeune sous-lieutenant, bien qu'il fût couvert de sang depuis les pieds jusqu'à la tête, n'avait pas reçu la plus légère égratignure ; le Chasseur, lui aussi, avait échappé sain et sauf, et pourtant l'un et l'autre ne s'étaient pas épargnés.

Les vainqueurs furent reçus avec une joie délirante par les habitants de la plantation qui les acclamaient et les appelaient leurs sauveurs.

Par les soins de M. de la Brunerie, auquel aucun détail n'échappait, des brancards avaient été disposés pour les blessés ; ils furent aussitôt transportés dans une grande pièce que l'on avait préparée pour servir d'ambulance ; les soins les plus affectueux et les plus délicats leur furent prodigués par les dames ; toutes, sans exception, voulurent, en cette circonstance, se changer en gardes-malades.

M. Rigaudin s'approcha du sergent Kerbroch dont la tête était enveloppée d'un linge sanglant, ce qui n'ajoutait que peu d'agrément à sa physionomie déjà médiocrement aimable, malgré le surnom qu'on lui avait donné.

— Un mot, s'il vous plaît, sergent ? lui dit-il.

— A votre service, mon petit vieux. Qu'est-ce que vous voulez ? demanda le sergent d'une voix hargneuse.

Bien que légèrement froissé de l'épithète malsonnante dont le soldat s'était servi à son égard, le planteur se contint et même il feignit de sourire :

— Comment appelez-vous cet officier ? reprit-il en désignant le jeune homme qui essayait vainement de faire rentrer dans le fourreau son sabre dont la lame était complètement faussée.

— Notre lieutenant ?

— Oui, mon brave.

— Nous l'appelons la Demoiselle.

— La demoiselle ?

— Un peu, mon vieux.

— Quelle virago ! s'écria M. Rigaudin avec admiration.

— Oui, il ne va pas mal quand il est en train, reprit le sergent avec complaisance ; aujourd'hui ce n'était rien.

— Rien ! s'écria le planteur stupéfait.

— Rien, absolument, non, mon vieux petit père, répondit le sergent avec conviction.

— Mais alors c'est un démon quand il est en train, ainsi que vous le dites !

— Un démon ? peuh fit le sergent en allongeant les lèvres avec mépris ; c'est un lion, mon bonhomme, ce qu'on appelle un rude lapin, quoi ? Vous comprenez, n'est-ce pas, mon petit père ! Serviteur de tout mon cœur.

Et laissant là, sans plus de cérémonie, M. Rigaudin tout abasourdi, le brave soldat continua sa route.

— C'est égal, murmura le planteur en suivant le sergent des yeux, ils ne sont pas d'une politesse bien raffinée, oh ! non, mais ce sont de rudes mâtins ; quels gaillards !

Cependant M. de la Brunerie et sa fille, après avoir fait au Chasseur l'accueil le plus chaleureux, l'avaient entraîné dans un appartement écarté afin de causer avec lui plus à leur aise et lui demander des nouvelles de la Basse-Terre.

— Pardieu ! s'écria le planteur en lui serrant cordialement la main, il faut avouer que vous êtes réellement extraordinaire, notre ami !

— Moi ? demanda en souriant le Chasseur. A quel sujet me dites-vous donc cela, monsieur ?

— Ma foi, je ne m'en dédis pas, vous arrivez toujours si à propos que l'on dirait qu'un bon génie vous souffle à l'oreille le moment précis où vous devez paraître.

— Oui, père, ajouta la jeune fille d'une voix câline, vous réalisez pour nous tous les miracles des contes de fées.

— Alors, vous êtes comme les nègres, disposée à me croire sorcier, chère demoiselle ?

— Ma foi, oui, je vous l'avoue.

— Ma chère enfant, je suis dans tous les cas une fée assez singulière.

— C'est possible, mais vous êtes véritablement mon bon génie, de cela nous ne pouvons conserver aucun doute.

— C'est à tel point que maintenant que vous voilà avec nous, nous n'avons plus la moindre inquiétude, quelques dangers qui nous menacent

— Mais quand je ne suis pas là, fit le vieillard en riant, comme ce matin par exemple ?

— Eh bien nous, nous disons : Bah ! quand il en sera temps, notre ami l'Œil Gris arrivera, et il nous délivrera du péril où nous sommes.

— Et vous êtes arrivé, père, ajouta la jeune fille avec un charmant sourire.

— Qu'avez-vous à répondre à cela ? Vous voilà pris sur le fait, dit le planteur.

— Vous me voyez réellement confus ; je crois, à la vérité, être arrivé assez à propos aujourd'hui, mais je vous assure que le hasard a tout fait.

— Le hasard aide toujours les bons cœurs.

— Merci, ma chère Renée, mais vous attachez à cette affaire une importance qu'elle ne saurait avoir ; voici tout le mystère en deux mots. Vous savez que je suis d'un naturel curieux et surtout flâneur ; j'éprouve un plaisir singulier à toujours être par voies et par chemins, allant deci, delà, sans autre but, la plupart du temps que cette rage de locomotion qui me possède et me crie incessamment comme au Juif errant de la légende : Marche ! sans me permettre de m'arrêter nulle part. En un mot, je ne suis jamais bien que là ou je ne suis pas. Le général en chef m'avait proposé de servir de batteur d'estrade à son armée, j'acceptai avec plaisir et je m'acquittai de mon mieux de ces fonctions, lorsque tout à coup elle sont devenues pour moi une sinécure, à cause du siège du fort Saint-Charles, qui immobilise toutes les troupes autour de la Basse-Terre ; alors je pensai à vous.

— Vous y pensez toujours, dit vivement la jeune fille

— Le plus que je peux, du moins. Je réfléchis que votre habitation du Matouba d'Anglemont,—je crois que vous la nommez ainsi, n'est-ce pas ?

— Oui.

— Eh bien, je réfléchis qu'elle serait très-menacée et que tous les noirs que vous y avez laissés couraient le risque d'être massacrés par les révoltés, au cas où ceux-ci, chassés du fort Saint-Charles, tenteraient de se jeter dans les mornes ; alors, je me dis : Je n'ai rien à faire ; pourquoi n'irais-je pas à d'Anglemont, j'emmènerai avec moi ces pauvres diables de nègres qui sont dévoués à leur maître, et je les conduirai à la Brunerie, où l'on pourra utiliser leurs services ? Je partis et je fis ainsi que je me l'étais proposé. Je me rendais paisiblement ici, lorsque, au moment ou je m'y attendais le moins, j'ai donné au beau milieu d'un parti de rebelles ; vous savez le reste.

— Oui, vieux Chasseur, et nous savons surtout que nous vous avons de très-grandes obligations pour les services que vous ne cessez de nous rendre et dont, pour ma part, je désespère presque de m'acquitter jamais envers vous.

— Peut-être, monsieur, cela vous sera-t-il plus facile que vous ne le supposez, et en aurez-vous bientôt l'occasion.

— Mon ami, fournissez-moi cette occasion et je vous donne ma parole d'honneur que je ne la laisserai pas échapper, quelle que soit la chose que vous exigiez de moi.

— Je retiens votre parole, monsieur ; dès que le moment sera venu de vous la rappeler, je n'hésiterai pas à le faire.

— Vous me rendez heureux en parlant ainsi ; dès aujourd'hui vous pouvez compter sur moi.

— C'est entendu, monsieur, il est inutile d'insister davantage sur ce sujet.

— Comme il vous plaira ; parlons donc d'autre chose.

— Vous savez ce qui est arrivé à M. de Chatenoy ?

— Mon cousin ?

— Lui-même.

— Serait-il blessé? s'écria Renée avec inquiétude.

— Non pas, grâce à Dieu ! Mais, envoyé par le général en chef en parlementaire près des rebelles, ceux-ci l'ont gardé prisonnier dans le fort Saint-Charles.

— Voilà qui est fâcheux pour Paul. Ce Delgrès est un misérable, je le crois capable de tout ; je suis désespérée de savoir mon cousin dans une aussi mauvaise position. Pourvu qu'il ne soit pas assassiné par ces scélérats.

— Oh ! mon père, le commandant Delgrès est un homme d'honneur ; c'est un militaire ; il ne permettra pas que l'on se porte à des violences indignes sur un prisonnier.

— Delgrès est avant tout un homme de couleur ; il hait les blancs, il ne reculera devant aucune atrocité pour assouvir sa rage féroce contre ceux qu'il considère comme étant ses ennemis implacables, et les bourreaux de la race noire à laquelle il appartient, quoi qu'il en dise, puisqu'il est mulâtre.

— Pardonnez-moi, mon père, de ne pas partager vos préventions contre cet homme ; il peut être égaré, mais, j'en ai la conviction, il saura toujours conserver la mesure que dans les circonstances les plus critiques ne dépasse jamais un homme d'honneur.

— Je partage entièrement l'opinion de mademoiselle votre fille, monsieur ; comme elle, je considère le commandant Delgrès comme un honnête et surtout comme un brave et loyal soldat, incapable d'une lâcheté ou d'une action honteuse.

— Je ne discuterai pas avec vous, reprit doucement le planteur, ma conviction est faite. Le mépris que, dans la circonstance dont vous parlez, il a montrée pour le droit des gens, indique assez, à mon avis, la conduite qu'il se propose de tenir, lorsque, à bout d'expédients et ne sachant plus que devenir, il sera contraint à avoir recours à toutes espèces de moyens pour éviter le châtiment sévère que mérite sa rébellion ; bientôt, peut-être, vous aurez la preuve que je ne me suis pas trompé sur le compte de cet homme.

La conversation s'étira ainsi pendant quelques instants encore sur divers sujets, puis le planteur dont plusieurs affaires importantes réclamaient impérieusement la présence dans d'autres parties de l'habitation, se leva et laissa le Chasseur avec sa fille.

L'Œil Gris se disposait à se lever, lui aussi, et à quitter l'appartement, lorsque la jeune fille, qui

avait encore bien des choses à lui dire, sans doute, le retint sous le prétexte de connaître les détails de tout ce qui s'était passé à la Basse-Terre depuis le jour où l'expédition française y avait si vaillamment débarqué.

Le Chasseur laissa parler la jeune fille plutôt qu'il ne causa avec elle ; il comprenait que la pauvre enfant, dont le cœur était si justement inquiet, devait éprouver le besoin impérieux d'apprendre les plus légères et en apparence les plus futiles particularités de la vie de tous les jours, de toutes les heures, de celui qui occupait son âme tout entière ; peu lui importait même que le Chasseur l'écoutât ou non ; elle savait que, devant lui, elle pouvait, sans craindre d'être interrompue, laisser déborder le monde de pensées qui bouillonnait en elle ; aussi, tout en s'adressant en apparence à son singulier et muet interlocuteur, sa conversation n'était, pour ainsi dire, qu'un monologue ; elle causait avec son cœur.

D'ailleurs, l'Œil Gris n'était-il pas le confident dévoué et discret de tous ses rêves et de tous ses espoirs de jeune fille ?

Cette conversation étrange se prolongea pendant assez longtemps ; le Chasseur, la tête abandonnée dans la paume de sa main, suivait d'un regard voilé, mais clairvoyant, les diverses émotions qui, tour à tour, se reflétaient sur le visage si mobile et si passionné de la jeune fille.

— Renée, lui dit-il tout à coup, je comprends tout ce que vous me dites ; je fais plus encore, je comprends autre chose que vous vous gardez bien de me confier.

— Moi, père ? répondit-elle en le regardant avec une feinte surprise tandis qu'elle se sentait intérieurement rougir jusqu'à la racine des cheveux.

— Oui, chère enfant, vous manquez de franchise envers moi.

— Oh ! que me dites-vous donc là, père ?

— C'est vrai ; pardonnez-moi, ma chère Renée, je ne suis qu'un vieux fou, et de plus un méchant homme ; mais lorsque je vous vois, je me figure si bien que vous êtes un ange, que parfois je me laisse aller à chercher vos ailes ; et j'oublie toujours, chaste, pure et naïve creature que vous êtes, que l'ange auquel j'ai voué ma vie a, malgré lui, en germe dans son cœur tous les instincts de la femme et que ce germe, développé par la passion, a envahi tout son être, et qu'alors ce n'est plus Renée qui me parle, mais la jeune fille amoureuse dont la passion domine la raison et la fait par conséquent inconsciente.

— Tenez, père, je ne sais ce que vous avez aujourd'hui ; vous prenez plaisir à me tourmenter et à me faire du chagrin.

— Loin de moi cette pensée, chère mignonne ; seulement voulez-vous savoir ce qui ressort clairement pour moi de tout ce que vous m'avez dit?

— Oui, je serais curieuse de l'apprendre.

— C'est justement ce dont vous n'avez pas soufflé mot, mademoiselle ; c'est-à-dire que vous êtes isolée au milieu de ce désert, entourée d'ennemis redoutables qui vous font grand'peur; que vous tremblez encore plus pour votre père que pour vous-même ; que si cela ne dépendait que de vous seule, vous, laisseriez le commandement de la plantation à ce digne M. David, si brave et si dévoué, et qui est plus que suffisant pour la préserver des attaques des rebelles, et vous iriez, sans regarder derrière vous vous réfugier à la Basse-Terre, dans votre charmante maison du cours Nolivos, planté de si magnifiques tamarins, et que là, au milieu de l'armée française, vous seriez en sûreté sous la protection de ses redoutables baïonnettes; et remarquez, chère Renée, ajouta-il avec un sourire doucement ironique, que je m'abstiens de tout autre commentaire.

La jeune fille rougit plus encore de se voir si bien devinée, mais elle prit bravement son parti.

— O mon bon, mon bien cher ami! Je ne sais pas, je ne cherche pas à savoir par quel miracle incompréhensible vous parvenez à lire ainsi dans mon cœur comme dans un livre ouvert.

— Vous en convenez donc enfin? petite dissimulée.

— Pourquoi essayerais-je de vous cacher quelque chose, mon ami? Vous savez tout.

— Parce que, je vous le répète, Renée, j'ai été jeune et j'ai aimé, et que maintenant ma profonde amitié pour vous m'a rendu clairvoyant, en rappelant à ma mémoire mes émotions des anciens jours, émotions depuis bien longtemps mortes pour jamais ajouta-t-il comme s'il se parlait à lui-même, qui m'ont fait cruellement souffrir et dont aujourd'hui le souvenir est pourtant rempli pour moi de tant de charmes mélancoliques.

— O mon bon et cher Hector, je vous en supplie, ne vous laissez pas envahir par ces tristesses qui vous rendent si malheureux ! lui dit-elle d'une voix douce et tendrement voilée par une émotion profondément sincère.

— Je ne suis pas triste, ma chère enfant, je me souviens, et ma mémoire évoque, comme à travers un nuage lumineux, le spectre presque indistinct de mes jeunes années qui, hélas! ne renaîtront plus.

— Chère enfant! ajouta le Chasseur d'une voix émue en posant légèrement ses lèvres sur le front pur de la jeune fille, votre affection me paye de bien des souffrances.

Ils se séparèrent.

La jeune fille rentra dans ses appartements ; le Chasseur sortit, il éprouvait le besoin d'être seul.

Le vieillard n'avait pas fait connaître le fond de sa pensée à la jeune fille, pas plus qu'à son père.

Il était inquiet.

L'attaque des noirs contre l'habitation de la Brunerie lui paraissait un événement très-grave dont il ne comprenait pas le but.

Ces deux cents noir, en se présentant ainsi sur le front des ouvrages de défense qu'il devaient supposer solidement occupés, ne pouvaient avoir un instant la folle pensée d'enlever une position aussi forte ; ils savaient de plus que les noirs de l'habitation étaient au nombre de plus de cinq cents, bien armés, et que tous étaient sincèrement dévoués à leur maître.

Ce hardi coup de main devait cacher un mystère.

C'était ce mystère que le Chasseur voulait à tout prix découvrir; ses espions l'avaient averti, au Galion où il se trouvait avec la division du général Seriziat, que les insurgés avaient l'intention de tenter d'enlever l'habitation de la Brunerie par surprise ; le nom du capitaine Ignace, revenant avec insistance dans plusieurs des rapports qui lui avaient été faits, avait donné fort à réfléchir au Chasseur.

L'Œil Gris se rappela les deux tentatives odieuses faites, coup sur coup, par le redoutable capitaine ; la première pour empoisonner, la seconde pour enlever mademoiselle de la Brunerie, tentatives auxquelles la malheureuse jeune fille n'avait échappé que grâce à la vigilante sollicitude du Chasseur, ou plutôt par une manifestation presque miraculeuse de la protection de la Providence, qui, quoi qu'on en dise, se mêle plus souvent qu'on ne le suppose aux choses de ce bas monde.

Ce souvenir l'inquiéta sérieusement.

Le Chasseur connaissait de longue date le capitaine Ignace ; il savait que cet homme était une espèce de bête féroce, possédant au plus haut degré l'entêtement de la brute, haïssant de parti pris, à cause de sa nature basse et envieuse, tout ce qui est grand, beau ou bon ; il savait que le capitaine ne renonçait jamais à l'exécution d'un projet, quel qu'il fût, dès que cette exécution était résolue dans sa pensée; que les obstacles, au lieu de le décourager, ne faisaient au contraire que l'exciter à redoubler d'efforts et à mieux prendre ses mesures une autre fois.

Le digne Chasseur n'était donc pas, ainsi qu'il l'avait prétendu, arrivé presque par hasard à l'habitation dans le seul but de ramener au planteur les noirs que celui-ci avait laissés à l'habitation d'Anglemont ; il avait, au contraire, de parti pris, été chercher les nègres, puis, se dirigeant à la façon des Peaux-Rouges de l'Amérique septentrionale, sur les traces laissées par les révoltés qui ne se savaient pas poursuivis il les avait, pour ainsi dire, suivis à la piste, tout en se tenant assez en arrière pour ne pas être découvert par eux ; et il était ainsi arrivé juste à temps pour déjouer leur projet de surprise.

Après s'être, ainsi que nous l'avons dit, séparé de Renée de la Brunerie, le Chasseur, laissant ses ratiers couchés dans la galerie où il leur avait ordonné de l'attendre, s'enfonça, de ce pas vague et indolent d'un flâneur essayant de tuer le temps qui lui pèse, dans le jardin ou plutôt dans le parc magnifique qui s'étendait derrière la maison.

L'habitation, ainsi que plus haut nous l'avons constaté, était bâtie presque au pied d'un morne d'une élévation considérable et, en apparence du moins, inaccessible.

Un parc immense dessiné jadis, lors de la construction de l'habitation, par un élève de le Nôtre égaré aux colonies, avait ces sévères contours de l'époque du grand siècle.

À quelques mètres plus haut commençaient les pentes abruptes et dénudées du morne, pentes qui, à cause de leur escarpement, avaient été reconnues infranchissables, et sur le flanc desquelles, et servant de clôture au parc, serpentait une haie épaisse de majestueux cactus cierges.

Le Chasseur employa plus de trois heures à fouiller le parc et à fureter dans toutes ses parties, visitant avec soin les grottes et les fourrés, pénétrant dans les taillis, se glissant sous les charmilles, montant au labyrinthe, ne laissant, en un mot pas une touffe d'herbe sans l'avoir attentivement explorée.

Toutes ces recherches minutieuses furent inutiles, il ne découvrit rien de suspect.

— C'est singulier! murmura-t-il en jetant un dernier regard investigateur autour de lui; je n'ai rien vu et pourtant je ne sais pourquoi, il me semble que je sens le nègre marron? il doit y avoir quelque chose; j'ai eu tort de ne pas m'être fait accompagner par mes ratiers; je reviendrai.

Et il reprit, tout pensif, le chemin de l'habitation.

Si le Chasseur avait aperçu l'homme à la tête crépue, coiffée d'un képi galonné, au masque diabolique, crispée par un hideux sourire, qui quelques secondes plus tard, apparut silencieuse au milieu de la haie de cactus, et dont le regard fauve le suivit, avec une expression ironique, aussi longtemps qu'il put l'apercevoir, le Chasseur n'eût conservé aucun doute sur les intentions terribles que les nègres révoltés méditaient contre l'habitation et ceux qui s'y trouvaient.

Il était alors près de six heures du soir; le soleil se couchait dans des flots de pourpre et d'or; la cloche appelait les habitants de la plantation au repas qui termine la journée.

FIN DE LA PREMIÈRE PARTIE

IMMÉDIATEMENT VA SUIVRE : **LE RAPT** [1]

Deuxième Partie et fin de cet intéressant Roman historique

(1) Édition Degorge-Cadot, grand in-4 illustré. Prix 1 fr. 50

RÉD. : 30

MIRE ISO N° 1

AFNOR

graphicom

DPCi

15, rue Jean-Baptiste Colbert
ZI Caen Nord - BP 6042
14062 CAEN CEDEX
Tél. 31.46.15.00
RCS Caen B 352491922

Film exécuté en 1992

www.ingramcontent.com/pod-product-compliance
Lightning Source LLC
Chambersburg PA
CBHW060608100426
42744CB00008B/1370